संगीत के देदीप्यमान सूर्य
उस्ताद अमीर खाँ

संगीत के देदीप्यमान सूर्य
उस्ताद अमीर खाँ

जीवन एवं रचनाएँ

पं. तेजपाल सिंह
(सिंह बंधु)

डा. प्रेरणा अरोड़ा

कनिष्क पब्लिशर्स, डिस्ट्रीब्यूटर्स
नई दिल्ली-110 002

कनिष्क पब्लिशर्स, डिस्ट्रीब्यूटर्स
4697/5-21 ए, अंसारी रोड, दरियागंज
नई दिल्ली-110 002
फोन: 2327 0497, 2328 8285
फैक्स : 011-2328 8285
E-mail : kanishka_publishing@yahoo.co.in

संगीत के देदीप्यमान सूर्य उस्ताद अमीर ख़ाँ:
जीवन एवं रचनाएं

प्रथम संस्करण-2005
संस्करण-2021
ISBN: 978-81-7391-718-3

भारत में मुद्रित

कनिष्क पब्लिशर्स, डिस्ट्रीब्यूटर्स, 4697/5-21 ए, अंसारी रोड, दरियागंज, नई दिल्ली-110 002 से मदन सचदेवा द्वारा प्रकाशित; क्वालिटी प्रिंटर्स, दिल्ली द्वारा शब्द-संयोजन तथा राजधानी प्रिटर्स, दिल्ली द्वारा मुद्रित।

आशीर्वाद

उ. अमीर खाँ बीसवीं सदी के एक महान कलाकार थे। मुझे यह जानकर हर्ष हुआ है कि उनके शिष्य श्री तेजपाल सिंह (सिंह बंधु) ने उनके जीवन, गायकी, बंदिशें और शिक्षण आदि के विषय में अपने व्यक्तिगत अनुभवों के आधार पर लिखा है। ख़ुशी की बात है कि इस कार्य में श्री तेजपाल सिंह की शिष्या प्रेरणा अरोड़ा भी पूर्ण रूप से संलग्न हैं। यह पुस्तक इन दोनों की गुरु-भक्ति की परिचायक है।

पुस्तक का विशेष आकर्षण उनकी गायकी का विश्लेषण, दुर्लभ पारम्परिक बंदिशें एवं अमीर खाँ साहब की स्वरचित रचनाएँ हैं। मुझे विश्वास है कि यह कार्य संगीत जगत के लिए एक अनुपम देन सिद्ध होगा।

मैं स्वयं भी उ. अमीर खाँ साहब का भक्त हूँ। मेरी ओर से इस पूर्णतया मौलिक एवं सराहनीय कार्य के लिए शुभकामनाएं एवं आशीर्वाद।

(भीमसेन जोशी)

15.2.2004

अनुक्रमणिका

प्राक्कथन

प्राचीन भारतीय शिक्षा प्रणाली में विद्याओं के मौखिक आदानप्रदान की परम्परा रही है। धर्म, दर्शन, अर्थशास्त्र, चिकित्सा, न्याय आदि सभी विषयों व कलाओं का ज्ञान मौखिक रूप से दिया जाता रहा है। भारतीय संगीत भी इसी प्रकार परम्परागत रूप से गुरु के मुख से शिष्य तक पहुँचाया जाता रहा और कालांतर में विभिन्न सम्प्रदाय अस्तित्व में आए।

उस्ताद अमीर खाँ का हिन्दुस्तानी शास्त्रीय संगीत के क्षेत्र में एक अद्वितीय स्थान है। वे ऐसे कलाकार थे जिन्होंने संगीत को एक नवीन दिशा की ओर अग्रसर किया और अपनी एक विशिष्ट पहचान बनाई। उनकी शैली को आज इंदौर गायकी के नाम से जाना जाता है।

यदि किसी प्रबुद्ध पाठक के मन में यह विचार आए कि उस्ताद अमीर खाँ पर एक और ऐसा कार्य क्यों? तो मैं यह कहना चाहूँगा कि सर्वप्रथम तो खाँ साहब के संसार से विदा होने के बाद भी उनके द्वारा दिखाए गए मार्ग पर चलकर मैंने अपनी संगीत यात्रा जारी रखी। उनसे की गई समय-समय पर बातचीत एवं उनके अनुभव से मैं अभी तक लाभान्वित हो रहा हूँ। मैं उनका अंतरंग शिष्य रहा और मैंने स्वयं को उनके निकटतम ही पाया। प्रत्येक पुत्र अपने पिता को सबसे अधिक अपने ही समीप समझता है। मुझे ऐसा लगा कि क्यों न मैं अपने विचार संगीत जगत के समक्ष रखूँ। किसी भी ऐसे व्यक्ति ने अपने अनुभव पर आधारित इतनी विस्तृत पुस्तक नहीं लिखी जिसने खाँ साहब से व्यक्तिगत रूप से इतने अधिक वर्षों तक सीखा और लाभ उठाया हो।

दूसरी बात यह कि मुझ से कभी भी किसी भी गुरुभाई अथवा अन्य संगीतज्ञों ने किसी भी प्रकार की सहायता माँगी तो मैंने सदैव सहर्ष एवं नि:संकोच बंदिशें अथवा राग सम्बन्धी ज्ञान (अपनी बुद्धि अनुसार निश्छलतापूर्वक) बाँटा। कुछ सज्जनों ने इसका आभार माना परन्तु अधिकतर लोगों ने आभार मानना तो दूर, नाम तक भी नहीं लिया। गुरु भाइयों, शोधार्थियों, संगीत-शिक्षार्थियों, इंदौर परम्परा के शिष्यों एवं खाँ साहब के अन्य चाहने वालों के लिए, मैंने यह सोचा कि क्यों न खाँ साहब की बंदिशें, जो कि बहुत दुर्लभ और कीमती हैं, स्वरांकित कर दी जाएँ। उच्च कोटि का साहित्य एवं स्वरावली होते हुए भी पुरानी बंदिशें इसीलिए समाप्त हो गईं क्योंकि वे अंकित नहीं हुईं और सबसे छिपाई गईं, ठीक उसी प्रकार जिस प्रकार भारतवर्ष में अन्य कई विद्याएँ छिपाए जाने के कारण लुप्त हो गईं। उस्ताद अमीर खाँ साहब से अनेक बार अनुनय-विनय करने के

पश्चात् उन्होंने मुझे सुपात्र समझ, मुझ पर कृपा कर जो अमूल्य एवं दुर्लभ पारम्परिक रचनाएँ बताई हैं, मेरा यह प्रयास है कि मैं अपनी क्षमतानुसार इन्हें संगीत जगत को समर्पित करूँ। अनेक बड़े संगीतज्ञ इस ख़ज़ाने को सम्भालते-सम्भालते इस संसार से विदा हो गए। आगे आने वाली पीढ़ियों को मुक्त हृदय से न सिखाए जाने के कारण ये बंदिशें समाप्त हो रही हैं। इनमें कई तो सदारंग-अदारंग की बंदिशें हैं, जो कि हमारी संस्कृति की धरोहर हैं, उदाहरणार्थ 'गुमानी जग तज गयो' एवं 'अरे जग बावरे' आदि। इस प्रकार छुपाए जाने के कारण भारतीय संगीत की बहुत हानि हुई है इसलिए मैं इस ज्ञान को केवल स्वयं तक सम्भाल कर नहीं रखना चाहता। कई कलाकारों ने तो जानबूझ कर इस झंझट से छुटकारा पाने के लिए स्वरचित या सुनी सुनाई बंदिशों को गाना शुरू कर दिया। दु:ख की बात तो यह है कि अपनी बात की पुष्टि के लिए ऐसे कलाकारों ने शब्दों की महत्ता न के बराबर मानी और शब्दों की खिल्ली उड़ानी प्रारम्भ कर दी जिससे कि परम्परागत शास्त्रीय संगीत की हानि ही हुई। अतः मुझे यह उचित प्रतीत हुआ कि ये सभी बहुमूल्य बंदिशें स्वरांकित कर दी जाएँ, जिन्हें मैंने अपने उस्ताद अमीर खाँ साहब से बारम्बार आग्रह करने के पश्चात् प्राप्त किया।

मैंने बचपन में उर्दू भाषा का अध्ययन किया है और अमीर खाँ साहब के सान्निध्य में रहने का भी प्रभाव है कि मेरे विचारों की अभिव्यक्ति में उर्दू के शब्द सहज ही प्रयुक्त हो जाते हैं। इतने वर्षों तक सांगीतिक साहित्य का अध्ययन करते रहने का प्रतिफल है कि कहीं-कहीं साहित्यिक भाषा की झलक आने लगती है। अत: मैंने अपने विचारों के बहाव को सहजतापूर्वक बढ़ने देने की ख़ातिर दोनों तरीक़े अपनाए हैं, मेरा उन पर भाषा-ज्ञान अध्यारोपित कर पाठकों को प्रभावित करने का ध्येय कदापि नहीं।

शब्दजालं महारण्यं चित्त भ्रमणकारणम्

(विवेक चूड़ामणि)

शब्दजाल तो चित्त को भटकाने वाला एक महान वन है अतएव ऐसे भ्रामक आरण्य से बचते हुए मैंने सुगम पथ चुना है।

शब्द की पहुँच बुद्धि तक है और भाव की हृदय तक, अतः मेरा यह प्रयास है कि मैं अपने भाव न केवल आपकी बुद्धि अपितु आपके हृदय तक पहुँचा सकूँ। किसी भी व्यक्ति की प्रकृति उसके प्रत्येक क्रियाकलाप एवं कला में भी झलकती है, अत: सहज एवं सरल शैली में लिखी यह पुस्तक मेरी सरल प्रकृति का ही प्रतिबिम्ब है।

ऐसे बहुत से व्यक्तियों ने खाँ साहब के बारे में लेख लिखे हैं जिन्होंने उनके विषय में केवल सुना है। मेरा तो व्यक्तिगत अनुभव के आधार पर यह उनके जीवन व संगीत को प्रकाश में लाने का प्रयास है और एक प्रकार का विश्लेषणात्मक शोध है।

मैंने उनसे जो कुछ भी शागिर्द के रूप में सीखा व आत्मसात् किया, उसे आपके समक्ष प्रस्तुत कर रहा हूँ। इस कार्य में पूर्ण रूप से मेरा साथ दे रही है मेरी शिष्या-**प्रेरणा अरोड़ा**, जो कि जानकी देवी मैमोरियल कॉलेज में संगीत विभाग की अध्यक्षा है। दिल्ली विश्वविद्यालय से एम.ए., पी.एच.डी. के साथ-साथ वह गत बीस वर्षों से मुझसे संगीत शिक्षा प्राप्त कर रही

है। उसकी सोच ज्ञानोन्मुख और भाषा परिष्कृत है।

'संगच्छध्वं संवदध्वं.....'

ऋग्वेद के अनुसार गुरु तथा शिष्य समवेत प्रार्थना करते हैं कि हम एक साथ चलें (अर्थात् एक ही दिशा में कार्य करें), एक साथ बोलें (अर्थात् एक से ही विचारों को अभिव्यक्त करें)।

'तेजस्विनावधीतमस्तु मा विद्विषावहै'

हम दोनों की पढ़ी हुई विद्या तेजोमयी हो। हम दोनों परस्पर द्वेष न करें।

इस प्रकार उस्ताद अमीर खाँ की परम्परा के अगले सोपान के रूप मेरे शिष्यगण में से एक–प्रेरणा–प्रबुद्ध एवं द्वेषरहित हो उसी धारा के साथ जुड़ी है, अत: यह हमारा मिला-जुला प्रयास है कि खाँ साहब के विषय में हम जितना सम्भव हो सके, संगीत जगत के समक्ष रखें। हम तटस्थ रहते हुए उनके प्रत्येक पक्ष का विश्लेषण करेंगे भले ही वह उनका व्यक्तिगत जीवन हो अथवा उनकी गायकी विशेष।

ईश्वर हमारा प्रयास सफल करें।

तेजपाल सिंह

हृदयोद्‌गार

उस्ताद अमीर खाँ साहब के विषय में भलीभाँति कुछ कहने का अधिकार केवल उसी व्यक्ति को हो सकता है जिसने उनके सान्निध्य में रहकर न केवल उनके कलाकार पक्ष की ही तल्लीनता से अनुभूति की हो अपितु उनके व्यक्तित्व और प्रत्येक क्रियाकलाप को भी ध्यानपूर्वक देखा और जाना हो। अत: मेरे गुरु पं. तेजपाल सिंह जी ही यह कार्य करने के लिए उपयुक्त व्यक्ति हैं। गत बीस वर्षों से उनकी शिष्या होने के नाते गुरु जी मुझे सदैव उस्ताद अमीर खाँ साहब की गायन शैली और उनके जीवन-वृत्तांत के विषय में अवगत कराते रहे हैं। उनके द्वारा समय-समय पर खाँ साहब के विषय में जानकारी प्राप्त करने के कारण मेरे अंत:करण पर खाँ साहब का चरित्र इतना जीवंत होकर अंकित हो गया कि कई बार खाँ साहब ने मेरे स्वप्न में दर्शन दिए, मैंने उनका आशीर्वाद प्राप्त किया, उन्होंने मुझे शाबाशी दी और मेरे लिए दुआ पढ़ी। अब मुझे ऐसा प्रतीत होता है कि मैं उन्हें उतनी ही अच्छी तरह से जानती हूँ जितना कि अपने पितामह को, अत: अब मैं उनके विषय में कुछ लिख पाने का प्रयास करने में स्वयं को समर्थ महसूस करती हूँ एवं आज 'निर्जला एकादशी' के दिन यह कार्य अपने 'संगीतज्ञ पितामह' खाँ साहब को ही समर्पित करती हूँ।

प्रेरणा अरोड़ा

कृतज्ञता ज्ञापन

I

कोई भी कार्य ईश्वर की इच्छा के बिना पूर्ण नहीं हो सकता। कार्य करने की प्रेरणा, समझ, शक्ति, समय तथा प्रत्येक अनुकूल परिस्थिति के दाता उस परमेश्वर को ही इस कार्य का सम्पूर्ण श्रेय जाता है।

मैं तेजपाल सिंह ईश्वर का धन्यवाद करने के पश्चात् अपनी विशेष सांगीतिक समझ के लिए अपने गुरु उस्ताद अमीर खाँ साहब का उपकार मानता हूँ। उस्ताद अमीर खाँ साहब तक पहुँच पाने की सामर्थ्य मेरे अग्रज श्री जी. एस. सरदार जी के कारण ही सम्भव हो पाई। मुझे उन्होंने इस लायक बनाया कि जिससे मैं विशिष्ट गायकी के क्षेत्र में पदार्पण कर सका। मैं उनके प्रति श्रद्धापूर्वक आभार व्यक्त करता हूँ।

मैं अपनी पत्नी डॉ. रेणू सचदेव जो कि स्वयं भी दिल्ली यूनिवर्सिटी से संगीत विषय में पी.एच.डी. हैं, तहे दिल से शुक्रगुज़ार हूँ कि जिन्होंने मेरे जीवन में अत्यधिक प्रतिकूल परिस्थितियों में भी मेरा साथ देकर सुख चैन भर दिया। उनके द्वारा तन-मन-धन से सेवा किए जाने के परिणामस्वरूप ही मैं अपने जीवन का प्रत्येक कार्य कर पा रहा हूँ। इन्होंने मेरे इस कार्य में भी काफ़ी हाथ बंटाया।

मैं दिल्ली विश्वविद्यालय के फ़ारसी भाषा विभाग के अध्यक्ष प्रो. शरीफ़ हुसैन क़ासमी के प्रति आभार व्यक्त करता हूँ जिन्होंने अपना अमूल्य समय देकर फ़ारसी के अशआर का शब्दश: अर्थ एवं सही उच्चारण समझाया।

मैं अपनी और प्रेरणा की ओर से हिन्दुस्तानी शास्त्रीय संगीत के जगप्रसिद्ध कलाकार पं. भीमसेन जोशी जी का हृदय से धन्यवाद करता हूँ जिन्होंने इस कार्य को सराहा एवं आशीर्वचन लिखे। मैं उन्हें सादर प्रणाम करता हूँ।

हमारी ओर से कनिष्क पब्लिशर्स का भी धन्यवाद जिन्होंने बहुत चाव से यह पुस्तक प्रकाशित की।

तेजपाल सिंह

आभार

किसी भी मनुष्य के जीवन में माता-पिता व गुरु का स्थान अतीव महत्त्वपूर्ण है। उनके ऋण से कोई व्यक्ति कभी भी मुक्त नहीं हो सकता। मानव को सभ्य, सुसंस्कृत, शिक्षित, विवेकी एवं कला-उपासक बनाने में मात्र उन्हीं का हाथ है। मेरी रुचि संगीत, विज्ञान एवं अध्यात्म में बालपन से ही है जिसका कारण है आनुवांशिकी एवं प्रेरक वातावरण। मेरी माता श्रीमती चन्द्रवती चावला तथा पिता डॉ. एम. एल. चावला द्वारा प्रदत्त इस शरीर तथा संस्कारों के साथ-साथ उन्हीं की दी हुई मानसिक क्षमता एवं विवेक का सदुपयोग कर मैं यह प्रयास कर रही हूँ। मेरे मुख अथवा लेखनी से निकला प्रत्येक शब्द उन्हीं के ज्ञान का आंशिक प्रतिबिम्ब है।

संगीत के क्षेत्र में 'सा रे ग' से लेकर आज तक की समझ का सम्पूर्ण श्रेय मेरे गुरु पं. तेजपाल सिंह जी को है। अतः संगीत के पौधे को मेरे मन-मस्तिष्क में पल्लवित करने के पश्चात् मैं समझती हूँ कि संगीत-विषयक यदि कोई भी विचार मेरे अंतःकरण में स्फुरित होता है तो उसका आधार उन्हीं का ज्ञान है।

इस प्रकार केवल शब्दों के द्वारा मैं अपने माता-पिता व गुरु का आभार व्यक्त करने में स्वयं को असमर्थ पाती हूँ। मैं उनके समक्ष सदैव नत-मस्तक हूँ।

मैं अपने श्वसुर-पिता श्री स्वर्णलाल, अपनी सास-माँ श्रीमती सरोज तथा अपने पति व प्रियतम मित्र डॉ. विनय अरोड़ा का सहृदय आभार व्यक्त करती हूँ कि जिन्होंने मुझे गृह-कार्य से मुक्त रख, अनुकूल वातावरण प्रदान कर एवं सदैव प्रत्येक स्थिति में मेरा साथ देकर कुछ रचनात्मक कार्य कर पाने का अवसर प्रदान किया। जो समय मुझे अपने बच्चों—कान्हा व विभु—के शिक्षण में देना चाहिए था, वह मैंने अपने कार्य में दिया। ईश्वर इन्हें अच्छा इन्सान बनने व महान कार्य करने की प्रेरणा स्वयं ही दें।

प्रेरणा अरोड़ा

बंदिशों की सूची

'तरानों' की सूची

नोट : उपरोक्त बंदिशों के अतिरिक्त अध्याय 2 के अंतर्गत राग हंसध्वनि में 'लागी लगन' तथा अध्याय 12 में जोग की 'हो बलमा कब घर आवेंगे' तथा राग गुर्जरी तोड़ी में 'जा जा रे पथिकवा' बंदिशों के बोल भी दिए गए हैं।

बंदिशों की सूची में संख्या 2, 5, 6, 12, 13, 16, 18, 19, 20, 21, 25, 27, 28, 30, 32, 33, 37, 42 की शब्द एवं स्वर रचना तथा संख्या 7, 9, 26, 29 की केवल स्वर रचना उ. अमीर खाँ साहब द्वारा की गई हैं। सभी तरानों की स्वर रचना एवं उनमें प्रयुक्त फ़ारसी शेरों का चयन भी खाँ साहब के द्वारा ही किया गया है। अन्य सभी उनकी मनपसन्द पारम्परिक बंदिशें हैं जिन्हें वे सम्पूर्ण जीवन बहुत चाव से गाते रहे।

अध्याय-1

जन्म, पारिवारिक पृष्ठभूमि एवं शिक्षा

बीसवीं सदी के महान संगीतज्ञ उस्ताद अमीर खाँ साहब एक ऐसे गायक थे जिन्होंने अपनी अमीर कला साधना से भारतभूमि की संगीत कला को न केवल 'अमीर' बल्कि 'अमर' किया तथा उसमें भक्ति व तन्मयता संचरित कर सम्पूर्ण संगीत जगत को विमोहित कर दिया।

खाँ साहब का जन्म सन् 1912 में यद्यपि अकोला नामक स्थान पर हुआ परन्तु पालन पोषण व शिक्षण हुआ–इंदौर में–जो कि मध्य प्रदेश की अतीव सुन्दर नगरी है और एक ज़माने से सांस्कृतिक, साहित्यिक और कलात्मक अभिव्यक्ति का स्थान रही है।

जहाँ तक उस्ताद अमीर खाँ के जन्म के दिन और माह विशेष की बात है, यह विभिन्न व्यक्तियों द्वारा भिन्न-भिन्न बताया जाता है। कुछ लोग यद्यपि नवम्बर मास मानते हैं परन्तु खाँ साहब के पासपोर्ट में 15 अगस्त 1912 दर्ज है जो कि फिल्म्स डिवीज़न के वृत्तचित्र में विशेष रूप से दर्शाया गया है। निष्कर्ष यह हुआ कि माह कोई भी हो, जन्मवर्ष सन् 1912 ही निश्चित है।

पहले तो उस्ताद अमीर खाँ के पूर्वज हरियाणा राज्य स्थित कलानौर क्षेत्र (ज़िला रोहतक) के रहने वाले थे, तत्पश्चात् वे इंदौर आकर बस गए जो कि पहले से ही संगीत की आश्रय-स्थली थी। उस समय अमीर खाँ मात्र डेढ़ वर्ष के थे, अत: अमीर खाँ साहब का बचपन एवं युवावस्था इन्दौर में ही बीती।

इंदौर की मिट्टी उन दिनों बड़े-बड़े कलाकारों की चरणधूलि से पवित्र हो रही थी जहाँ की हवाएँ और सम्पूर्ण वातावरण ही संगीत से गुंजायमान रहता।

बड़े होने पर खाँ साहब ने इंदौर में ही 'बम्बई-बाज़ार' गली नं. 3 में अपना मकान भी बनवाया जिसका नाम अपने पिता के नाम से 'शाहमीर मंज़िल' रखा। खाँ साहब आजीवन वहाँ कुछ-कुछ समय के बाद जाते और रहते, अत: सम्पूर्ण जीवन इंदौर के साथ सम्बद्ध होने के कारण प्रसिद्धि प्राप्त होने पर उस्ताद अमीर खाँ के साथ इंदौर का ही नाम जुड़ गया।

प्रारम्भिक शिक्षा

यद्यपि अमीर खाँ साहब ने औपचारिक विद्यालयीन शिक्षा कम ही प्राप्त की तथापि वे स्वयं

इतने जागरूक एवं बुद्धिमान थे कि घर में ही उर्दू और फ़ारसी पढ़ते रहे। मध्य प्रदेश में होने के कारण हिन्दी भाषा का अध्ययन कर उन्होंने कई संतों की वाणियों को भी पढ़ा।

सांगीतिक शिक्षा

सौभाग्यशाली खाँ साहब का जन्म एक ऐसे ख़ानदान में हुआ था जहाँ कई पीढ़ियों से निरन्तर संगीत साधना होती चली आ रही थी। वही संगीतमय वातावरण उन्हें प्रेरित करता रहा। इनके पिता उस्ताद शाहमीर खाँ एक सुयोग्य, प्रतिभाशाली एवं अनुभवी सारंगी-तथा बीन-वादक थे।

भारतीय दर्शन में यह मान्यता है कि आनुवांशिकता, वातावरण एवं माता के विचारों का प्रभाव भी गर्भस्थ शिशु पर पूर्णरूपेण पड़ता है। आधुनिक विज्ञान भी अब यह मानता है। इसके कई उदाहरण भी हमें प्राचीन कथाओं में मिलते हैं–जिस प्रकार अभिमन्यु को चक्रव्यूह की संरचना का ज्ञान मिला, उसी प्रकार कोई भी विद्या हो या कला, शिशु को उपरोक्त कारक अवश्य प्रभावित करते हैं। संगीत भी कुछ भाग्यशाली व्यक्तियों को प्रारब्धानुसार विरासत में मिलता है जिनमें से एक मेरे उस्ताद भी थे।

उस्ताद शाहमीर खाँ के घर के सांगीतिक वातावरण का प्रभाव अमीर खाँ साहब पर पहले दिन से ही था जिसके परिणामस्वरूप संगीत उनके संस्कारों में रचा-बसा था। बाल्यावस्था से ही शाहमीर खाँ साहब ने अपने पुत्र को संगीत की विधिवत् शिक्षा देनी भी प्रारम्भ कर दी। उस्ताद शाहमीर खाँ ने स्वयं अपने पिता छंगे खाँ साहब से–जो कि ऐसा कहा जाता है कि अंतिम मुग़ल बादशाह बहादुर शाह ज़फ़र के दरबार में गायक थे–संगीत की शिक्षा प्राप्त की। यहाँ शाहमीर खाँ साहब की सांगीतिक शिक्षा पर दृष्टि डालना उचित होगा।

शाहमीर खाँ, दुर्भाग्यवश पंद्रह वर्ष की अल्पायु में ही अनाथ हो जाने के कारण अपने मामा के पास वजिंद नामक रियासत में रहने लगे, जिन्होंने उन्हें सारंगी वादन की शिक्षा दी। इससे पहले पन्द्रह वर्ष की आयु तक तो शाहमीर खाँ अपने पिता छंगे खाँ द्वारा गायन का प्रशिक्षण ले ही चुके थे, अत: वे जल्द ही सारंगी वादन की बारीकियों को भी समझ गए और उसमें दक्षता प्राप्त की। सारंगी वादन के अतिरिक्त उन्होंने बीन पर भी रियाज़ किया और एक योग्य बीनकार भी बन गए। संगीत में उच्च शिक्षा प्राप्त करने के लिए शाहमीर खाँ साहब बम्बई में उस्ताद छज्जू खाँ एवं उस्ताद नज़ीर खाँ के पास गए जहाँ उन्होंने गायन एवं सारंगी की बारीकियों को समझा। छज्जू खाँ एक प्रसिद्ध सारंगीवादक थे जबकि नज़ीर खाँ सारंगी एवं गायन दोनों में प्रवीण थे। वहीं उन्होंने मेरूखण्ड प्रणाली का भी विस्तृत ज्ञान प्राप्त किया। बम्बई से लौटकर वे स्थाई रूप से इंदौर में ही रहने लगे।

शाहमीर खाँ साहब के पास बहुत से लोग सारंगी की शिक्षा लेने आया करते थे। अमीर खाँ भी उनसे सारंगी वादन सीखा करते। एक बार शाहमीर खाँ साहब के एक तैयार शिष्य ने उनसे झगड़ा किया और कुछ गुस्ताख़ी भरे शब्द कह डाले। शाहमीर साहब ने उस शागिर्द का घमण्ड तोड़ने का निश्चय कर लिया। उन्होंने अमीर खाँ को चुपचाप गायन का शिक्षण देना प्रारम्भ

कर दिया।

उन्हीं दिनों एक अन्य घटना घटी। शाहमीर खाँ और नसीरुद्दीन खाँ साहब एक दूसरे के यहाँ आते-जाते रहते थे। एक दिन जब शाहमीर खाँ साहब अपने पुत्र अमीर खाँ के साथ उनके घर गए तो उस समय वे अपने भाई रहीमुद्दीन खाँ को 'मेरुखण्ड' सिखा रहे थे। इन्हें देखते ही नसीरुद्दीन साहब ने तत्क्षण सिखलाना बन्द कर दिया तथा सामने खुली कॉपी बन्द कर दी। बैठे-बैठे उत्सुकतावश शाहमीर खाँ कॉपी के पन्ने पलटने लगे। यह देखते ही उस्ताद नसीरुद्दीन ने वह कॉपी उनके हाथ से ले ली और बोले, 'इस कॉपी में जो कुछ लिखा हुआ है, वह आप जैसे सारंगीवादकों के लिए नहीं है। क्या फ़ायदा इसे देखने से?' यह सुनकर उस्ताद शाहमीर को बहुत बेइज़्ज़ती महसूस हुई। अब तो उन्होंने यह ठान ही लिया कि वे अपने पुत्र अमीर खाँ को गायन ही कराएंगे और वह भी मेरुखण्ड के सम्पूर्ण ज्ञान के साथ।

अमीर खाँ का दस वर्ष की आयु से विधिवत् शिक्षण प्रारम्भ हो गया। अमीर खाँ को दो-तीन वर्ष छुप कर मेहनत करवाने के बाद एक जलसे में शाहमीर साहब के उस शागिर्द का भी कार्यक्रम था। उसका सारंगी वादन समाप्त होने पर शाहमीर खाँ बोले, 'तुम ज़रा वहीं बैठो, मेरा लड़का गाने वाला है, थोड़ी देर उसके साथ सारंगी पर साथ दे दो।' ऐसा सुनकर वह चकित हुआ कि अमीर खाँ गाता भी है। अमीर खाँ थोड़ा आलाप करने के पश्चात् जब कठिन-कठिन सरगम लेने लगे तो सारंगी वाले के लिए मुश्किल पड़ गई और वह पसीने-पसीने हो गया। इस प्रकार उसका घमंड चूर हो गया। उपस्थित श्रोताओं ने मुक्त कंठ से अमीर खाँ के सुरीलेपन और जटिलतापूर्ण मधुर शैली की प्रशंसा की। अमीर खाँ का उत्साह एवं आत्मविश्वास बढ़ गया और इस प्रकार कंठ संगीत के क्षेत्र में उनका पदार्पण हुआ।

इंदौर के ही पास के गाँव में अमीर खाँ के मामा मोती खाँ (तबलावादक) रहते थे। एक दफ़ा उन्होंने बालक अमीर खाँ को अपने गाँव के एक जलसे में गाना प्रस्तुत करने हेतु बुला भेजा। अमीर खाँ वहाँ गाए तो मोती खाँ को महसूस हुआ कि इसे अभी तानों में और मेहनत की ज़रूरत है। कुछ महीने अपने यहाँ ठहरा कर उन्होंने अमीर को तानों का रियाज़ करवा डाला जिसमें उन्होंने आकार की तानें कहलवानी शुरू कर दीं जो कि अभी शाहमीर खाँ साहब द्वारा नहीं बताई गई थीं। जब पिता शाहमीर अपने पुत्र को लेने आए, तो मोती खाँ ने बड़े गर्व से उन्हें बताया कि 'अब तो अमीर आकार की तानें भी गाने लगा है, इसको सुनो।' शाहमीर खाँ ने उस समय यह देखा कि उनका लड़का आकार की तानें कहते हुए जबड़े का बहुत प्रयोग कर रहा है। गायन में जबड़े द्वारा तान-आलाप कहना एक गायक का दोष माना जाता है। शाहमीर उस समय तो चुप रहे परंतु घर आकर उन्होंने बेटे को केवल सरगम तानों को गाने का आदेश दिया। कुछ समय के बाद अमीर खाँ से उन्होंने अपनी देखरेख में आकार की तानें कहलवानी प्रारम्भ कीं। इस बात का विशेष ध्यान रखा कि जबड़े का प्रयोग एवं मुखाकृति की विकृति न हो ताकि बेटा इन दोषों से दूर रहे। इस प्रकार उन्होंने इस बात पर ज़ोर दिया कि अमीर खाँ पहले सरगम की तानों पर रियाज़ करे और तत्पश्चात् सही आकार में तानों में सुस्पष्ट दाना बनाने की विधि अपनाए।

शाहमीर खाँ साहब अपने शिष्य अमीर खाँ को तालीम देने में सख़्ती से पेश आते थे। वे उन्हें अनुशासन में ही रखते और इस बात का कतई लिहाज़ न करते कि अमीर उनके बेटे हैं। इस प्रकार शाहमीर खाँ सिखाते समय केवल अनुशासन-प्रिय उस्ताद, परन्तु अन्य समय एक स्नेही पिता के रूप में व्यवहार करते थे। शाहमीर खाँ इस बात का ध्यान अवश्य रखते थे कि अमीर खाँ रियाज़ ज़रूर करे और नियमित रूप से करे। बालक अमीर खाँ जब रियाज़ कर रहे होते तो उनके पिता का ध्यान उन्हीं की तरफ़ रहता, भले ही वे किसी भी कार्य में व्यस्त क्यों न होते। शाहमीर खाँ साहब ने अमीर खाँ के अभ्यास की अवधि निश्चित की हुई थी। सुबह, दोपहर व सायं तीनों समय एक-एक घंटे से अधिक रियाज़ न करने देते। पूछने पर वे कहते कि 'बेटा! रियाज़ उतना ही करना चाहिए कि जितनी देर दिमाग़ सुरों का सही तरीक़े से जवाब दे सके' अर्थात् अपनी समझ, कल्पनाशक्ति व रुचि बनी रहे ताकि अनमना-सा यांत्रिक स्वरोच्चार न हो। इस आयु में आवश्यकता से अधिक अभ्यास करने पर मस्तिष्क में स्वर की सही परख आच्छादित होने की सम्भावना रहती है।

अमीर खाँ साहब ने इस बात को एक साक्षात्कार में स्वयं इस प्रकार बताया है –

''मैं जब दस साल का था, उस वक्त मेरे वालिद मरहूम ने जिनका नाम शाहमीर खाँ साहब था, उन्होंने मुझे गाना शुरू कराया। उसके बाद पाँच-छः साल तक मैं सरगमें और पलटे करता रहा। उसके बाद ख़्याल शुरू कराया। उन पलटों में कुछ अलंकार के पलटे थे और मेरुखण्ड के पलटे थे। मैंने उनका काफ़ी रियाज़ किया और उन्होंने मुझसे उसका काफ़ी रियाज़ लिया। मुसलसल रियाज़ कराते रहे तीन टाइम मुझे। पहले पहल जब मैं छोटा था तो वे एक घण्टे से ज़्यादा रियाज़ नहीं कराते थे। मैं भी उसमें बहुत खुश रहता कि एक घण्टा गाकर खेलने चला जाता। बाद में मुझे कुछ interest उसमें पैदा हो गया तो मैंने उनसे कहा कि सिर्फ एक ही घंटा क्यों गवाते हैं, ज़्यादा क्यों नहीं? तो मुझे उन्होंने कहा कि सुर एक ऐसी चीज़ है जो दिखलाई नहीं देती। दिमाग़ से उसका judgement लेना पड़ता है। ज़्यादा देर रियाज़ करने से तुम जैसी उम्र वाले को दिमाग़ बराबर judgement नहीं देता और स्वर इधर-उधर होने लगते हैं इसलिए एक घंटा गाओ, फिर आराम करो, दिमाग़ को rest दो, फिर एक घण्टा गा सकते हो। इस तरह उन्होंने मुझे तालीम दी।''

किशोरावस्था प्राप्त होने पर अमीर खाँ के कंठ में भी वही प्राकृतिक परिवर्तन आए जो कि सामान्यतया प्रत्येक लड़के में आते हैं जिसमें लगभग डेढ़-दो वर्ष तक कंठ का स्वर फटता है और शनैः-शनैः उसमें ठहराव आने पर अंततः एक वयस्क पुरुष की गहरी आवाज़ का विकास होता है। ऐसे समय में अधिक रियाज़ करना उपयुक्त नहीं क्योंकि इससे कंठ पर ज़ोर पड़ने के कारण आवाज़ बिगड़ने का भय रहता है। पिता शाहमीर खाँ ने इस समय का सदुपयोग करने के लिए अमीर खाँ को प्रतिदिन कुछ समय के लिए सारंगी वादन का अभ्यास भी करवाया।

अमीर खाँ असाधारण रूप से प्रतिभाशाली तो थे ही, अतः सारंगी की आधारभूत तकनीक सीखने के उपरान्त वे जल्द ही अपनी अलंकरण युक्त सीखी हुई गायकी को भी सारंगी के स्वरों में उतारने में सक्षम हो गए। अमीर खाँ के मन में दृढ़ निश्चय था कि उन्होंने एक गवैया ही

बनना है और यही उनके पिता शाहमीर खाँ के मन में भी था।

चमत्कारपूर्ण बाल-प्रतिभा

अमीर खाँ की सृजनात्मकता बालपन से ही उच्चकोटि की थी। एक दिन मैं (तेजपाल सिंह) अपने उस्ताद अमीर खाँ साहब के पास बैठा था। उन्होंने मुझे राग मालकौंस की एक सरगम सुनाई जो कि तीनताल में निबद्ध थी। उसे 'सरगम गीत' कहा जा सकता है। तीनों सप्तकों में ऐसा जटिल व निराला ताना-बाना बुना कि सुनने वाले को चकाचौंध कर दे। उन्होंने मुझसे कहा–"यह मैंने पन्द्रह वर्ष की आयु में बनाई थी। उस समय मेरी दिमाग़ी उड़ान का यह आलम था। हमारे घर एक उस्ताद आए और बोले कि अगर तुम अपनी बनाई सरगम सुना सकते हो, तो कहो। जब मैंने यह सरगम सुनाई तो उन्होंने यह विश्वास ही नहीं किया कि यह मेरी उपज है। वे मेरे पिता से कहने लगे कि अभी से इस छोटे से दिमाग़ में इतनी मुश्किल सरगम रटवाने की क्या ज़रूरत है?" ख़ाँ साहब के इस वाक़ए को मैं भी बड़े मज़े से सुनता रहा। मेरा सौभाग्य यह कि अमीर खाँ साहब ने मुझे वह चमत्कारी सरगम सुनाई और मेरा दुर्भाग्य यह कि एक ही बार सुनी जाने के कारण मैं उसे कण्ठस्थ नहीं कर पाया और सच्चाई की बात तो यह कि उस समय मैंने उसे सीखने और याद रखने का प्रयत्न भी नहीं किया।

कुछ लोगों का यह कहना कि 'शाहमीर खाँ साहब किशोरावस्था में अमीर खाँ को किसी अन्य कलाकार का गायन न तो सुनने देते थे और न ही गाने देते थे' उचित प्रतीत नहीं होता। उस्ताद शाहमीर खाँ तो एक ख़ुशदिल व मिलनसार व्यक्तित्व के स्वामी थे। मेहमान नवाज़ी में माहिर शाहमीर जी का घर बड़े-बड़े महान कलाकारों का मिलनस्थल था। अतः वहाँ सदा संगीतज्ञों का मेला सा लगा रहता और शाहमीर खाँ उनकी ख़ातिरदारी करते और इज़्ज़त देते थे।

प्रत्येक शुक्रवार 'जुम्मे की नमाज़' अदा करने के पश्चात् सायंकाल उनके घर संगीत की महफ़िल लगती। उस महफ़िल में समसामयिक अनेक दिग्गज कलाकार अपनी कला का प्रदर्शन करते और संगीत क्षेत्र में पदार्पण करने के इच्छुक नवयुवक कलाकार अपना सबक़ सुनाते व उनसे आवश्यक नुक़्ते हासिल करते थे। बड़े उस्तादों जैसे कि उस्ताद रजब अली खाँ, उस्ताद नसीरुद्दीन डागर, बीनकार वहीद खाँ, अल्लाहबन्दे जाफ़रुद्दीन खाँ, बीनकार मुराद खाँ, पं. कृष्णराव आप्टे, बुद्दू खाँ तथा सारंगीवादक बुन्दु खाँ आदि का प्रस्तुतिकरण प्रसाद रूप में सुनने और इस प्रकार कुछ सीखने समझने का अवसर अमीर खाँ और अन्य नवोदित कलाकारों को भी मिलता रहता। पाँच-छः वर्ष की आयु से ही अमीर खाँ इन्हें देखते-सुनते आ रहे थे। अमीर खाँ असाधारण प्रतिभाशाली थे, अतः वे कलाकारों को अतीव ध्यानपूर्वक सुनते, जो भी बात अच्छी लगती उसे सारा दिन गुनते रहते और फलस्वरूप सारतत्त्व की बात आत्मसात् कर लेते और उसे ही तबर्रुक अर्थात् प्रसाद के रूप में ग्रहण कर लेते। इसी प्रक्रिया में धीरे-धीरे जाने अनजाने उनका अवचेतन मन उन सबके संगीत से प्रभावित हो उसे हृदयंगम करता गया।

अमीर खाँ जैसा प्रतिभा-सम्पन्न एवं बुद्धिमान बालक हो और उस पर यह माहौल तो जैसे सोने पर सुहागा। माहौल का असर तो प्रत्येक बालक पर पड़ता है। व्यक्ति जिस वातावरण में

पला-बढ़ा हो उस पर वैसा रंग आना स्वाभाविक ही है। जिस प्रकार मातृभाषा को सीखने के लिए कोई विशेष प्रयत्न नहीं करना पड़ता क्योंकि वह तो व्यक्ति के रक्त में भी है और पहले दिन से ही माँ के समीप रहकर सुनने समझने का अवसर प्राप्त होने के कारण सहज ही आ जाती है परन्तु यदि किसी और की भाषा सीखनी हो तो उसके पास जाकर मेहनत व प्रयत्न से ही सीखी जा सकती है, उसी प्रकार सांगीतिक भाषा के माहौल का प्रभाव किसी भी भावी कलाकार पर अवश्य पड़ता है और अमीर ख़ाँ साहब पर भी पड़ा।

कौन-सा कलाकार किस प्रकार अमुक राग का बर्ताव कर रहा है? उनके गाने-बजाने का अंदाज़ क्या है? किस प्रकार एक ही राग भिन्न-भिन्न कलाकारों द्वारा प्रस्तुत किए जाने पर अलग-अलग असर पैदा करता है? कौन किस प्रकार की ताल का चयन करता है अथवा किस लय में किसी बंदिश को पेश करता है और उसका क्या परिणाम निकल कर आता है? कौन कैसी तानें लेता है? इन सब और सम्भवतया और भी अनेकों प्रकार की सूक्ष्म संगीत व्यवहृत बातें ख़ाँ साहब पर स्वत: ही प्रभाव डालती रहीं।

इस प्रकार वहाँ पर हर समय सांगीतिक चर्चा सुनते रहने के कारण ख़ाँ साहब पर बचपन से ही उस सांगीतिक माहौल का संस्कार गहरा होता गया। हाँ, यह बात अवश्य है कि उनके पिता ने उन्हें संगीत की अन्य सुगम शैलियों का अनुकरण न करने व उस पर रियाज़ भी न करने की सख़्त हिदायत दे रखी थी। इसका सम्भावित कारण यही हो सकता है कि दोनों शैलियों में आवाज़ के लगाव में आधारभूत भिन्नता है।

उच्च कोटि के संगीत की नींव

संगीत में 'स्वर', 'ताल व लय' तथा 'काव्य एवं साहित्य' तीनों तत्त्वों का महत्त्व है। कोई भी संगीत शिक्षार्थी यदि इन सभी अवयवों पर ध्यान दे तभी वह उच्चकोटि का कलाकार बन सकता है, अत: इनमें से किसी भी घटक की उपेक्षा नहीं की जानी चाहिए। स्वर तो संगीत की आत्मा ही है और लय उसे गति प्रदान करता है। लय द्वारा ही संगीत के प्रस्तुतिकरण को नियमित रूप मिलता है जबकि ताल उसे निश्चित रूप प्रदान कर बाँधता है।

हम जानते ही हैं कि अमीर ख़ाँ साहब ने बचपन से ही शाहमीर ख़ाँ साहब से स्वर लगाव इत्यादि सीखा। यहाँ अमीर ख़ाँ साहब के द्वारा बताई गई रियाज़ करने की विधि समझाना उचित होगा जो कि उन्होंने अपने पिता से सीखी।

सर्वप्रथम स्वर साधना के लिए तानपूरे को भलीभाँति सुरीला मिलाने के बाद षड्ज को मन से सजाते हुए उचित आकार में उच्चारित करने का अभ्यास करवाया गया। इस प्रकार तानपूरे के वातावरण में आधार स्वर को बारम्बार लगाने से मन और बुद्धि में समन्वय होकर एकाग्रता पैदा हो जाती है। उसके बाद सप्तक के प्रत्येक स्वर पर देर तक उच्चारण करते हुए मस्तिष्क एवं गले में उनका स्थान निश्चित करवाया गया।

प्रात:काल उठकर षड्जोच्चार के पश्चात् मंद्र स्वरों का अभ्यास किया। स्वरों के इस प्रकार स्थिर करने में यह भी ध्यान रखा गया कि वे अधिक सख़्त न हो जाएं, उनमें लोच एवं माधुर्य

बना रहे परन्तु इसका अर्थ यह नहीं कि स्वरों में शक्ति न हो।

इसके पश्चात् नुक़्ते की वह बात जो कि अमीर खाँ साहब ने मुझे बताई इस प्रकार है–"गले में स्वरों की जगह बनने के बाद मुझे स ग प नि सां पर लम्बा-लम्बा ठहरते हुए और उसके बाद सा रे म॑ ध सां स्वरों का इस ख़ास सलीक़े से रियाज़ करवाया गया जिससे आगे चलकर कई रागों के स्वरों को गाने में सहूलियत पैदा तो हो ही गई और साथ ही मनवांछित शुद्ध स्वरों को सही स्थान पर लगाना आसान हो गया। इसके साथ-साथ अलंकारों के ज्ञान और अभ्यास से गले को स्वर बदलने में अभ्यस्त किया गया।" वे बोले–"पलटों पर रियाज़ करना इसलिए ज़रूरी है क्योंकि वह अलग-अलग लयकारियों से परिचित कराते हैं। पलटे जितने जटिल होते जाते हैं उतना ही गले को चलाने में मदद करते हैं।"

शुद्ध स्वरों में अलंकारों के पश्चात् कल्याण थाट के स्वर जिसमें केवल एक ही स्वर के बदलाव से अर्थात् तीव्र मध्यम की जगह बनाने के लिए अभ्यास कराया गया। उसके पश्चात् दो स्वर बदल कर राग भैरव में ऋषभ-धैवत कोमल कर रियाज़ किया। इन दोनों रागों में वही पलटे गाते रहे, फिर राग भैरवी के स्वर और पलटे गाने से सभी स्वरों से परिचय हो गया।

उस्ताद अमीर खाँ को उनके पिता ने खेल-खेल में ही सहजतापूर्वक मूर्च्छना पद्धति का भी रियाज़ करवा डाला। उन्हें बिना बताए बिलावल के एक-एक करके विभिन्न स्वर लेकर अर्थात् क्रमशः नि़, ध़, प़, म़, ग़ तथा रे़ से प्रारम्भ कर मूर्च्छनाओं द्वारा विभिन्न थाट किस प्रकार बनते हैं–यह समझाया।

इन सब आधारभूत क्रियाओं के साथ-साथ खाँ साहब को विभिन्न रागों की द्रुत ख़्याल की बंदिशें भी सिखाईं। इसके अतिरिक्त उन्हें जाति और मेरुखण्ड का प्रशिक्षण भी दिया गया जो कि ऐसा मूलाधार है जिस पर राग की अवतारणा की प्रक्रिया गहन रूप से अवलम्बित रहती है।

बंदिश सीखने से पूर्व अलंकारों का विधिवत् रियाज़ करते समय यद्यपि लय एवं ताल का साधारण ज्ञान तो हो ही जाता है परन्तु उसका मर्म और सूक्ष्म प्रयोग आत्मसात् करने के लिए एक भिन्न प्रकार की साधना की आवश्यकता होती है। उस्ताद अमीर खाँ के गायन में लय के साथ की जाने वाली अठखेली– जो कि नुमाइशी नहीं अपितु सूक्ष्म व गहरी थी–का आधार खाँ साहब के तबला ज्ञान में था। संगीत के इस अवयव का ज्ञान अमीर खाँ साहब ने अपने मामा उस्ताद रहमान खाँ के द्वारा प्राप्त किया। उस्ताद रहमान खाँ एक गुणी तबला-वादक एवं अति विलक्षण लयज्ञाता थे। अपने गुणी मामा के सान्निध्य में रहकर तबला वादन की इतनी समझ इन्हें हो गई कि कहा जाता है कि आगे चलकर कुछ उच्चकोटि के तबला-वादक इनकी तबले की अलंकृत रचनाएँ सुनकर अचम्भित होते।

संगीत के तृतीय तत्त्व काव्य अथवा साहित्य पर भी अमीर खाँ को बहुत ध्यान दिलाया गया। उस्ताद शाहमीर इन्हें ख़ानदानी बंदिशों एवं रागों की जानकारी देते रहे। सिखाए जाने पर अमीर खाँ शब्दों के विषय में पूछताछ करते और उनके पिता उन्हें विस्तारपूर्वक बताते। अमीर खाँ उन पर विचार करते और यही सोच उनके सम्पूर्ण जीवन में बनी रही कि वे किसी भी शब्द को

बग़ैर सोचे समझे स्वीकार नहीं करते।

पिता शाहमीर राग की शुद्धता और रागों में लगने वाली मुख्य स्वर संगतियों के विषय में भी बताते थे और विभिन्न रागों में स्वरों का वज़न, लगाव आदि सूक्ष्म प्रयोग विशेष रूप से समझाते रहते थे। शाहमीर खाँ साहब उन्हें प्रत्येक राग में अनेक बंदिशें सिखाया करते थे जो कि किसी भी सीखने वाले के लिए अतीव लाभप्रद होती हैं। बंदिशें राग की सीमाओं, स्वर-संगतियों और चलन आदि को तो स्पष्ट रूप से प्रदर्शित करती ही हैं, साथ ही साथ राग विस्तार में सहायक कलात्मक एवं भावात्मक संभावनाओं की ओर भी संकेत करती हैं।

शिक्षण का महत्त्वपूर्ण अंग–मेरुखण्ड एवं जाति

अमीर खाँ साहब की गायकी में मेरुखण्ड का बहुत महत्त्वपूर्ण स्थान है अतएव यहाँ मेरुखण्ड एवं जाति का संक्षिप्त परिचय देना उचित होगा।

मेरुखण्ड

मेरुखंड शब्द, मेरु + खंड शब्दों से मिलकर बना है। खण्ड का अर्थ–'विभाग' तो सर्वविदित ही है। शब्दकोश में 'मेरु' शब्द के अर्थ इस प्रकार दिए गए हैं :–(1) हिन्डोले में ऊपरवाली वह लकड़ी जिसमें हिन्डोले या झूले की रस्सियाँ बँधी रहती हैं। (2) छन्दशास्त्र की वह प्रक्रिया जिससे यह जाना जाता है कि कितने लघु-गुरु के छन्द हो सकते हैं। (3) मेल-मिलाप (4) सुमेरु (वह काल्पनिक स्वर्ण-पर्वत जो पुराणों में पर्वतों का राजा कहा गया है)। प्रथमत: हिन्डोले की लकड़ी, झूले की रस्सियों एवं उसके कार्य अर्थात् झुलाने का आधार है। दूसरे–छन्दशास्त्र के अनुसार लघु-गुरु के छन्द बनाने की वह प्रक्रिया है जिससे कि किसी भी कविता इत्यादि में शब्दों का विभाजन बड़े-छोटे विभागों में किया जा सकता है। तीसरा अर्थ– मेल-मिलाप–तो स्वत: स्पष्ट है तथा चौथा–सुमेरु पर्वत की ऊँचाई–जो कि जल्दी से एक ही बार में नीचे से चोटी तक सीधे-सीधे चढ़ कर नहीं तय की जा सकती। सांगीतिक संदर्भ में इनमें से प्रत्येक अर्थ किसी न किसी ढंग से उचित प्रतीत होता है। सर्वप्रथम 'मेरु' संगीत रूपी झूले की उड़ान का आधार है। दूसरे– यह स्वरों को न्यूनाधिक संख्या में क्रमानुसार गणितीय प्रणाली से विभाजित कर राग विस्तार में सहायक सिद्ध होता है। तीसरे–मेल-मिलाप से तात्पर्य एक स्वर अपने तथा आसपास के स्वरों की स्थिति के नवीनक्रम के कारण नवीन सम्भावनाएं प्रदर्शित करता है। अंतिम अर्थ–रागरूपी पर्वत की ऊँचाई तक पहुँचने के लिए उसे विभिन्न चरणों में भिन्न-भिन्न राहों की सम्भावनाओं अर्थात् विभिन्न स्वर संगतियों को प्रयोग में लाते हुए मार्ग तय करने से है।

मेरुखण्ड को विभिन्न नामों खंडमेरु, सुमेरुखंड, मेरखंड, मीरखंड और स्वर-प्रस्तार आदि से जाना जाता है। इसका उल्लेख सर्वप्रथम तेरहवीं शती के शार्ङ्गदेव कृत संगीत रत्नाकर नामक ग्रंथ में मिलता है जिसमें स्वरों को नियमपूर्वक निश्चित क्रम में रखने की इस गणितीय विधि के द्वारा सप्तस्वरों का पाँच हज़ार चालीस विविध रूपों में संयोजन किया गया है। इस नियम के द्वारा लिखित स्वरक्रम इस प्रकार व्यवस्थित एवं दृढ़ हैं कि अमुक स्वर प्रस्तार की क्रम संख्या

मालूम करना तथा क्रमसंख्या ज्ञात होने पर स्वर-प्रस्तार विशेष का पता लगाया जा सकता है जिसे 'नष्टोद्दिष्ट क्रिया' कहा गया है। इसमें किसी भी प्रस्तार की पुनरावृत्ति नहीं तथा किसी प्रस्तार में कोई भी स्वर एक से ज़्यादा दफ़ा इस्तेमाल नहीं किया गया। इस प्रक्रिया का लाभ यह है कि किसी दी गई निश्चित संख्या में गणित के अनुसार स्वर-क्रम के कितने भिन्न-भिन्न स्वरूप सम्भव हैं, यह समझ आ जाता है। विविधतापूर्वक राग विस्तार में आलाप, सरगम, तान आदि कहने के लिए यह प्रक्रिया अति उत्तम है।

मैं गणित का विद्यार्थी रहा हूँ इसलिए मुझे मेरुखंड और श्रुतियों की आंदोलन संख्या आदि विषय अतिरोचक एवं सरल लगते रहे हैं। जब खाँ साहब ने मुझे इसके विषय में बताया तो मेरी ख़ुशी का ठिकाना न था। यह समझने के बाद ऐसा लगा कि जैसे सभी स्वरों के प्रयोगात्मक विस्तार की कुञ्जी (चाबी) हाथ लग गई हो।

सप्तक के सातों स्वरों को क्रमशः एक, दो, तीन, चार, पाँच, छः तथा सात स्वर एक दफ़ा में लेकर उनमें अधिकतम जितने प्रकार से भी उलटफेर कर नावीन्य लाया जा सकता है, उसका गणितीय ढंग इस प्रकार है–

एक स्वर का एक ही प्रस्तार (combination)–सा, रे, ग.... इत्यादि।

दो स्वरों के दो प्रस्तार बनेंगे–सा रे, रे सा।

तीन स्वरों के छः प्रस्तार इस प्रकार होंगे–सारेग, रेसाग, सागरे, गसारे, रेगसा, गरेसा।

गणित में किसी भी निश्चित संख्या तक के प्रस्तारों को प्राप्त करने के लिए उस संख्या से एक तक के गुणक निकालने होते हैं–जैसे कि तीन स्वरों के कुल प्रस्तार $3 \times 2 \times 1 = 6$ ही बनेंगे। इसमें दाहिनी ओर एक-एक स्वर को निश्चित कर अन्य दो स्वरों के आरोहात्मक एवं उलट प्रयोग करने से नियमपूर्वक सभी स्वरों का एक-एक बार प्रयोग हो जाएगा और कोई क्रम छूटेगा भी नहीं।

इसी प्रकार 4 स्वरों के कुल प्रस्तार $4 \times 3 \times 2 \times 1 = 24$ बनेंगे। इसमें भी उसी नियमानुसार क्रमशः अंत में म, ग, रे और सा स्थिर रख प्रारम्भिक तीन स्वरों सा रे ग के त्रिस्वरीय प्रस्तार की भांति 6 विभिन्न प्रकार जोड़े जाएंगे। इसी प्रकार फिर ग को अंत में स्थिर रख सा रे म के 6 प्रस्तार, रे को अंत में स्थिर रख सा ग म के 6 प्रस्तार और सा को अंत में स्थिर रख रे ग म के 6 प्रस्तार जोड़े जाएंगे। अतः चतुः स्वरीय 24 प्रस्तार निम्नानुसार बनेंगे–

सा रे ग म	सा रे म ग	सा ग म रे	रे ग म सा
रे सा ग म	रे सा म ग	ग सा म रे	ग रे म सा
सा ग रे म	सा म रे ग	सा म ग रे	रे म ग सा
ग सा रे म	म सा रे ग	म सा ग रे	म रे ग सा
रे ग सा म	रे म सा ग	ग म सा रे	ग म रे सा
ग रे सा म	म रे सा ग	म ग सा रे	म ग रे सा

यदि हम सुविधा के लिए सा रे ग म प ध नि स्वरों को संख्या 1, 2, 3, 4, 5, 6, 7 से सम्बोधित करें तो यह 4 स्वरों का प्रस्तार निम्न प्रकार से दर्शाया जा सकता है–

1 2 3 4	1 2 4 3	1 3 4 2	2 3 4 1
2 1 3 4	2 1 4 3	3 1 4 2	3 2 4 1
1 3 2 4	1 4 2 3	1 4 3 2	2 4 3 1
3 1 2 4	4 1 2 3	4 1 3 2	4 2 3 1
2 3 1 4	2 4 1 3	3 4 1 2	3 4 2 1
3 2 1 4	4 2 1 3	4 3 1 2	4 3 2 1

इसी तरीके से पाँच स्वरों के प्रस्तार में कुल 120 प्रकार बनेंगे। चार स्वरों के प्रस्तार के अंत में 5 (अगला स्वर) जोड़ने पर 24 प्रकार, इसी तरह 5 नं. को दाहिनी ओर से क्रमशः दूसरी, तीसरी, चौथी और पाँचवी जगह पर स्थित कर प्रत्येक में 24-24 प्रकार से कुल 5 × 24 = 120 प्रस्तार अस्तित्व में आएंगे।

यही प्रक्रिया छः स्वरों के साथ करने पर 120 × 6 = 720 प्रस्तार, तथा

सात स्वरों के साथ करने पर 720 × 7 = 5040 प्रस्तार बनेंगे।

पं. ओंकारनाथ ठाकुर ने अपनी पुस्तक 'संगीताञ्जलि' के पञ्चम भाग में स्वर प्रस्तार विस्तारपूर्वक समझाए हैं और सभी के सभी 5040 प्रस्तारों को क्रम से दर्शाया भी है।

खाँ साहब ने कहा कि ''ये 5040 प्रस्तार याद रखने अगर नामुमकिन नहीं, तो मुश्किल ज़रूर हैं। मैं तो बचपन से यही करता रहा और अब पाया कि यदि 4 स्वरों वाले तमाम पलटे याद कर उन पर रियाज़ कर लिया जाए तो इससे भी काफ़ी हद तक रागों के विस्तार में सहायता मिलेगी।'' सारेगम के 24, रेगमप के भी 24 और इसी तरह गमपध, मपधनि, पधनिसां, धनिसांरें, निसांरेंगं के 24-24 प्रस्तार करने से कुल मिलाकर 168 प्रकार बन जाएंगे। तीन स्वरों वाले तो बहुत आसान हैं और उनका इस्तेमाल भी काफ़ी होता ही है। मेरुखण्ड की वृहद प्रक्रिया समझने हेतु केवल तीन स्वरों का उलटफेर जानना आसान तो है परंतु पर्याप्त नहीं। ध्यान रखने की बात यह है कि बिल्कुल ऐसे के ऐसे हिसाबी तरीक़े से हर राग में गाना उचित नहीं। इनको इस्तेमाल करने से पहले राग में लगने वाले स्वर, राग का स्वरूप, राग का चलन, किस स्वर पर बल देना है, वर्जित स्वर, विश्रांति स्वर, वादी-संवादी, अल्पत्व–बहुत्व के हिसाब से किस स्वर का प्रयोग करना है तथा किसे छोड़ना है यह सब ध्यान में रखकर ही बढ़त करनी चाहिए। अब कोई भी चार स्वर के प्रस्तार में जैसे कि सा रे ग म में अलग-अलग समय पर अलग-अलग स्वरों में अलग प्रकार का कम या ज़्यादा ज़ोर देने पर भी नवीनता आती है। इस प्रकार इन प्रस्तारों का प्रयोग न सिर्फ़ आलाप के समय बल्कि कुछ लय बढ़ा कर सरगम और तानों में भी किया जाता है। इससे राग को खोलने (विस्तार करने) में मदद मिलती है और आगे का रास्ता साफ़ हो जाता है।

जब हम मेरुखंड का प्रयोग गायन में कर रहे होते हैं तो उसमें किसी एक स्वर का दो बार प्रयोग करने से भी वैचित्र्य आ जाता है। ऐसे सा रे ग म के बाद सा सा रे ग म, इसी तरह स रे रे ग म, सा रे ग ग म, सा रे ग म म में किसी भी स्वरसमुदाय का प्रयोग किया जा सकता है। अब सा सा रे ग म में दूसरे सा पर अगर रे का खटका लगे तो उसका प्रभाव

अलग पड़ेगा और यदि सा पर सा की ही चोट देकर गाएं तो अलग ही असर होगा जिसमें पहला 'सा' हल्का और दूसरा कुछ ज़ोरदार सुनाई पड़ेगा। यह तो एक छोटा सा किन्तु अत्यन्त महत्त्वपूर्ण उदाहरण है। इस प्रकार अनन्त सम्भावनाएँ हो सकती हैं।

यदि सीधे ही 5 अथवा अधिक स्वरों वाले प्रस्तार कंठस्थ करने का प्रयास किया जाए तो वह कठिन प्रतीत होता है अतः 4 स्वरों का रियाज़ करने के बाद जब सहजता आ जाए तो पाँचवें, छटे या सातवें सुर को जोड़ने में कोई कठिनाई नहीं होगी। इससे राग में स्वर विस्तार का क्षेत्र भी बढ़ जाता है और उसी सप्तक के दूर के स्वरों को आरोह या अवरोहात्मक ढंग से जोड़ने में मुश्किल नहीं आती और यहाँ तक कि यही क्रिया अपनी आवाज़ की क्षमता के अनुसार दूसरे सप्तकों अर्थात् मंद्र और तार के स्वरों को लेकर भी की जा सकती है। कहने का तात्पर्य है कि बुद्धि के लिए 4 के बाद 5, 6, 7 आदि स्वरों में गमन करना आसान हो जाता है और उसमें कोई अड़चन नहीं आती। ऐसा करने पर गायक और श्रोता दोनों को आनन्द मिलता है। इसके साथ-साथ यह ध्यान रखना चाहिए कि संवाद संगीत की दृष्टि से कर्णप्रिय हों।

पुनः चार स्वरों के प्रस्तारों के विषय में विस्तारपूर्वक बात करें–'सा रे ग म' में कोई स्वर लम्बा कर देने से अथवा किसी स्वर पर अन्य अलंकरण जैसे कि खटका, मुर्की, ज़रब, मींड, गमक आदि का प्रयोग करने से वैचित्र्य आ जाता है। यहाँ स्वर को लम्बा करने में सांस नहीं लेनी क्योंकि यह स्वरों का निरन्तर बहाव है, यथा–सा – रे ग म, सा – सा सा रे ग म, सा – सा सा सा रे ग म, सा रेग – म, सा रे ग म – म, सा – गरे ग म, सा – रे मग म, सा – ग रे ग म अथवा सा – रेसा रे – गरे ग – मग – म इत्यादि स्वर समूहों में एक स्वर पर अगले स्वर का कण लिया जा सकता है और इसके अलावा निचले स्वर का कण दिया जाए तो एक अन्य प्रकार अस्तित्व में आता है जैसे रे – सारे, ग – रेग म – गम आदि। यदि मींड का प्रयोग किया जाए तो सा रे ग म, सा रे ग म, सा रे ग म सा म, और फिर सारे – रेग – गम, सा रे ग म साम (यहाँ अंतिम मध्यम को सा के भराव से गाया जा सकता है) सा रे सरे ग म, सा रे ग सग म, सा रे सारे ग रेग म आदि के द्वारा भी विविधता उत्पन्न की जा सकती है। इस प्रकार असंख्य सम्भावनाएँ हैं जिनमें से रागानुकूल कुछ स्वर संगतियाँ गायक-कलाकारों द्वारा प्रयोग की जाती हैं तथा उसमें भी काकु-भेद का भावपूर्ण प्रयोग 'सोने पर सुहागा' की भाँति कार्य करता है।

मेरुखण्ड युक्त बढ़त

मेरुखण्ड के चार स्वरों वाले सभी 24 प्रस्तारों को क्रमशः अवश्यमेव गाना ही है, ऐसा कदापि नहीं। खाँ साहब ने चार स्वरों के प्रस्तार समझाने के पश्चात् उसका क्रियात्मक प्रयोग समझाने हेतु मालकौंस का उदाहरण लिया। मालकौंस राग उन्होंने इसलिए चुना क्योंकि वह एक सरल एवं बड़ा राग तो है ही और साथ ही उसमें किसी भी स्वर पर बराबर ठहराव करने से राग हानि भी नहीं होती।

मेरुखण्ड प्रयोग का अर्थ केवल गणितीय स्वर-समूहों का गायन नहीं अपितु सांगीतिक

सौंदर्यात्मक दृष्टि का निपुण प्रयोग कर राग की भावात्मक अवतारणा करना है।

मेरुखण्ड से एक प्रकार का अंकुश भी होता है। राग के विस्तार के समय प्रारम्भ में मंद्र सप्तक के कुछ स्वर लेकर पहले उन्हीं का निर्वाह करने के पश्चात् ही आगे बढ़ने का विचार किया जाता है अत: राग की अवतारणा 'सहज पके सो मीठा होय' कहावत के सदृश शनै:-शनै: एवं माधुर्यपूर्ण होती है।

मेरुखण्ड का प्रयोग इस प्रकार से करते हुए एक स्वर-समुदाय विशेष के पश्चात् कौन सा अगला स्वर सन्निवेश इस्तेमाल किया जाएगा इसका तो अनुमान लगाना श्रोता के लिए असम्भव है और गायक के द्वारा भी यह वैचित्र्यपूर्ण क्रिया इतनी सहजता से हो जाती है कि कभी तो वह स्वयं भी आश्चर्यचकित रह जाता है। स्वरों का जादू है ही ऐसा। इस प्रकार राग का विस्तार या अवतारणा होती है जो कि भारतीय संगीत की विशेषता है।

राग की बढ़ोत्तरी एवं विकास बाक़ायदा होना चाहिए अन्यथा मन की अवस्था में अचानक इतने बदलाव राग की सम्यक सम्भावनाएँ नहीं दर्शा पाते तथा गायन को सहजता प्रदान नहीं कर पाते। प्रारम्भ से ही कभी सा ध या सा रें करने से गायन बेतरतीब लगता है। मेरुखण्ड एक प्रकार से रोक लगाता है। गायन के विचारों को निर्लक्ष्य भटकने नहीं देता। उसे मर्यादित विचरण करने का अनुशासित स्वातंत्र्य प्रदान करता है।

मेरुखण्ड की प्रक्रिया से यह भी समझ आता है कि अवरोहात्मक और वक्र रूप से भी राग का विस्तार किस प्रकार किया जा सकता है।

कभी-कभी जानबूझकर एक स्वर वर्ज्य कर दिया जाए तो उसमें एक नवीनता आ जाती है, उदाहरण के लिए मारु बिहाग में प मं ध—मं प मं ग मं ग रे सा स्वर संगति लेने के बाद मं ध मं ग रे सा भी कभी कर दिया जाय तो उसमें वैचित्र्य आ जाता है। यद्यपि प स्वर का ज़ोर ज़्यादा है अर्थात् मारु बिहाग में इसका महत्त्वपूर्ण स्थान है तथापि ऐसा अनोखापन भला प्रतीत होता है। मारु बिहाग की बंदिश 'रसिया हो न जा' के अंतरे 'मन चिंता मति भई बांवरी' में स ध मं प इस प्रकार का उठान है।

मेरुखण्ड का गणितीय रूप बताने के बाद उन्होंने एक बार मुझे समझाते हुए कहा था—'अब इतनी समझ तो तुम्हें है ही कि इसका अन्धाधुंध इस्तेमाल नहीं करना चाहिए।' राग का स्वरूप और उसकी माँग को ध्यान में रखते हुए कौन सी स्वर संगति का प्रयोग करना है और किसका प्रयोग नहीं करना है, इस सूक्ष्म भेद को विवेकपूर्वक समझना है। 'अब मारवा और पूरिया में भी तो ऐसे ही भेद करना होगा। मारवा में तो नि़ रे ग रे, ध़ नि़ ग रे, ध़ ग रे आएगा पर पूरिया में तो ऐसे रे पर नहीं ठहरोगे, उसमें तो हमेशा नि मं, मं नि की संगति हर सप्तक में आएगी और ध नि मं मं ग इसी तरह आएगा तथा नि़ रे ग, ध़ नि़ रे ग, नि़ ग, ग – रे सा होगा। पूरिया में रे पर बिना रुके सा में जाना पड़ेगा, नहीं तो राग उसे बर्दाश्त नहीं कर सकेगा अर्थात् भंग हो जाएगा। किस सुर का लंघन करना है और किसे कम लगाना है, कौन सा न्यास का स्वर है, ये सोचोगे तो राग ठीक से गा पाओगे नहीं तो राग का स्वरूप बिगड़ जाएगा। साथ ही उचित खटके और ज़रब भी राग को सुन्दर रूप देते हैं। इसी तरह मुल्तानी गाते समय कभी भी

उन स्वरावलियों का इस्तेमाल न करना जो आकर रिषभ कोमल पर रुकती हों क्योंकि मुल्तानी में तो कोमल रिषभ का षड्ज में विलय हो रहा है।'

इस प्रकार असंख्य सम्भावनाओं में से किन अलंकरणों का प्रयोग करना चाहिए कि वह राग के अनुकूल तो हों ही परन्तु उसमें नवीनता व विलक्षणता दर्शाई जा सके, इस कलात्मक काट-छांट या तराशने में एक अत्यंत तीव्र एवं संगीतमय बुद्धि का होना अनिवार्य है। अपनी आवाज़ का गुण-धर्म, सीमाएं व क्षमताओं का ध्यान रखते हुए इस क्रिया को भावपूर्ण ढंग से किया जाना चाहिए जिसमें विभिन्न स्वर-समुदायों के सुरों का वेग एवं काकु भेद भी महत्त्वपूर्ण भूमिका निभाते हैं। परिणामस्वरूप राग का स्वरूप निखर कर सामने आता है, प्रकृति सुस्पष्ट होती है और इसके साथ-साथ आवाज़ का घुलाव तथा हृदय का रचाव भी गायन को भावपूर्ण बनाने में मदद करता है जिससे अभीष्ट रस की निष्पत्ति होती है।

जाति

प्रारम्भ में विभिन्न अलंकारों पर अभ्यास करना पड़ता है। किसी विशिष्ट नियम एवं क्रम के अनुसार स्वर समुदायों की सृष्टि अलंकार कहलाती है, उदाहरण के लिए सारेग, रेगम, गमप. ... इत्यादि। यह पहले कहा जा चुका है कि अलंकार अथवा पलटे संगीत साधक को अलग-अलग लयकारियों से परिचित कराते हैं।

भारतीय संगीत में ताल की दृष्टि से पाँच जातियाँ मानी गई हैं–तिस्र, चतुस्र, खंड, मिश्र, संकीर्ण। स्वरों एवं लय की दृष्टि से एक तिस्र जाति में तीन, छः या बारह आदि स्वरों का अथवा मात्राओं का समुच्चय माना जाता है। चतुस्र में चार, आठ व सोलह आदि स्वरों या मात्राओं का समुच्चय। खंड जाति में पाँच, दस, बीस आदि तथा मिश्र जाति में सात, चौदह, अट्ठाईस और इसी प्रकार संकीर्ण जाति में नौ स्वरों अथवा मात्राओं का समुच्चय लिया जाता है।

तिस्र जाति का पलटा इस प्रकार है–

सारेग, रेगम, गमप, मपध, पधनि, धनिसां।

अवरोह करने के लिए साधारणतया इस प्रकार जाते हैं–

सांनिध, निधप, धपम, पमग, मगरे, गरेसा।

एक अन्य तरीका जिसमें आरोह वही रहा–

सारेग, रेगम, गमप, ...

परन्तु अवरोह में–

धनिसां, पधनि, मपध, गमप, रेगम, सारेग, ऩिसारे, धऩिसा।

तिस्र का ही तीसरा तरीका इस प्रकार होगा–

गरेसा, मगरे, पमग, धपम, निधप, सांनिध, रेंसांनि, गरेंसां।

और अवरोह–

गरेंसां, रेंसांनि, सांनिध .... गरेसा।

देखा जाए तो तिस्र में ही सागरे, रेमग, गपम .... सांगरें।

तथा अवरोह में रेंगंसां, सांरेंनि, निसांध, ..., रेगसा आदि भी लिया जा सकता है।

चतुस्त्र जाति में साधारण पलटा इस प्रकार है—

सारेगम, रेगमप, गमपध, मपधनि, पधनिसां।

अवरोह में—	सांनिधप, निधपम, धपमग, पमगरे, मगरेसा।
इसी की ही पलट—	मगरेसा, पमगरे, धपमग, निधपम, सांनिधप।
तथा अवरोह—	पधनिसां, मपधनि, गमपध, रेगमप, सारेगम।
एक अन्य तरीका	सारेगरे, रेगमग, गमपम, मपधप, पधनिध, धनिसांनि।
अवरोह में	सांनिधनि, निधपध, धपमप, पमगम, मगरेग, गरेसारे।
इसी प्रकार एक अन्य—	गगरेसा, ममगरे, पपमग, धधपम, निनिधप, सांसांनिध।
अवरोह में—	धधनिसां, पपधनि, ममपध, ... रेरेगम, सासारेग।
खंड जाति में आरोह—	सारेसारेग, रेगरेगम, गमगमप, मपमपध, पधपधनि, धनिधनिसां
अवरोह—	सांनिसांनिध, निधनिधप, धपधपम, पमपमग, मगमगरे, गरेगरेसा।
एक अन्य प्रकार में	सारेगरेसा, रेगमगरे, गमपमग .....
अवरोह में	धनिधनिसां, पधपधनि ..... भी जा सकते हैं।
मिश्र जाति में	सारेगसारेगम, रेगमरेगमप, गमपगमपध, मपधमपधनि, पधनिपधनिसां।
अवरोह—	सांनिधसांनिधप, निधपनिधपम, धपमधपमग, पमगपमगरे, मगरेमगरेसा।
मिश्र जाति के अन्य आरोह	सारेगरेगमप, रेगमगमपध ....
या फिर	गरेसमगरेस, मगरेपमँगरे ....
अन्यथा	सारेगमगरेस, रेगमपमगरे .... भी हो सकते हैं।

इनके अवरोह भी इनके उलट बनाए जा सकते हैं।

संकीर्ण जाति का आरोह—	सारेसारेगसरेगम, रेगरेगमरेगमप, गमगमपगमपध, मपमपधमपधनि, पधपधनिपधनिसां।
अवरोह—	सांनिसांनिधसांनिधप, निधनिधपनिधपम, धपधपमधपमग, पमपमगपमगरे, मगमगरेमगरेसा।

इनका रियाज़ करते समय इस बात का विशेष ध्यान रखना चाहिए कि प्रत्येक स्वर पर बराबर ही रुका जाय। गले में दाना बनाते समय आकार का भी ध्यान रखना पड़ता है कि न तो वह अधिक फैलावदार हो और न ही वह दबे, जिससे कि बिना सख़्त हुए आवाज़ में रवानगी रहे और तान चले।

इनका अभ्यास करने से साधक भिन्न-भिन्न लयकारियों से परिचित हो जाता है और गले को अलग-अलग प्रकार की तान चलाने में सक्षम बनाता है।

उस्ताद शाहमीर खाँ का अपने शिक्षण पर विश्वास

शाहमीर खाँ साहब को अपने ज्ञान व तालीम तथा अपने पुत्र अमीर की समझ व मेहनत और अल्लाह के करम पर पूरा भरोसा था, अतएव उन्होंने अमीर खाँ में संगीत की बुनियाद पूरी

होने तक अर्थात् उम्र के पच्चीसवें साल तक अपने तरीक़े से मेहनत करवाई।

एक बार उस्ताद अमीर खाँ ने मुझे बताया कि "लोग मुझे ताने देते थे कि 'पच्चीस साल का हो गया बाप के बताए रास्ते पर ही चलते-चलते। कमाना कब शुरू करेगा?' एक तरह से लोग भी ग़लत नहीं कह रहे थे पर दूसरी तरफ़ मेरे वालिद मुझे बहुत ऊँचाइयों पर ले जाना चाहते थे।"

जीवन का यह पड़ाव भी बहुत विचित्र होता है जब नौजवान ऊँचे लक्ष्य लिए एक तरफ़ मेहनत कर रहा होता है, मन में भविष्य को लेकर अनिश्चितता की स्थिति बनी रहती है और दूसरी ओर सामाजिक दबाव जो कि आजीविका कमा कर स्थाई जीवन की शुरूआत करने को उकसाते हैं। ऐसा नहीं कि वह मेहनत करने वाला व्यक्ति अपनी ज़िम्मेदारी नहीं समझता। ऐसे सभी दबाव उस व्यक्ति की मानसिकता को प्रभावित करते हैं। जो इन दबावों के नीचे दब जाता है वह कुछ हासिल नहीं कर पाता और जो इन्हें अपने संघर्ष का हिस्सा समझ अपने आत्मविश्वास एवं गुरु के मार्गदर्शन का सहारा लेकर अपने कार्य को दूने उत्साह से करता रहता है, वह अवश्य सफल हो जाता है और उस पर माता-पिता, गुरु, परिवार, समाज व राष्ट्र गर्व करता है। खाँ साहब भी इसी संघर्ष का सामना करते हुए आगे बढ़ते चले। खाँ साहब को प्रशिक्षण व सहारा देने के साथ-साथ उनके पिता ने उनके आत्मविश्वास को भी बनाए रखा क्योंकि उन्हें 'होनहार बीरवान के होत चीकने पात' कहावत के अनुरूप अपने पुत्र के असाधारण होने का पूर्ण विश्वास था। स्वयं खाँ साहब ने मुझसे कहा, **"मेरे वालिद को मुझ पर पूरा भरोसा था। उन्हें अन्दरूनी तौर पर पता था कि मेरी सोच ठीक है, हालांकि रास्ता लम्बा था पर मैं ज़रूर एक दिन मंज़िल पा लूंगा।"**

शाहमीर खाँ साहब स्वयं इतने गुणी संगीतज्ञ थे कि उन्होंने अपने पुत्र अमीर खाँ के भीतर संगीत की नींव पक्की कर दी और यह समझ जगा दी कि अच्छे संगीत की क्या विशेषताएँ होती हैं। अपने इसी संगीत-विषयक विवेक के आधार पर उन्होंने अपने कान, हृदय व बुद्धि को खुला रख अनेक संगीतज्ञों के गुणों को ग्रहण कर धीरे-धीरे अपनी ही तरह का सांगीतिक महल खड़ा किया।

निवास स्थान- शाहमीर मंज़िल, इंदौर
(सौजन्य - नरेश मल्होत्रा)

जब राज-दरबारों में गायन प्रस्तुत किया, तब ऐसी ही वेश-भूषा थी ।
(सौजन्य-सिद्धान्त भाटिया)

खाँ साहब ने कुछ समय के लिए स्वर मण्डल का प्रयोग भी किया।
(सौजन्य - विश्व रमन निर्मल)

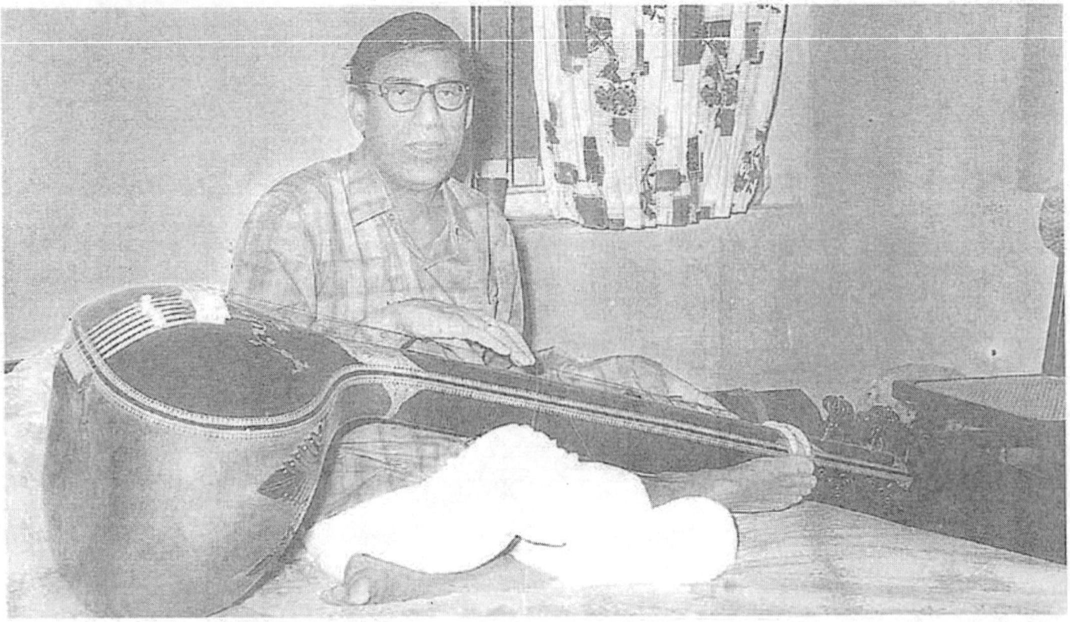

अपने निवास-स्थान - शाहमीर मंज़िल, इंदौर-में रियाज़ करते हुए
(सौजन्य - नरेश मल्होत्रा)

उ.अमीर खाँ के पिता - उ.शाहमीर खाँ
(सौजन्य - अनिल मखीजा)

तान सम्राट - उ.रजब अली खाँ
(सौजन्य - हरीश सलूजा)

उस्ताद अमान अली खाँ (भेंडी बाज़ार घराना)
(सौजन्य - सतीष वत्स)

उस्ताद अब्दुल वहीद खाँ (किराना घराना)
(सौजन्य - शाम लाल)

उस्ताद अमीर खाँ का व्यक्तित्व

(सौजन्य - एन. पी. सिंह 'टोनी')

(सौजन्य - गायक-कुमार राय, कलकत्ता)

उस्ताद अमीर खाँ-विभिन्न रूप

माथे का उभार स्पष्ट दृष्टिगोचर हो रहा है।
(सौजन्य - दीपेन्द्र मनोचा)

(सौजन्य - गायक-कुमार राय, कलकत्ता)

गायन के समय मुखमुद्रा एवं बैठक

गाते समय विभिन्न भाव

(सौजन्य - जगदीप खुराना)

उस्ताद अमीर खाँ का गायन-चरम सीमा पर
(सौजन्य- प्रसिद्ध फोटोग्राफर अविनाश पसरीचा, नई दिल्ली)

गंडा-बंधन रस्म

तेजपाल सिंह की 'गंडा बंधन रस्म' (शागिर्दी) पर दुआ पढ़ते हुए दिल्ली घराने के उ.चाँद खाँ

गंडा बंधन के समय तेजपाल सिंह को चने खिलाते हुए उ.अमीर खाँ

तेजपाल सिंह को गंडा बांधते हुए उ.अमीर खाँ

तेजपाल सिंह की शागिर्दी के बाद–प्रथम पंक्ति में दाएँ से बाएँ- श्री मुनीर ख़ाँ, श्री अमर नाथ, उ.अमीर ख़ाँ, तेजपाल सिंह, श्री महेन्द्र शर्मा ।
दूसरी पंक्ति में दाएँ कोने में हैं-ख़लीफ़ा चंदू ।

प्रेरणा अरोड़ा की 'गंडा बंधन रस्म' पर प्रेरणा को गंडा बांधते हुए श्री तेजपाल सिंह

इसी रस्म पर चने खिलाते हुए।

अध्याय–2

तत्कालीन अन्य दिग्गज कलाकारों के प्रभाव

पन्द्रह वर्ष की लम्बी अवधि तक अमीर खाँ साहब अपने पिता से ही शिक्षा प्राप्त करते रहे। यह शिक्षा पूर्ण हो जाने पर तथा सन् 1937 में अपने पिता के देहावसान के पश्चात् उन्होंने अपने गायन की शैली को पिता द्वारा दी गई शिक्षा तक ही सीमित नहीं रखा। उन्होंने अपने ज़माने के अनेक बड़े-से-बड़े उस्तादों को बहुत ध्यानपूर्वक सुना और उनके गुण भी आत्मसात् किए।

अमीर खाँ की कला चेतना की पृष्ठभूमि में मुख्य रंग पिता शाहमीर का होने के साथ-साथ निम्न गुणीजनों के भी रंगों का प्रभाव पड़ा–

अन्य कलाकारों की छाप का आकलन करते समय यदि जीवनकाल की दृष्टि से देखा जाए तो अमीर खाँ साहब पर पहला प्रभाव उस्ताद रजब अली खाँ साहब और तत्पश्चात् उस्ताद अमान अली खाँ साहब एवं अंत में उस्ताद अब्दुल वहीद खाँ साहब का पड़ा, किंतु अगर गायकी के लिहाज़ से देखें तो चूंकि विलम्बित ख़्याल पहले गाया जाता है फिर सरगम व बोलबाँट अर्थात् जोड़ने वाला भाग और अंत में तानें आती हैं अतएव उस हिसाब से यह क्रम बिल्कुल विपरीत हो जाता है–पहले उस्ताद अब्दुल वहीद खाँ, फिर उस्ताद अमान अली खाँ और अन्त में उस्ताद रजब अली खाँ का प्रभाव नज़र आता है।

उस्ताद रजब अली खाँ साहब का प्रभाव

मैसूर के राजा कृष्ण राव वाडियार द्वारा 'संगीत रत्न भूषण' तथा बम्बई की म्यूज़िकल सोसाइटी द्वारा 'संगीत सम्राट' का ख़िताब पाने वाले उस्ताद रजब अली खाँ साहब का बहुत नाम था। वे देवास कें दरबारी कलाकार थे। उस्ताद शाहमीर खाँ और उस्ताद रजब अली खाँ घनिष्ठ मित्र थे। वे एक दूसरे के यहाँ अक्सर आते जाते रहते थे। अमीर खाँ भी अपने पिता के साथ उस्ताद रजब अली खाँ के घर जाते और चूँकि पिता शाहमीर उस्ताद रजब अली के प्रशंसक थे अत: अमीर खाँ के मन में भी उनका स्थान अति उच्च था और वे उनके समान बनने की कामना अपने भीतर रखते थे। जो बालक अपने गुणी व अनुशासन प्रिय पिता को आदर्श मान उनके मार्गदर्शन के अनुसार प्रगति के पथ पर अग्रसर होता है वह अपने पिता के द्वारा किसी अन्य व्यक्ति की

तारीफ़ सुन, उनके जैसा बनने का प्रयत्न भी करता है। सम्भवतया उस बालक के अवचेतन मन में जगप्रसिद्ध होने से भी अधिक उस समय अपने पिता के समक्ष अपनी योग्यता को प्रमाणित करना अधिक महत्त्व रखता है जिससे कि वह उन्हें प्रभावित कर उनसे शाबाशी हासिल कर सके। शनैः शनैः ऐसे गुणों को आत्मसात् कर वह उन्नति की राह पर आगे चल निकलता है। अमीर खाँ के मन पर भी इसी प्रकार उस्ताद रजब अली के गायन की अमिट छाप अंकित हुई।

उस्ताद रजब अली खाँ ने संगीत की शिक्षा अपने पिता मुगल खाँ से तथा तत्पश्चात् उस्ताद बंदे अली खाँ से बीन वादन की तालीम हासिल की थी। आगे चलकर उस्ताद रजब अली खाँ की गायकी पर जयपुर अल्लादिया खाँ घराने का प्रभाव भी पड़ा। **'उस्ताद रजब, गाते ग़ज़ब!'** उनकी तानों का जादू प्रत्येक श्रोता को मोहित कर देता। उस ज़माने में जटिल एवं द्रुत तानें एक अच्छे गायन का मुख्याकर्षण मानी जाती थीं जिसमें उस्ताद रजब अली खाँ बहुत माहिर थे। तानों पर उनका अधिकार ऐसा था कि यदि कोई कलाकार उनसे पहले मंच पर गायन प्रस्तुत कर चुका होता तो वे एक सुर चढ़ा कर और बढ़ी हुई लय में गायन प्रारम्भ करते और फिर तानों की ऐसी झड़ी लगा देते कि लोग उन्हें प्यार से **'महोबे (महुवे) की लट्ठ'** कहने लगे थे। उस्ताद रजब अली की तानों का प्रयोग सदैव राग के अनुरूप ही होता था जिससे राग का स्वरूप कभी बिगड़ने न पाता।

उस्ताद रजब अली की एक और ख़ासियत यह थी कि वे मुखड़े को बहुत तंग जगह में भी अलग-अलग अंदाज़ से कह जाते। वे जटिल लयकारियों के साथ बोलबाँट को भी दक्षतापूर्वक करते थे। उस्ताद रजब अली खाँ की आवाज़ में एक एल.पी. रिकॉर्ड राग बागेश्री में उपलब्ध है।

उस्ताद रजब अली के भाई थे—जमाल खाँ—जिनके पुत्र का नाम था अमानत खाँ। अमानत खाँ बाल्यकाल से ही उस्ताद रजब अली से शिक्षा प्राप्त कर रहे थे। उस्ताद रजब अली भी उन्हें पुत्रवत् समझ अपना सम्पूर्ण ज्ञान प्रदान करते थे। उस्ताद रजब अली जब उस्ताद शाहमीर के यहाँ जाते या फिर जब वे इनके घर आते तो दोनों बालक अमीर और अमानत भी एक दूसरे से मिलते। इस प्रकार दोनों बालकों में भी घनिष्ठ मित्रता हो गई हालांकि अमानत खाँ अमीर खाँ से सात-आठ वर्ष बड़े थे। अमानत खाँ, उस्ताद रजब अली को चचा कहते थे। उसी नाते और अपने पिता शाहमीर के मित्र होने की वजह से भी अमीर खाँ उस्ताद रजब अली को चचा कहकर ही पुकारते। एक सुलझा इन्सान अपने बच्चों या भतीजों के मित्रों को भी अपने ही पुत्र के समान समझता है अतः उस्ताद रजब अली भी अमीर खाँ के साथ अपने बेटे या शिष्य की भाँति ही व्यवहार करते। **वे अमीर खाँ को कभी 'अमीर' या 'बेटा अमीर' कह कर बुलाते।** उस्ताद रजब अली ने अमीर खाँ को कई बार सुन रखा था और वे **उन्हें प्रोत्साहन भी देते रहते।** अमीर खाँ भी अपनी किशोरावस्था में उस्ताद रजब अली की द्रुतगति की चकाचौंध करने वाली तानों को हतप्रभ हो सुनते और उनका अनुकरण करने की कोशिश भी करते।

उस्ताद रजब अली अमानत खाँ को ही अपना प्रतिनिधि समझते थे और उनसे वे बहुत आशा

भी रखते थे। वे चाहते थे कि अमानत उनकी ख्याति और भी आगे बढ़ाए। अमानत खाँ के मधुर कंठ की तैयारी भी ऐसी थी कि द्रुतगति में भी वे स्पष्ट एवं दानेदार तानें इतनी महारत से कहते कि सब दंग रह जाते। अमीर खाँ साहब भी अमानत खाँ साहब की तानों के क़ायल थे।

अमानत खाँ साहब बाद में बम्बई में कई वर्षों तक रहे। उनके साथ अमीर खाँ भी उसी कमरे में रहे। वे दोनों मित्र चौबीसों घंटे साथ रहते। बचपन की मित्रता अब और भी गहरी हो चुकी थी। दोनों के समान शौक़ और लक्ष्य भी समान होने की वजह से दोनों मिल कर उस उद्देश्य की प्राप्ति हेतु एक साथ रियाज़ करते परन्तु उन दोनों के मन में कभी भी प्रतिस्पर्धा उत्पन्न नहीं हुई। अमानत खाँ साहब की बिजली की सी तानों की तेज़ी से अमीर खाँ साहब भी लाभान्वित हुए और उनके सहयोग से मेहनत कर उन्होंने भी अति द्रुत तानों को अपने भीतर आत्मसात् कर लिया। यह तो सर्वविदित तथ्य है कि एक ख़ास उम्र में किसी भी व्यक्ति पर अपने मित्रों, सहपाठियों व समकक्षों का असर अपने माँ बाप के द्वारा दी गई सीख से भी कहीं ज़्यादा प्रभाव्रशाली होता है, अतः संग का रंग आना स्वाभाविक था।

अक्सर ये दोनों दोस्त मिलकर देवास जाते और उस्ताद रजब अली से मार्गदर्शन प्राप्त करते। युवा मित्र कभी जानबूझक़र ग़लत गाकर और कभी आदरपूर्वक प्रश्न कर तथा कभी मिन्नत वगैरह के ज़रिए उनसे ज्ञानार्जन करते रहते। इस प्रकार यदि यह कहा जाए कि अमानत अली के सदृश्य अमीर खाँ के भी उस्ताद रजब अली खाँ के साथ गुरु शिष्य के जैसे अतीव मधुर सम्बन्ध रहे तो अतिशयोक्ति न होगी।

उस्ताद रजब अली की गायकी का असर प्रत्यक्ष एवं परोक्ष रूप से अर्थात् सीधे रजब अली खाँ साहब से और अमानत खाँ के द्वारा भी अमीर खाँ पर पड़ता रहा। अमीर खाँ की युवावस्था तो थी ही और तैयारी भी थी अतएव उनकी तानें भी हवा से बातें करने लगी थीं। यह समय ऐसा था कि अमीर खाँ साहब की गायकी द्रुत लय प्रधान हो गई थी और वे चढ़ी हुई लय का गाना गाने लगे थे। अमीर खाँ साहब के आलाप एवं राग विस्तार आदि में मुख्यतया अपने पिता शाहमीर खाँ साहब की छाप तो थी ही।

अमानत खाँ साहब को 3 जनवरी 1941 के दिन 40 वर्ष की युवावस्था में ही काल का ग्रास बनना पड़ा। विधि का विधान ही ऐसा था। उस्ताद रजब अली को बहुत गहरा धक्का लगा। उसके बाद तो वे अमीर खाँ में ही अपने भतीजे अमानत की छवि देखने लगे। अमानत खाँ के जाने से अमीर खाँ भी अत्यधिक दुःखी हुए। एक बार की बात है अमीर खाँ साहब ने स्वयं मुझसे यह कहा कि "बरख़ुरदार! अगर आज अमानत जिन्दा होता, तो गाने में एक वो होता और एक मैं होता।" उन्हें याद करते ही अमीर खाँ साहब भावुक हो गए, उनकी आँखें लाल हो गईं और गला रुंध गया।

अमीर खाँ उस्ताद रजब अली के प्रशंसक और गुण ग्राहक थे तथा उस्ताद रजब अली खुले दिल से देने वाले उदारचरित भलेमानस। अतः द्रुत गायन में अमीर खाँ साहब को इस सम्बन्ध के माध्यम से गहन सोच विकसित करने में भरपूर मदद मिली। कई वर्ष बाद जब उस्ताद अमीर खाँ बम्बई के क्रॉस मैदान में एक संगीत सम्मेलन में गायन कर रहे थे तो उस्ताद रजब अली

आस:पास बैठे व्यक्तियों से बरबस बोल पड़े–**'देखो! यहाँ तुम मेरी जवानी का गाना दोबारा सुन सकते हो।'**

अमीर खाँ साहब ने उस्ताद रजब अली से कई बंदिशें सीखीं। यद्यपि अमीर खाँ साहब के पास अपने पिता के द्वारा सिखाई गई बंदिशों का ख़ज़ाना तो था ही, साथ ही इंदौर में घर पर आयोजित महफ़िलों के ज़रिए भी कई बंदिशें उन्हें कण्ठस्थ थीं, इस प्रकार वे अपने ख़ज़ाने में सच्चे मोती चुन-चुन कर अभिवृद्धि करते गए।

राग मियाँ मल्हार की बहुत ख़ूबसूरत बंदिश 'बरसन लागी री बदरिया' उस्ताद रजब अली की पसंदीदा बंदिश थी जो कि अमीर खाँ बड़े ही मन से गाया करते थे। पाठकों की उत्सुकता समझते हुए इस बंदिश के बोल व स्वरलिपि 'बंदिशें' अध्याय में दी जा रही है।

उस्ताद रजब अली खाँ साहब अब वृद्ध हो चले थे। अमीर खाँ साहब की भी अब प्रसिद्धि हो रही थी। अमीर खाँ साहब के अंतरंग मित्र श्री बृज नारायण बम्बई में 'सुर सिंगार संसद' के संस्थापक थे जिन्होंने सन् 1957 में उस्ताद रजब अली का कार्यक्रम बम्बई में आयोजित करवाया। उस्ताद रजब अली की आयु 83 वर्ष की थी। चार आदमी उन्हें सहारा देकर मंच पर लेकर आए थे। यह उनका अंतिम बड़ा कार्यक्रम था।

उनका स्वास्थ्य अब कुछ ख़राब रहने लगा था। अमीर खाँ साहब उनसे मिलने देवास जाते रहते। तीन सितम्बर सन् 1874 ई. को मध्य प्रदेश के नरसिंहगढ़ में जन्मे उस्ताद रजब अली खाँ ने पच्चासी वर्ष की आयु में आठ जनवरी सन् 1959 ई. के दिन देवास में अपनी देह त्याग दी। कहते हैं कि उन्होंने नाद साधना, योग, ओंकार साधना आदि की दीक्षा भी ली हुई थी। इस प्रकार महुवे की सुगंध बिखेर यह कलाकार इस जगत से विदा हो गया।

जिस प्रकार कबीर के गुरु रामानंद थे उसी प्रकार उस्ताद रजब अली खाँ गुरु न होते हुए भी उस्ताद अमीर खाँ के मन में माने गए गुरु समान ही थे तभी तो अमीर खाँ साहब ने उनकी गायकी अपनाई। भले ही उस्ताद रजब अली प्रत्यक्ष रूप में उनके गुरु न हों तथापि परोक्ष रूप से उन्होंने अमीर खाँ साहब के गायन को प्रभावित किया।

उस्ताद अमान अली खाँ साहब का प्रभाव

उस्ताद अमान अली खाँ भिंडी बाज़ार (कुछ लोग 'भेंडी बाज़ार' कहते हैं) के बहुत मशहूर गायक हुए हैं। भिंडी बाज़ार बम्बई में एक सड़क का नाम है। वहाँ बसने के कारण ये भिंडी बाज़ार वाले कहलाते हैं। उस्ताद अमान अली खाँ का जन्म सन् 1884 ई. में उत्तर प्रदेश के मुरादाबाद ज़िले के अंतर्गत बिजनौर नामक स्थान पर हुआ था परन्तु इनका सम्पूर्ण परिवार अर्थात् पिता उस्ताद छज्जू खाँ और चाचा लोग–उस्ताद नज़ीर खाँ, उस्ताद ख़ादिम हुसैन खाँ तथा उस्ताद हाजी विलायत हुसैन खाँ, इस क्षेत्र में आकर रहने लगे। इनकी मशहूरी के साथ-साथ यह 'भिंडी बाज़ार' घराना प्रसिद्ध हो गया। इन्हीं छज्जू खाँ–नज़ीर खाँ से ही (जैसा कि पहले भी उल्लेख किया जा चुका है) शाहमीर खाँ साहब ने (अपने पिता व मामा से तालीम लेने के पश्चात्) बम्बई में शिक्षा ग्रहण की।

संगीतज्ञों के ख़ानदान के सदस्य होने के बावजूद अमान अली बचपन में संगीत की ओर अधिक ध्यान नहीं देते थे। एक बार की बात है कि अमान अली ने उस समय की मशहूर गायिका श्रीमती अंजनी बाई मालपेकर का गायन सुना और उसे बहुत पसन्द भी किया। जब अमान अली ने अंजनी बाई से उनकी तारीफ़ की तो वे बोलीं–**'तुम मेरी क्या तारीफ़ करते हो? तुम तो स्वयं ही जन्मजात मोर हो। मैं तो तुम्हारा केवल एक पंख लेकर ही नाचती फिरती हूँ।'** अमान अली के मन को यह बात छू गई। अंजनी बाई के इन शब्दों ने अमान अली को झकझोरा और वे जैसे निद्रा से जागे और अपनी सांगीतिक विरासत के प्रति जागरूक हुए। बस फि़र क्या था, अमान अली को संगीत की ऐसी लगन लगी कि फिर उन्होंने पीछे मुड़कर नहीं देखा और एक दिन उस्ताद बन ही गए। संगीत जगत में उनकी प्रतिष्ठा इतनी बढ़ी कि जिससे उन्होंने भिंडी बाज़ार घराने को नई बुलन्दियों तक पहुँचा दिया। अपने पिता के अतिरिक्त उन्होंने अपने चाचा उस्ताद नज़ीर खाँ और ख़ादिम हुसैन खाँ साहब से भी शिक्षा प्राप्त की। एक अच्छे गायक के साथ-साथ ये अच्छे वाग्गेयकार भी सिद्ध हुए क्योंकि इन्होंने अनेक रागों में पाँच सौ के लगभग बंदिशें भी बनाईं। इन्होंने अपना **उपनाम 'अमर'** ही रखा जो कि इससे पहले इनके पिता का उपनाम था। इनके पिता भी बहुत अच्छे रचनाकार थे और संगीत जगत में 'अमरशाह' के नाम से प्रसिद्ध थे। इस प्रकार अमान अली खाँ साहब ने स्वरचित बंदिशों को अपने पिता को समर्पित किया। इन बंदिशों में स्वर-रचना, लय व बोलों का अद्‌भुत् एवं अनूठा समन्वय है जिससे कि आज ये बंदिशें सम्पूर्ण संगीत जगत ने अपना ली हैं।

अमीर खाँ साहब के पिता ने चूँकि उस्ताद छज्जू खाँ–नज़ीर खाँ द्वारा शिक्षण प्राप्त किया था अत: उसी पैतृक अधिकार की वजह से अमीर खाँ साहब जब बम्बई गए तो उन्होंने अमान अली खाँ साहब का सान्निध्य प्राप्त किया। वे अमान अली खाँ साहब को सुनते, उनकी गायन शैली को समझते और उनमें से कुछ तत्त्व स्वयं में ढालने का प्रयत्न भी करते। ऐसा करना उनके लिए सहज भी था क्योंकि इसी शैली की झलक वे अपने पिता की शैली में प्रारम्भ से ही देखते आ रहे थे।

उस्ताद अमान अली खाँ की गायकी की अपनी अलग ही पहचान है। उनकी गायकी मध्यलय प्रधान थी। वे अतिविलम्बित और अति द्रुत दोनों ही नहीं गाते थे अतएव हम कह सकते हैं कि वे मध्यलय के गवैये थे। विलम्बित ख़्याल के लिए उनकी पसंदीदा तालें रूपक व झपताल थीं, इसके साथ-साथ वे एकताल को चढ़ी हुई लय में प्रयोग करना पसंद करते थे। जब वे तीनताल में द्रुत ख्याल गाते तो भी लय बहुत तेज़ नहीं करते थे।

उस्ताद अमान अली को रागों की बहुत अच्छी समझ थी तथा उनके गाने का निराला अंदाज़ था। वे बिजली की भाँति अधिक तैयारी वाली तानें नहीं गाते थे। द्रुत ख़्याल प्रारम्भ करने के पश्चात् वे छोटी-छोटी सरगम तानों से अपनी प्रस्तुति को सजाते। उनके गायन की ख़ासियत उनके सरगम गायन में थी। ऐसा कहने में कोई अतिशयोक्ति नहीं होगी कि अमान अली खाँ साहब ने जो सरगम प्रयोग किया उसके अंतर्गत स्वरों का विशिष्ट आघात सहित उच्चारण स्पष्टतया कर्नाटक संगीत से प्रेरित है। उनका स्वर लगाव अतीव मनोरम, नाजुक और लचकदार था।

भिंडी बाज़ार के अग्रणी कलाकार उस्ताद अमान अली, अमीर खाँ साहब के लिए एक मुक्त हृदय से ज्ञान प्रदान करने वाले मार्गदर्शक माने जा सकते हैं जिन्होंने अपनी सरगम गायकी की तकनीक, लय की निराली समझ और अनेक स्वरचित ख़ूबसूरत बंदिशों की निधी से उन्हें लाभान्वित किया।

सन् 1955 में लखनऊ में प्रकाशित पुस्तक 'Music Profiles' में लेखिका डॉ. सुशीला मिश्रा ने पृष्ठ 112 पर उस्ताद अमान अली खाँ के विषय में लिखा है : "One of his distinguished disciples is no other than Ustad Amir Khan." जब यह पुस्तक पढ़ी तो मैंने जालंधर में अमीर खाँ साहब से पूछा कि इसमें ऐसा क्यों लिखा है? उस समय रात्रि के दो बज रहे थे। मैं खाँ साहब के समीप बैठा था। पहले तो वे सोचने लगे और फिर बोले "हाँ, एक तरह से कह सकते हैं। मेरे वालिद इनके वालिद के गंडाबंध शार्गिद रहे हैं, इस नाते यह बात कही जा सकती है।" अमीर खाँ साहब के सम्बन्ध भी तो उ. अमान अली खाँ के साथ गुरू-शिष्य सरीखे ही थे। एक बार अमीर खाँ साहब ने मुझे बताया कि **"एक दफ़ा मेरा गला एक जगह अड़ रहा था और मैंने यह बात अमान अली खाँ साहब से कही तो उन्होंने मुझे राग भूपाली में एक पलटा बताया। मैंने उसका रियाज़ किया और वह 'गोलाई' मेरे गले में आ गई।"** मैं सोचने लगा कि गुरु वही तो होता है जो आगे रास्ता न सूझने पर हमें सही राह दिखा दे। उन्होंने बताया कि इसी प्रकार कई बार वे अमान अली खाँ साहब के द्वारा गाए गए पलटों या किसी बंदिश को सुनकर गाते-गुनगुनाते उनके घर से 'फ़ारस रोड' तक पैदल चलते आते और अपने ज़हन में उन्हें उतार लेते। आख़िर अपने पिता वाले हक़ से ही अमीर खाँ साहब उनके पास जाते थे।

अमीर खाँ साहब को प्रभावित करने वाले महान संगीतज्ञ अमान अली खाँ सन् 1953 ई. में इस जगत से विदा हो गए।

उ. अमान अली की बंदिशें अत्यधिक सुन्दर हैं। अमीर खाँ साहब ने भी उनकी कई बंदिशें अपनाईं। राग हंसध्वनि में एकताल में निबद्ध रचना 'जै माते विलम्ब तज दे' अमीर खाँ साहब को बहुत पसन्द थी और उन्होंने एल.पी. रिकार्ड में भी गाई है। इसकी स्वरलिपि बंदिशों के अध्याय में दी गई है।

स्थाई जय माते विलम्ब तज दे
मांगन गुन दे हो

अन्तरा विद्या गुन 'अमर' देवी
जननी जग की हो।

कुछ लोग अन्तरे में विद्या गुन 'सरस' देवी गाते हैं। यह बंदिश देवी सरस्वती के प्रति प्रार्थना है। उ. अमान अली खाँ के शिष्य श्री बी.सी. देवा 'सरस' देवी ही बताते थे। अमीर खाँ साहब ने यदि अमान अली खाँ साहब की बंदिश अपनाई तो उसकी लय भी वही रखी जो कि अमान अली खाँ साहब रखते थे। अमीर खाँ साहब ने एक बार मुझे समझाया कि 'सादरे' के गायन में एक-एक मात्रा पर जो निश्चित बोल आता है बिल्कुल उसी प्रकार उसे गाना चाहिए। इस

प्रकार 'सादरे' की बंदिश का रंग भी ध्रुपद की बंदिश की अदायगी के निकट प्रतीत होना चाहिए।

उपरोक्त बंदिश का अर्थ इस प्रकार है–हे माता! अब देर न करो। मनवाञ्छित गुण मेरी झोली में भर दो। हे जगत् की जननी! तुम विद्या के गुण की देवी हो।

यहाँ अमान अली खाँ साहब की आस्था व श्रद्धा हर गायक की भाँति देवी सरस्वती के प्रति होना, विशेष ध्यान देने योग्य बात है। राग हंसध्वनि में ही द्रुत ख़्याल की बंदिश 'लागी लगन जति पति संग' जो कि तीनताल में निबद्ध है, उ. अमान अली खाँ साहब की ही रचना है। इस सुप्रसिद्ध बंदिश की स्थाई की प्रथम पंक्ति में कुछ लोग 'सखी पति संग' व कुछ 'पति सखी संग' इत्यादि कहा करते हैं। अंतरे की प्रथम पंक्ति इस प्रकार है–'आए नए मदन कामन सबन बन' जो कि आमतौर पर लोग नहीं गाते। अमीर खाँ साहब हंसध्वनि का तराना बनाने से पहले इस बंदिश को बहुत गाया करते थे। इसके बोल इस प्रकार है-

स्थाई लागी लगन जति पति संग
परम सुख अति आनंदन

अंतरा आए नए मदन कामन सबन बन
अंग सुगंधन चंदन माथे तिलक धरे
दृगन नैन अंजन फबन पे
अमर हो नित पति काजे सदन

शब्दार्थ : जति = जितेन्द्रिय; मदन = कामदेव/प्रेम; दृगन = दो; काजे = काज होना/शुभ कार्य होना; सदन = घर।

भावार्थ–(कुछ व्यक्तियों के मतानुसार यह जितेन्द्रिय शिव व पार्वती के विषय में है।)

नायिका अपनी सखी से कहती है कि मेरी लगन अब जितेन्द्रिय पति के साथ लग गई है। सभी ओर वातावरण में नए प्रेम की भावनाएँ छा रही हैं। नायक के माथे पर चंदन का तिलक एवं अंग सुगन्धित हैं। दोनों नयनों में काजल सुहा रहा है। 'अमर' कहते हैं कि घर में आनंदोत्सव हो रहा है। घर में यह शुभ कार्य हो और पति चिरायु हो (और युगल सदा सकुशल बना रहे)।

राग हंसध्वनि में अमीर खाँ साहब का तराना अतीव प्रचलित हुआ जिसे वे अक्सर गाया करते थे। यह तराना इस कदर खूबसूरत है कि सुनते ही बनता है, जिसमें खाँ साहब ने तो कमाल ही कर दिखाया। इसकी पहली पंक्ति में विभिन्न प्रकार से मुखड़ा लिया गया है। बीच-बीच में तानों में ऐसी छूट ली गई है कि अमुक स्वर के बाद केवल सप्तक ही नहीं बदला बल्कि उससे भी ऊपर के स्वर पर आवाज़ बहुत सहजता से लगी है जो कि अत्यंत प्रभावशाली एवं वैचित्र्यपूर्ण प्रतीत होता है।

'इत्तिहादेस्त मियां ने मनो तो' अर्थात् तेरे मेरे में इतनी एकता हो गई है कि 'मैं' और 'तू' का अंतर ही नहीं रहा। हंसध्वनि राग के संदर्भ में अमीर खाँ साहब इस प्रकार कहा करते थे कि यह कर्नाटक पद्धति का राग है और उत्तर भारतीय संगीत पद्धति में इसका गायन इतना लुभावना प्रतीत हो रहा है कि जैसे दोनों पद्धतियों का मेल इस प्रकार स्थापित हो गया हो मानो दोनों एक

ही हों अर्थात् उन दोनों के बीच का अंतर ही मिट गया हो। ऐसी सोच थी उस्ताद अमीर खाँ साहब की! इसके बोल व स्वरलिपि 'तराने' के अध्याय में दिए गए हैं।

उस्ताद अमान अली खाँ द्वारा रचित एक अन्य बहुत सुन्दर बंदिश राग हंसध्वनि में एकताल में निबद्ध है। 'जै माते विलम्ब तज दे' की ही भाँति यह भी मध्यलय की ही बन्दिश है जिसकी स्वरलिपि बंदिशों के अध्याय में है। इसके बोल व भावार्थ इस प्रकार हैं–

स्थाई भज मन नित हरि को नाम
काहे मन सोच करे।

अंतरा सतगुन के सदा संग है
अमर कहे तन रे।

भावार्थ–हे मन! तू नित्यप्रति ईश्वर के ही नाम का भजन कर। मन! तू क्यों सोच में पड़ता है? (यदि तू हरि भजन करता रहे तो) अमर कहते हैं कि इस प्रकार तन सदैव सतगुण के साथ रहेगा।

इस बंदिश को भी उस्ताद अमीर खाँ ने सन् 1940–41 में ज़ोनोफ़ोन कम्पनी के छोटे रिकॉर्ड में ध्वन्यंकित किया जिसकी अवधि सवा तीन मिनट है।

अमान अली खाँ साहब मेरुखण्ड के आधार पर राग विस्तार करते थे। अमीर खाँ साहब को भी अपने पिता द्वारा 'भिंडी बाज़ार' की यही विशेषता सीखने का अवसर मिला था परंतु अब अमान अली खाँ साहब के साथ सीधा सम्पर्क रहने से राग में प्रयुक्त स्वरों एवं उनके अल्पत्व-बहुत्व को ध्यान में रखते हुए मेरुखण्ड युक्त बढ़त करने की उनकी समझ से भी लाभान्वित हुए। इसी प्रकार मध्यलय में छोटी-छोटी सरगम तानें जो कि मुखड़े पर आकर गिरती हैं, वे भी अमान अली खाँ साहब की विशेषता हैं। अत: यह कहा जा सकता है कि अमीर खाँ साहब के गायन पर अमान अली खाँ साहब की गायन शैली व सोच का भी काफ़ी प्रभाव पड़ा।

इस समय तक 30-32 वर्षीय अमीर खाँ साहब देश के जाने माने गायक हो चले थे। खाँ साहब के भीतर का कलाकार अभी संतुष्ट न था। वे अपने संगीत से और भी कुछ आशा रखते थे। तब नियति ने उन्हें अब्दुल वहीद खाँ साहब की गायकी के अन्दाज़ से अवगत कराया।

उस्ताद अब्दुल वहीद खाँ का प्रभाव

उस्ताद अब्दुल वहीद खाँ एवं उस्ताद अब्दुल करीम खाँ किराना घराने का प्रतिनिधित्व करते हैं। इन दोनों कलाकारों ने पहले सारंगी वादन की शिक्षा ली तत्पश्चात् गायन कला को अपनाया और उसमें बहुत प्रसिद्धि पाई। अब्दुल वहीद खाँ साहब के गुरु कोल्हापुर के प्रसिद्ध सारंगीवादक उस्ताद हैदर खाँ साहब थे। भारतीय संगीत में ऐसे कई कलाकारों के उदाहरण दृष्टिगोचर होते हैं जो कि दक्ष सारंगीवादक होने के साथ-साथ गायन के प्रस्तुतिकरण एवं प्रशिक्षण में भी उतना ही कमाल हासिल करते हैं चूँकि सारंगी वादन भी गायकी अंग से किया जाता है और मींड, गमक, खटके, बहलावे, राग की बढ़त एवं रागों की अन्य विशेषताओं का प्रयोग दोनों में समान होता है।

उस्ताद अब्दुल वहीद खाँ साहब की श्रवण शक्ति क्षीण हो जाने के कारण कुछ लोग उन्हें बहरे वहीद खाँ के नाम से भी सम्बोधित करते हैं। अब्दुल वहीद खाँ साहब कोल्हापुर के पश्चात् बम्बई, फिर लाहौर और बाद में दिल्ली में भी रहे।

उस्ताद अमीर खाँ ने अब्दुल वहीद खाँ साहब का गायन सुना और उसकी रूह को अत्यधिक पसन्द किया। वहीद खाँ साहब राग का विस्तार स्वरों की एक-एक करके बढ़त के द्वारा किया करते थे।

वहीद खाँ साहब विलम्बित ख़्याल के गायन के लिए अधिकतर झूमरा ताल का प्रयोग करते थे जो कि उन दिनों शायद ही कोई अन्य गायक इस्तेमाल करता होगा।

'झूमरा' अर्थात् 'झूम रहा' ताल। 'झूमरा' ताल का गायक हो अथवा श्रोता, आनंदित हो 'झूम रहा' होता। झूमरा ताल का आविष्कार तेरहवीं शताब्दी में हज़रत अमीर ख़ुसरो ने किया, ऐसा माना जाता है। उनके द्वारा आविष्कृत सत्रह तालों में से 'झूमरा' भी एक है। कई गुणियों के अनुसार इसका सम्बन्ध महिलाओं द्वारा पहने जाने वाले माथे के झूमर से है। आचार्य बृहस्पति का भी यही मत है कि जिस प्रकार झूमर की गति माथे पर होती है कि पहले वह माथे पर एक सिरे से दूसरी ओर तक डोलता जाता है और फिर उसके घुंघरुओं की आवाज़ चेहरे की दिशा बदलने पर सुनाई देती है उसी प्रकार झूमरा ताल में पहली और आठवीं मात्रा पर डेढ़-डेढ़ मात्रा की 'झोल' आती है। 'झूमर' की ही भाँति 'झूमरे' की भी यही 'झोल' बहुत ख़ूबसूरत लगती है परन्तु आजकल इस 'झोल' को हटा कर एक-एक मात्रा करके बजाने का प्रचलन हो गया है। यह आसान रास्ता तो है पर शायद उतना सौंदर्यपूर्ण नहीं।

अमीर खाँ साहब के मन पर विलम्बित की यह ताल और शब्दालापों के द्वारा इसमें की जाने वाली क्रमवार बढ़त जैसे घर कर गई। उन्होंने सोचा कि एकताल से दो मात्रा अधिक होने के कारण प्रत्येक आवर्तन में ज्यादा लम्बे विचारों की अभिव्यक्ति की गुंजाइश है।

अमीर खाँ साहब पर अब्दुल वहीद खाँ साहब के गायन का असर अधिकांशत: उनके रेडियो प्रोग्राम सुनने तथा यदा-कदा रू-ब-रू सुने जाने से पड़ा।

उस्ताद अब्दुल वहीद खाँ ज़रब और खटके का बुद्धिमत्तापूर्ण प्रयोग बहुत अधिक मात्रा में करते थे तथा बढ़त के लिए मुख्यतया बहलावों पर ज़ोर देने के साथ-साथ पलटों का इस्तेमाल भी किया करते थे। उनके द्वारा क्रमवार बढ़त किए जाने से प्रत्येक स्वर को उचित स्थान एवं महत्त्व मिलने के कारण राग की अवतारणा बड़े इत्मिनान से होती थी और यह विशेषता अमीर खाँ साहब पर अपना गहरा प्रभाव छोड़ गई।

पारम्परिक बंदिशें जो कि अब्दुल वहीद खाँ साहब गाते थे, वे अमीर खाँ साहब भी पहले से ही गाते आ रहे थे अत: सदारंग-अदारंग की कई बंदिशें दोनों कलाकारों की समान हैं। दरअसल देखा जाए तो सदारंग-अदारंग की पारम्परिक रचनाओं पर सम्पूर्ण देश के सभी घरानों का समान अधिकार है, उदाहरणतया-'जाको मन अल्लाह संग रहत', तथा 'गुमानी जग तज गयो रे' आदि। इसी प्रकार जिन रागों में विस्तृत आलाप प्रस्तुत करने की खुली जगह होती है ऐसे राग भी अब्दुल वहीद खाँ साहब और अमीर खाँ साहब के एक जैसे ही हैं उदाहरणार्थ यमन-कल्याण, दरबारी,

मालकौंस, तोड़ी, शुद्ध-कल्याण, ललित एवं मुल्तानी।

राग दरबारी की छोटे ख़्याल की बंदिश 'झनक झनकवा बाजे बिछुवा' दोनों कलाकार गाते थे। बाद में अमीर ख़ाँ साहब ने यह गानी बंद कर दी और अधिकतर 'किन बैरन कान भरे' गाने लगे और स्वरचित तराना 'यारे मन बिया-बिया' गाते।

जब उस्ताद अमीर ख़ाँ अपनी विचारशीलता का उपयोग कर वहीद ख़ाँ साहब की गायकी आत्मसात् कर चुके तो एक बार अब्दुल वहीद ख़ाँ साहब ने अमीर ख़ाँ साहब का गायन सुना और उसमें इतना अपनापन लगा कि उन्होंने अति प्रसन्न हो यह कहा कि 'मैं समझता था मेरे मरने के बाद मेरी गायकी भी ख़त्म हो जाएगी लेकिन अब मुझे यक़ीन है कि अमीर ख़ाँ में मेरी गायकी की रोशनी ज़िन्दा रहेगी।'

उस्ताद अब्दुल वहीद ख़ाँ को भी जल्दी ही विधाता ने अपने पास बुला लिया। सन् 1949 ई. में वे सबसे बिछुड़ गए।

उपर्युक्त चर्चा से यह बात स्पष्ट होती है कि भिन्न-भिन्न अनुपात में इन तीनों गायकों का प्रभाव अमीर ख़ाँ साहब की गायकी पर अवश्य पड़ा है।

अधिकांश कलाकारों की गायकी उनके द्वारा अपने गुरु का अनुकरण करने तथा उनसे सीखी हुई तालीम पर अभ्यास करने तक ही सीमित रह जाती है लेकिन ख़ाँ साहब ने जागरूक रहकर अपने समय के अनेक कलाकारों को सुना और उनकी मुक्तकंठ से सराहना भी की। अपनी 'हंस-प्रवृत्ति' का प्रयोग कर उन्हें जहाँ से जो अच्छा गुण मिला उसे अपने भीतर समाहित करते गए एवं जो भी अग्रहणीय प्रतीत हुआ उसे त्याग दिया। इन सबके फलस्वरूप अमीर ख़ाँ साहब के गायन का एक नया ही अंदाज़ बन गया।

एक स्वाभाविक प्रश्न

यहाँ यह प्रश्न भी मन में उठ सकता है कि अमीर ख़ाँ साहब ने ख़ानदानी संगीतज्ञ होते हुए और संगीत की परम्परा के अच्छे जानकार होते हुए भी अपने पिता के अतिरिक्त किसी अन्य कलाकार का शिष्यत्व क्यों नहीं ग्रहण किया?

इसका कारण यह है कि वे 25 वर्ष की उम्र तक तो अपने पिता उस्ताद शाहमीर ख़ाँ से तालीम लेते रहे। रागों की विस्तृत जानकारी, बढ़त, मेरुखंड एवं बंदिशें इत्यादि तो वे भली प्रकार जानते ही थे, इस प्रकार उनका सांगीतिक आधार पहले ही बहुत मज़बूत था। तत्पश्चात् अपनी रुचि, समझ एवं ग्राह्यशक्ति का प्रयोग कर विभिन्न उच्चस्तर के कलाकारों को सुन अपनी आगे की संगीत यात्रा उन्होंने स्वयं ही तय की। एक स्तर तक प्रशिक्षित हो जाने पर जब शिष्य के भीतर का दीया जल जाता है तो वह अपने ही प्रकाश में आगे देख सकता है।

जिस प्रकार जब एक बालक जन्म लेता है तो उसमें अपने माता-पिता, दादा-दादी इत्यादि के गुण तो होते ही हैं परन्तु ज्यों-ज्यों वह बड़ा होता है और समाज में विचरण करता है तो वह जाने-अनजाने अन्य लोगों के गुणों एवं हावभावों से भी तो प्रभावित होता ही है, युवा होने पर इन सबके मिश्रण के फलस्वरूप उसका अपना एक व्यक्तित्व (personality) बनता है, उसी

प्रकार खाँ साहब के गायन का व्यक्तित्व भी मूल रूप से अपने पिता द्वारा गढ़े जाने पर भी अन्य गायकों के अंदाज़ से प्रभावित होते हुए स्वयं अपनी विशिष्टताओं के कारण एक स्वतन्त्र पहचान बना पाया।

दूसरा सम्भावित कारण यह हो सकता है कि वे किसी एक घराने की विशेषताओं के दायरे तक अपनी कला को सीमित नहीं रखना चाहते हों अर्थात् उनका उन्मुक्त संगीत केवल कुछ ही गुणों के बंधन में ही न बंधना चाहता हो। उनके अंत:करण से आवाज़ आ रही थी कि उन्होंने अपनी प्रतिभा के बल पर अभी बहुत दूर तक जाना है।

अपने अथक परिश्रम से अपनी ही राह चलकर अमीर खाँ दुनियां में 'उस्ताद अमीर खाँ' के रूप में प्रतिष्ठित हुए। परिणामत: जो उनकी नवीन शैली बन कर सामने आई उस पर खाँ साहब की व्यक्तिगत मोहर थी।

अध्याय-3

गायकियों का मिश्रण, गुलदस्ता या नवीन रसायन?

अमीर खाँ साहब ने अपने कौशल प्रयोग, बुद्धिमत्ता, ज्ञान एवं कला का विस्तार कई घरानों से प्रेरणा पाकर किया। अंतत: जो परिणाम हुआ, वह थी अमीर खाँ साहब की सागर सी असीम व गहरी गायकी। उन्होंने संगीत में अपने पिता के मूल रस में अन्य तीनों उस्तादों की गायकी को सजा कर एक जगह एक रूप देकर खुले हृदय एवं गुणग्राहक दृष्टि का उदाहरण दिया है।

खाँ साहब सभी बड़े कलाकारों के प्रति श्रद्धा रखते थे। जब वे उनके गुण लेते तो विशेषतया उनके प्रति कृतज्ञता की भावना रखते। एक बार वे बोले–''पता नहीं किस-किस उस्ताद को रियाज़ करते समय अपना गाना सुनाता हूँ। **जब जिसको सुना, उसकी जो बात ली, उसे उन्हीं के सामने मन ही मन हाज़िर करता हूँ।**'' यहाँ इसका आशय यह कदापि नहीं लेना चाहिए कि उनको खाँ साहब चुनौती या विजय की भावना से सुनाते थे अपितु वे तो उन्हें समर्पण के रूप में प्रस्तुत करते थे।

अपनी गायकी के सम्बन्ध में वे कहते थे–''मैंने अपने समय के सब उस्तादों को सुना और समझने की कोशिश की और फिर अपनी राह निकाली।''

जब राह ही मंजिल बन जाए

जब स्वर-साधक की संतुष्टि कलाकारी प्रदर्शित करने मात्र में न होकर रियाज़ में ही हो जाए (जिस प्रकार ईश्वरभक्ति में ही अनुरक्ति हो जाए, यहाँ तक कि मोक्ष प्राप्ति की ओर भी ध्यान न जाए) तब जो सांगीतिक घटना घटित होती है, वह है–उस्ताद अमीर खाँ का संगीत।

अमीर खाँ साहब ने अपना समग्र जीवन केवल संगीत साधना में पूर्णतया समर्पित कर दिया। कड़ी साधना के परिणामस्वरूप साधक को साध्य की अनुपम उपलब्धि हुई। दिन प्रतिदिन सफलता के महिमामय मार्ग पर अमीर खाँ साहब आगे बढ़ते चले गए।

ईश्वर कृपा, गुरु की दी हुई शिक्षा एवं अपनी मेहनत हो तो परिणाम सदैव उत्तम ही होता है। पहली दो चीज़ें तो प्राप्त थीं ही और अमीर खाँ साहब ने अपनी मेहनत व पारखी नज़र से

जिन तत्त्वों का समावेश किया उससे अतुलनीय गायन फलित हुआ।

पहले अमीर खाँ साहब उस समय के प्रचलन के अनुसार और उस्ताद रजब अली के ताज़ा प्रभाव के कारण बहुत उठी लय में गाते थे। यदि उनका बहुत पुराना राग मारवा का रिकॉर्ड सुना जाए तो उसमें यह बात स्पष्ट पता लगती है। उस समय उनका सुर भी ऊँचा था और आधे-आधे घंटे तक मारवा जैसे राग में उनकी द्रुत तानें चलती थीं। ऐसा होने के कारण ही उनके गायन का तत्कालीन असर कुछ वर्ष बाद के गायन-प्रभाव से बिल्कुल अलग है।

पं. रविशंकर ने उस्ताद अमीर खाँ के प्रारम्भिक रेडियो प्रोग्राम सुने हैं। वे लिखते हैं–''मैंने पहली बार उन्हें 1938 में गाते हुए सुना। मुझे याद है 1941 तक सुनता रहा। ...यह बिल्कुल ही अलग गायन-शैली थी। वह वैसा गायन नहीं था जो बाद के दिनों में अमीर खाँ प्रस्तुत करते रहे। पिता से प्राप्त प्रशिक्षण के अतिरिक्त देवास के उस्ताद रजब अली खाँ की गायकी का उन पर प्रभाव था। इसके अलावा अमान अली खाँ की गायकी ने भी उन्हें प्रभावित किया। ये अमान अली खाँ विशिष्ट शैली के गायक थे किन्तु जानकार लोगों और गायकों के मध्य ही उनकी ख़्याति सीमित रही।''

सत्ताइस-अट्ठाईस वर्ष की आयु में ही अमीर खाँ साहब के तीन-तीन मिनट के बहुत से छोटे रिकॉर्ड बन गए थे। ओडियन कम्पनी ने तो अनेक रिकॉर्ड बनाए।

खाँ साहब ने सन् 1940-41 के समय की गई रिकॉर्डिंग में राग हंसध्वनि और मुल्तानी गाया है। Zonophone Company का Velvet Label Record No. H. 21 है। राग हंसध्वनि में एकताल में निबद्ध बंदिश 'भज मन नित हरि को नाम' बहुत ख़ूबसूरत है। दूसरी तरफ़ राग मुल्तानी में तीनताल निबद्ध बंदिश है।

एक बार खाँ साहब ने स्वयं मुझसे थोड़ा सा ज़िक्र किया था कि ''मेरे छोटे रिकॉर्ड भी बने थे। मैंने उनमें 'पूरिया-कल्याण' वगैरह गाए थे।'' Odean Company का यह Brown Label Record भी हमारे पास सुरक्षित है जो कि बहुत कठिनाइयों से प्राप्त किया गया। इसके दोनों Sides पर एक ही राग पूरिया-कल्याण है जिसमें तीनताल की बंदिश 'आज सो बना' गाई हुई है।

अमीर खाँ साहब के गाने का वह अंदाज़ बिल्कुल ही अलग था। उस समय की उनकी शैली मुख्यतया अमान अली खाँ साहब से प्रभावित लग रही है। उठी हुई लय में तीसरे सफ़ेद 'स्केल' से गायन किया हुआ है। स्थाई और अंतरे का गायन शुरू में ही पूरे तौर से किया गया है। तानें उस्ताद रजब अली खाँ जैसी तेज़ तर्रार हैं। उन दिनों रिकॉर्ड बनना एक विशेष उपलब्धि थी परन्तु फिर भी उन्होंने अपनी दिमाग़ी सोच को अभिमान की लगाम नहीं लगाई। वे दूरदर्शी थे और इसीलिए संगीत की असीम सम्भावनाओं की ओर चलते रहे।

बीसवीं शताब्दी के तीसरे दशक के अंत के अमीर खाँ तथा कुछ वर्षों बाद के अमीर खाँ में बहुत अंतर है। यह उनकी विकासशील बुद्धि एवं सांगीतिक विचारों के नित नवीन उद्भव का परिचायक है कि वे क्रियाशील रहे। उन्होंने अपनी समझ बढ़ाई होगी, अपनी कमियाँ दूर की होंगी और धीरे-धीरे एक-एक करके ख़ासियतें शामिल करते गए होंगे, यह पाठकों को सहज ही अनुमान लगा लेना चाहिए। यदि हम चौथे दशक के बाद से पाँचवें दशक में दस वर्षों के

अंतराल पर की गई उनकी रिकॉर्डिंग सुनें तो इस विकास की यात्रा का अंदाज़ा लगा पाएंगे।

उस्ताद रजब अली खाँ साहब से प्रेरित होकर अमीर खाँ साहब ने छूट की तानों में आवाज़ की उछाल का तरीक़ा अपनाया। यह अमीर खाँ साहब की विशेषता थी कि अति तार सप्तक में भी तान उड़ान भरती है तो भी आवाज़ अंत तक अपनी धरती नहीं छोड़ती।

गुण ग्राहकता की इसी पद्धति का अनुसरण करते हुए खाँ साहब ने गायन-प्रस्तुतिकरण का आधार वही रखते हुए भी विस्तार पैदा कर दिया तथा उसमें और जटिलता उत्पन्न की। अमान अली खाँ साहब का सरगम-गायन सरल व सुनियोजित था। अमीर खाँ साहब ने उसे और पेचीदा बना दिया। अमीर खाँ साहब ने सरगम गायन को क्लिष्ट प्रकार से विचित्रता उत्पन्न करते हुए जैसे प्रस्तुत किया वह उनका अपना ही अंदाज़ था। वैसा और किसी ने नहीं किया।

फिर उसके बाद जब वे उस्ताद अब्दुल वहीद खाँ से प्रभावित हुए तो इतना गहराई में उतरे कि गायन अत्यधिक विलम्बित कर दिया। वे अपने साथ ही प्रयोग कर रहे थे। उन्होंने तब स्वयं ही जायज़ा लिया और लय उससे कुछ उठा दी परन्तु अन्य गायकों की दृष्टि में वह फिर भी अति विलम्बित ही रहा और परिणामत: संयम व नियमन कर संतुलित (moderate) गति का गाना गाया। कहने का तात्पर्य यह है कि समय-समय पर वे अपने गायन का अंदाज़ बदलते रहे, उसको जांचते रहे और उसमें उपयुक्त सुधार भी अवश्य लाते रहे। परिणामत: एक उत्कृष्ट गायकी निर्मित हो गई।

उनकी राग-व्याख्या किराना घराने से प्रभावित कही जाती है परन्तु उन्होंने इस शैली का अक्षरश: (या स्वरश:) अनुकरण नहीं किया। स्वग्राहिता का प्रयोग कर उन्होंने अनुकूल एवं उपयुक्त गुणों का चयन किया। अपनी कल्पना एवं प्रखर बुद्धि का सदुपयोग कर उन गुणों का संश्लेषण कर उनका तत्त्व ग्रहण कर लिया। वे आलाप को केवल रस्म अदा करने के लिए नहीं गाते थे अपितु आलाप गायन तो उनकी 'रागदर्शन की अभीप्सा' थी।

एक प्रबुद्ध चिन्तक की भाँति उन्होंने यह विचार किया कि जो आकार वे प्रयोग में ला रहे हैं और राग की जैसी आकृति बना रहे हैं वह किस प्रकार और अधिक कर्णप्रिय, मनोहारी, उचित एवं प्रभावपूर्ण बन सकती है। ऐसा करने के लिए ही उन्होंने गायन में कई बार बदलाव किए। रजब अली खाँ साहब के ताज़े-ताज़े असर के बाद उनके गायन में गति तो आई ही थी पर साथ ही वह कड़ा सा तथा चढ़ा हुआ सा प्रतीत होता था। भले ही उसमें रवानगी व रफ़्तार थी पर उसमें सुकून कम था। जब उन्होंने अब्दुल वहीद खाँ साहब का विलम्बित सुना तो उसमें नवीन आयाम ही नज़र आया। उन्होंने पाया कि इस प्रकार का गाना सुकून देने वाला होता है और यही गुण अपनाने के प्रयास में उन्होंने अपना गाना अति विलम्बित कर दिया था जो कि कुछ अधिक ही धीमा था। उसके बाद उन्होंने उसे संतुलित किया। सरगम कहने का अंदाज़ तो वे पहले ही आत्मसात् कर चुके थे। इस प्रकार 'trial and error method' की भाँति ही वे कुछ नया प्रयोग करते और उसका प्रभाव जाँचते और तत्पश्चात् उसे संतुलन में ले आते। इसी प्रकार आवाज़ के लगाव में भी कई प्रकार से विभिन्नता लाने के बाद उन्होंने यह पाया कि जब सहजतापूर्वक उचित तीव्रता का नाद उत्पन्न किया जाय तो उसका यथोचित प्रभाव उत्पन्न होता है। आवाज़

को बदलने के लिए स्वरों का लगाव इस प्रकार किया कि आवाज़ में ज़ोर न तो अधिक लगे और न बहुत कम। एकदम इनके मध्य की लचीली, सुरीली, प्रदीप्त एवं सुहानी आवाज़ चूँकि उन्हें मालूम था कि स्वरों की गहराई में जो प्रभाव उत्पन्न होता है वह केवल गुनगुनाहट करने की वजह से कम हो जाता है और यदि आवाज़ को बहुत सख़्त लगाया जाए तो उसमें लचीलापन समाप्त हो जाता है। अत: खाँ साहब ने गायन की ऐसी तकनीक ईजाद की, कि जब स्वर लगाते तो पुख़्ता और जब हरकत लेते तो बहुत मुलायम। इस प्रकार दोनों प्रकार के गुण खाँ साहब ने अपनी आवाज़ में विकसित किए और उनका यथासंभव उचित स्थान पर सौंदर्यपूर्ण प्रयोग भी किया। इस प्रकार उस्ताद अमीर खाँ ने प्रत्येक गुणी कलाकार से स्वयं ही कुछ सीख कर उस विशेषता का परिष्कार किया और तत्पश्चात् अपनी प्रतिभा एवं गले के अनुरूप ही उस गुण को ढाल लिया। इसी कारण उनका गाना अपने आप में एक अद्वितीय उदाहरण बन गया।

उस्ताद अमीर खाँ साहब की मधुर कंठ वाली कलात्मक गायकी का एक महत्त्वपूर्ण हिस्सा है–सरगम गायन। सरगम गायकी का इस प्रकार प्रयोग होना यद्यपि किराना घराने के अब्दुल करीम खाँ तथा भिंडी बाज़ार के अमान अली खाँ द्वारा प्रभावित होने के कारण था परन्तु अमीर खाँ साहब की वजह से सरगम गायकी का ख़्याल गायन में इस प्रकार प्रयोग किया जाना इतना प्रचलित हो पाया। यह था–बोलबाँट के स्थान पर उसी तरह की लयकारी का सरगम तान के रूप में प्रयोग। अमीर खाँ साहब इसके अंतर्गत विभिन्न वर्णों–स्थायी, आरोही, अवरोही व संचारी–का प्रयोग करते थे। इनमें से भी विशेषतया स्थायी वर्ण का प्रयोग अधिकतर करते थे। कभी तो एक स्वर सन्निवेश के अंतर्गत मान लीजिए कोई ऐसा स्वर है जिसका बाहुल्य है, तो उसकी दो या तीन बार पुनरावृत्ति करते हुए उसकी अधिकता भी दर्शा देते थे।

अध्ययन-चिंतन-मनन के द्वारा उस्ताद अमीर खाँ ने अपनी गायकी को नई विशेषताओं से विभूषित किया। अमीर खाँ साहब ने स्वयं कहा है–"गायन में तबलिये के साथ जगलरी पहले ज़्यादा होती थी–वो मेरी गायकी में कम हो गई। संजीदापन उसमें ज़्यादा लाया गया है। हालांकि लयकारी उसमें इतनी सख़्त होती है कि लोगों की समझ में नहीं आता कि तान कैसे सम पर आ गई क्योंकि उसका जो 'डिवीज़न' है वह अलग ढंग का है। लोग तो तिस्त्र जाति और चतस्त्र जाति से आगे कभी नहीं निकले या कभी खण्ड जाति में उन्होंने कोई तान कही, तो पूरी खण्ड जाति का एक पलटा कह दिया। यानि जो भी 'बल' गए–वो पूरा गए और पूरा वापिस आ गए–यह दिखलाने के लिए कि खण्ड जाति हम गा सकते हैं, लेकिन मैं जो लय के 'डिवीज़न' करता हूँ, उसमें तरीक़ा मैंने बदल दिया। मैं एक 'बल' अगर तिस्त्र जाति का कहता हूँ, तो दूसरा 'बल' खण्ड जाति का कह देता हूँ और अगला 'बल' मिश्र जाति का।"

ख़्याल गायकी में अभी तक जो तीव्र गतिमय तानों तथा ऊँची आवाज़ का प्रयोग हो रहा था, खाँ साहब का गायन इसी अधीरता व तेज़ी को दिया गया एक धीरोदत्त व गम्भीर प्रतिरोध था।

खाँ साहब ने सारी उम्र अपना नया व निराला 'गायकी का अंदाज़' विकसित करने और ख़्याल गायन को अपनी मौलिक कल्पना एवं महामहिम स्थान दिलाने का प्रयास किया। खाँ साहब

एक ऐसे कलाकार थे जिन्होंने शास्त्रीय कंठ संगीत के प्रस्तुतिकरण में ऐसे क्रांतिकारी परिवर्तन कर डाले जो अभी तक अनुभूति में नहीं आए थे। क्रांतिकारी होने के बावजूद भी वे परम्परा को मानते थे। जो राग का स्वरूप उन्हें परम्परागत रूप से मिला और जो उन्होंने माना, उससे वे नहीं डिगे। राग के स्वरूप के अनुसार नियमों का पालन करते हुए उन्होंने वहाँ पर समझौता नहीं किया। खाँ साहब ने परम्परा और क्रांति में भी एक संतुलन बनाया। भले ही उन्होंने नए प्रयोग भी किए, अपनी अलग शैली आविष्कृत की, पर फिर भी वे राह से भटके नहीं।

इस प्रकार हमने देखा कि खाँ साहब समूची शास्त्रीय संगीत विधा के विद्यार्थी बन अपने ज्ञान को प्रस्तुति की उच्च पराकाष्ठा तक पहुँचा पाए, तभी वे अन्य साधकों के लिए प्रेरणास्रोत बन पाए एवं प्रकाश-स्तम्भ बनकर उनका पथ-प्रदर्शन कर पाए।

खाँ साहब की गायकी पर सभी लोग अपनी-अपनी सौंदर्यात्मक व कलात्मक दृष्टि एवं पारखी बुद्धि की क्षमतानुसार कुछ-कुछ टिप्पणियाँ करते रहे हैं। खाँ साहब के कई आलोचक भी रहे हैं और असंख्य प्रशंसक भी। सभी अपने ही नज़रिए से उनकी गायकी को जाँचते हैं। कुछ लोगों का कहना है कि खाँ साहब ने अपने पूर्ववर्ती कुछ गुणी संगीतज्ञों को सुन, उनमें से सद्गुणों को आत्मसात् कर अपनी गायकी का नया गुलदस्ता स्वयं सजाया। ठीक है, बहुत अच्छे मन से, भली प्रकार इन शब्दों में उनकी गायकी को सराहा गया है परन्तु आइए अब हम विचार करें कि क्या यह कहना वास्तव में शब्दश: उचित है?

कुछ लोगों द्वारा यह कहा जाना कि अमीर खाँ साहब का गाना गुलदस्ते की तरह है पूर्णतया उचित नहीं क्योंकि क्रम से दाईं तरफ़ एक गुलाब फिर चमेली और बाईं तरफ़ गेंदा आदि फूल रख देने के द्वारा अर्थात् आलाप में उस्ताद अब्दुल वहीद खाँ, सरगम में उस्ताद अमान अली खाँ और तानों में उस्ताद रजब अली खाँ इत्यादि के गायन द्वारा सांगीतिक गुलदस्ता नहीं बनता। **अमीर खाँ साहब ने इन सभी गायकियों के सार को ग्रहण किया। एक मधुमक्खी पुष्पों से मधु नहीं चुराती वह तो अलग-अलग फूलों का रस लेकर स्वयं ही मधु तैयार करती है। उस्ताद अमीर खाँ ने अपने पिता द्वारा प्रदत्त सांगीतिक आधार में उन गायकियों का प्रयोजनीय सौंदर्यात्मक सारांश सम्मिलित कर एक नवीन गायकी तैयार कर दी जिसकी मिठास किसी अन्य मिठास से पूर्णतया भिन्न एवं अद्वितीय है। जिस प्रकार एक रसायन का आधार ले उसमें अन्य रसायन सम्मिलित किए जाने पर एक नवीन रसायन की निर्मिती होती है और उसके रंग, गंध एवं रूप सर्वथा भिन्न होते हैं, और फिर यदि आप चाहें भी तो उस मिश्रित यौगिक को उसके मूल तत्त्वों में वापिस बदल दें तो ऐसा असंभव है। जिस प्रकार एक मिश्रधातु के निर्माण में अलग-अलग अन्य धातुओं को पिघला कर मिश्रण प्राप्त किया जाता है और उसकी चमक, खनक, पक्केपन और अन्य गुणों में भिन्नता उत्पन्न हो जाती है उसी प्रकार उस्ताद अमीर खाँ ने भिन्न-भिन्न तत्त्वों को आत्मसात् कर अपनी विलक्षण बुद्धि का प्रयोग कर किस मात्रा में, किस तत्त्व को ग्रहण करने से क्या परिणाम होगा इसका परीक्षण एवं प्रयोग कर एक अनोखी शैली इस संगीत जगत को प्रदान की। अत: हम यह कह सकते हैं कि उनकी गायकी एक गुलदस्ता नहीं अपितु एक रासायनिक परिवर्तन का परिणाम थी।**

संगीत, साहित्य, कला और विज्ञान सभी क्षेत्रों में एक प्रबुद्ध व परिष्कृत व्यक्ति की सोच और उस सोच का क्रियान्वयन अन्य व्यक्तियों (विशेषतया उसी क्षेत्र से सम्बद्ध) में प्रेरणा उद्दीप्त करता है। इसी प्रक्रिया के परिणामस्वरूप वह विषय उत्तरोत्तर उन्नति को प्राप्त करता है। इसी तथ्य के अनुसार जब एक गायक के मन में नवीन उद्‌भावना जन्म लेती है तो उसके प्रयोग से अन्य गायकों के भीतर नवीन कल्पनाएँ जागृत होती हैं, अत: एक गायक की सूझ एवं उपज से प्रेरित हो अपने कला-कौशल का प्रयोग कर अपने गायन को ऊर्ध्वगामी दिशा में शीघ्रातिशीघ्र ले जाना भी एक विशिष्ट प्रतिभा का कार्य है।

उस्ताद अमीर खाँ की गायकी अनोखी एवं अद्वितीय बनी। उन्होंने अपनी बुद्धि एवं मन की निरन्तर सोच एवं खोज के परिणामस्वरूप अपनी कल्पनाशक्ति का उपयोग कर विद्वत्तापूर्ण ढंग से सौंदर्यात्मक रूपरेखांकन का प्रयोग कर जो शैली बनाई वह वास्तव में अपना कोई सानी नहीं रखती। **इस प्रकार अनेक गुणों में धनी होने के कारण यह गायकी वास्तव में 'अमीर' गायकी है।**

अध्याय-4

उस्ताद अमीर खाँ का गायन एवं शैलीगत विशेषताएँ

नाद ब्रह्म की उपासना हेतु उस्ताद अमीर खाँ के द्वारा गाया गया प्रत्येक स्वरसमूह अर्चना के समय एक नये आह्वान की भाँति था जिसमें वे सराबोर रहते। उस्ताद अमीर खाँ साहब गायन के दौरान (एवं यहाँ तक कि उससे पूर्व भी) ध्यानमग्न ही रहते। **जिस प्रकार मन्दिर, मस्जिद, गुरुद्वारे आदि के गुम्बद तले पुकारा गया ईश्वर का नाम कई गुना गूंजित हो स्वयं उसी व्यक्ति पर वर्षा करता है उसी प्रकार आत्मलीनता में किसी भी स्वरसमष्टि से उस मालिक को आराधा जाए उससे कहीं अधिक शांति वापिस साधक पर बरसती है। अतः अमीर खाँ साहब की चैन और सुकून देने वाली गायकी इसी चिन्तन की भाँति स्वयं उन पर एवं श्रोताओं पर शांति की वर्षा करती।**

जब किसी भी कलाकार का तादात्म्य अपनी कला प्रदर्शन के समय अपने इष्ट से स्थापित होता है और यदि श्रोतागण भी समर्पित भाव से उस कला को ग्रहण करने को तैयार हों तो वे भी स्वत: ही उसी शक्ति से तादात्म्य स्थापित कर पाते हैं और इस प्रकार तीनों का विद्युतीय सम्बन्ध स्थापित हो जाता है। वह ईश्वरीय आनन्द कलाकार से होता हुआ श्रोता तक पहुँच जाता है। आइए देखें कि ऐसे क्या कारक थे कि खाँ साहब का गायन इतना अध्यात्मपरक एवं अंतर्मुखी था कि श्रोतागण मंत्रमुग्ध हो भावात्मक रूप से किसी और ही दुनिया में विचरण करने लगते।

खाँ साहब के गायन में अथक साधना, चिन्तन, विचारशक्ति, बौद्धिक सूझबूझ एवं भावों का अनूठा संगम है।

उस्ताद अमीर खाँ का गायन एवं आवाज़ का लगाव भी स्वयं अपनी मिसाल थी। जो विशेषताएँ उनके गायंन में थीं वे सभी अपने आप में विलक्षण थीं और वे समग्रता से इसी रूप में शायद ही अन्यत्र कहीं दृष्टिगोचर हों।

संक्षेप में यदि खाँ साहब के गायन की विशेषताओं के विषय में कहें, तो वे निम्नलिखित हैं–

- **धैर्यपूर्ण गायन**
- **शुद्ध मुद्रा**

- अति विलम्बित लय
- शांतिप्रद स्वरलगाव
- पसंदीदा ताल झूमरा
- दो बार स्थाई गायन
- बहुधा अध्यात्मपरक अथवा वियोग-शृंगार साहित्य युक्त बंदिशें
- उच्चारण की शुद्धता
- आलाप में मन्द्र एवं मध्य सप्तक पर विशेष ज़ोर
- बहलावे
- कण, मींड, गमक व लहक आदि का प्रयोग
- सिलसिलेवार क्रमयुक्त विस्तृत बढ़त
- मेरुखण्ड पद्धति से प्रेरित स्वर-योजना
- गायन के मध्य मौन का अनूठा प्रयोग
- क्लिष्ट सरगम
- बोलबाँट का प्रयोग बहुत ही कम
- तबले से खिलवाड़ बिल्कुल नहीं
- तीनों सप्तकों में वेगपूर्ण, गमकयुक्त व छूट की जटिल सुरमय व दानेदार तानें
- फ़ारसी शेर युक्त ख़्यालनुमा तराने आदि।

इसके अलावा गायन के साथ कम से कम वाद्य संगति का प्रयोग तथा छः तार वाले तानपूरे के एक तार को निषाद में मिलाया जाना भी उनकी विशेषताएँ थीं जो कि उनके गायन को निराला अंदाज़ प्रदान करने में सहायक होतीं।

जिस प्रकार एक जीव केवल स्थूल शरीर से ही निर्मित नहीं होता, उस स्थूल शरीर के भीतर ज्ञानेन्द्रियाँ, कर्मेन्द्रियाँ एवं मन, बुद्धि, चित्त, अहंकार आदि सूक्ष्म एवं कारण शरीर का भी वास होता है उसी प्रकार गायन रूपी व्यक्तित्व का स्थूल भाग तो उपर्युक्त कारकों के रूप में होता है परन्तु इन सबके पीछे एक सोच व उसका चिन्तन-मनन रूपी 'सूक्ष्म-शरीर' कार्य करता है। गायन में फलित आध्यात्मिकता उस मालिक के द्वारा दी गई प्रेरणा स्वरूप 'कारण-शरीर' है। अब हम इन तीनों पक्षों के मिले-जुले आधार पर खाँ साहब के गायन की चर्चा करेंगे।

आन्तरीकरण

अमीरखानी शैली की विशेषता ही बाह्य-उन्मुख अभिवृत्ति का आन्तरीकरण है जिसके अंतर्गत समष्टि के अंशरूप व्यक्ति के विचारों के केन्द्रीय बीजकोष का सांगीतिक एवं भावपूर्ण प्रकटीकरण होता है।

उस्ताद अमीर खाँ की गायकी एक **चिंतन भरी गायकी** थी जिसने सम्पूर्ण संगीत जगत को प्रभावित कर दिया।

गायन के समय अमीर खाँ साहब केवल **स्वयं को संबोधित** करते थे। वे केवल अपना

अंतर ही देखते तथा स्वयं के लिए ही गाते। वे गायन किसी अन्य को सुनाते नहीं थे अपितु मुख्यतया स्वयं के लिए ही गाते थे। उनका गायन मात्र गायन नहीं अपितु इबादत था।

इसी कारण उनके संगीत में ऐसा शांत वातावरण बनता था कि वह श्रोताओं को भी अपने अंदर झाँकने के लिए मजबूर करता था। **संगीत के शरणागत जनों को ऐसा अंतर्मुखी गायन एक समाधि की अवस्था में ले जाता है।**

गायन तकनीक

खाँ साहब ने 'ख़्याल' गायकी को एक नई परिभाषा दी जिसमें **ध्रुपद की गहराई भी सम्मिलित थी और उसके साथ-साथ मुर्की, खटके, ज़रब आदि के उपयुक्त प्रयोग के द्वारा सौंदर्यात्मक भावनाओं का प्रकटीकरण भी** सम्भव था। खाँ साहब की राग के बारे में सोच अपनी थी। राग के विस्तार की उनकी अनूठी तकनीक थी।

उस्ताद अमीर खाँ कई बार गायन की शुरूआत में **आधार स्वर को 'आ' के स्थान पर 'ला' का उच्चारण कर प्रारम्भ करते क्योंकि वे आरम्भ से ही अपना मन अल्लाह के साथ जोड़ना चाहते थे।** 'ला' शब्द उनके लिए अल्लाह का ही संक्षिप्त रूप था।

गायन के प्रारम्भ में राग का परिचय श्रोताओं से कराने के लिए वे अत्यंत संक्षिप्त रागवाचक आलाप करते, (जैसा कि अधिकांशतः किया जाता है) तत्पश्चात् विलम्बित ख़्याल की शुरूआत करते जिसमें स्थाई को भराव द्वारा बहुत आकृष्ट ढंग से प्रस्तुत करते। आइए देखें कि स्थाई गायन का महत्व और उनके द्वारा प्रयुक्त रीति क्या थी?

दो बार स्थाई गायन

किसी भी कला की सुन्दरता इसी में है कि उस समग्र कलाकृति की झलक प्रारम्भ में ही मिल जाए और उसके बाद धीरे-धीरे उस कृति के सम्पूर्ण अवयव रसिक को दृष्टिगोचर हों जिससे कि वह उत्तरोत्तर आनन्द की अनुभूति कर सके।

उस्ताद अमीर खाँ के गायन की एक ख़ासियत यह है कि वे अधिकांशतः स्थाई दो बार गाया करते थे। ऐसा करने के जो कारण प्रतीत होते हैं वे इस प्रकार हैं–

सर्वप्रथम तो कौन सा राग गाने जा रहे हैं और उसे किस प्रकार से व्यवहृत करेंगे, अर्थात् राग और उसके स्वरूप से श्रोता अवगत होते हैं, उदाहरण के लिए यदि बागेश्री गा रहे हैं तो वह अगर दो-तीन प्रकार से गाई जाती है तो कौन से स्वरूप का पालन कर किस प्रकार गाएंगे? अगर बागेश्री की बंदिश–'बहू गुन काम' गा रहे हैं और उसमें 'पधनिध' स्वर संगति ली तो उस दिन राग का विस्तार उसी प्रकार ही होगा। ध्यान यह रखना चाहिए कि बागेश्री-बागेश्री ही रहे। यदि राग 'देसी' गाने जा रहे हैं तो कौन से 'अंग' से गाएंगे। इस प्रकार राग की सीमाएँ निश्चित हो जाती हैं और श्रोताओं को भी यह स्पष्ट हो जाता है कि कौन से नियम के अनुरूप राग की अवतारणा होने जा रही है। ऐसा करने पर राग के विस्तार एवं उसकी सीमाओं का प्रारूप श्रोताओं के ज़हन में स्पष्ट हो जाता है।

दूसरा–ऐसा करने से गायक को प्रारम्भ में राग का माहौल बनाने में मदद मिलती है साथ ही उसके अपने सांगीतिक विचार संगठित हो जाते हैं। कलाकार का चित्त, यद्यपि, पहले षड्ज लगाने से ही एकाग्र हो जाना चाहिए परन्तु अपने राग सम्बन्धी विचारों की उड़ान भरने से पहले समग्रता से उचित दिशा में गतिमान हो पाता है।

तीसरा–बंदिश के बोलों का तबले के बोलों के साथ सम्बन्ध स्पष्ट हो जाता है। दो दफ़ा गाने पर बंदिश का स्वरूप बंधा हुआ समझ आता है कि तबले के जिस बोल पर बंदिश का जो शब्द पहले आया था, वही दूसरी बार भी आना चाहिए। 'बंदिश' का तो अर्थ ही स्वरों में निबद्ध वह काव्य रचना है जो कि ताल में बंधी हो। बंदिश को लापरवाही से बोल आलाप समझ कर केवल मात्राएं पूरी कर देना अभीष्ट नहीं।

चौथा–दूसरी बार बंदिश के बोलों के कहे जाने पर सभी श्रोताओं को भलीभाँति काव्य. अर्थात् सभी शब्दों का सुना जाना भी सुनिश्चित हो जाता है जिससे कि वे काव्य की विषयवस्तु एवं भाव आत्मसात् कर पाते हैं। अत: गायक अब सहजता से राग की अवतारणा प्रारम्भ करता है।

उस्ताद अमीर खाँ दो बार स्थाई गायन अधिकांशत: मंच प्रदर्शन के समय ही किया करते थे। उन्होंने एल.पी. रिकॉर्ड अथवा रेडियो के कार्यक्रमों में ऐसा नहीं किया चूँकि ऐसे में समय की सीमा होती थी।

ख़्याल शैली में राग की अवतारणा हेतु खाँ साहब जिन बंदिशों का चयन करते उनके बोल अधिकांशत: अध्यात्मपरक अथवा वियोग शृंगार-रस युक्त होते। खाँ साहब ने संयोग शृंगार की बंदिशों का इस्तेमाल वैसे तो कम ही किया और जब किया भी है तो उसके पीछे उनकी सोच एक सूफ़ी की सोच रही, जिसमें मनुष्य ईश्वर को अपना प्रियतम मान कर उसे पाने की इच्छा करता है। बंदिशों के विषय में विस्तारपूर्वक चर्चा अन्य अध्याय में की गई है।

उस्ताद अमीर खाँ के गायन में एक प्रकार की **चैनदारी** और **आनंद** है। उनकी गायकी **धीरज** और **विलम्बन** की गायकी थी।

झूमरा ताल का प्रयोग

खाँ साहब की विशाल एवं गहन सोच को अभिव्यक्त करने के लिए विलम्बित ख़्याल में झूमरा ताल ही सर्वश्रेष्ठ रूप से प्रयोजनीय थी इसीलिए यह खाँ साहब की पसंदीदा ताल रही। इस ताल को ख़्याल गायकी में ऐसा नहीं कि सबसे पहले खाँ साहब ने ही प्रयोग किया। संगीत इतिहास में दबी हुई इस ताल को पुनर्जीवित करने का श्रेय किराना घराने के उस्ताद अब्दुल वहीद खाँ साहब को जाता है (खेद की बात है कि उनके शिष्यों ने भी इस ताल का प्रयोग न के बराबर किया है) परंतु **इसे प्रचलित करने एवं इसका अति-अति विलम्बित लय में प्रयोग कर नवीन रूप से श्रोताओं के सम्मुख प्रस्तुत करने का सम्पूर्ण श्रेय उस्ताद अमीर खाँ को जाता है।**

झूमरा ताल के प्रयोग को एक उपमा देकर स्पष्ट किया जाए तो जिस प्रकार उर्दू शायरी में छोटे बहर के शेर भी होते हैं और बड़े बहर के भी, जिनमें बड़े वालों को एक अलग ही

ढंग से सम्भालना होता है उसी प्रकार राग की बढ़त करने में अन्य तालों की अपेक्षा झूमरा ताल की लम्बी अवधि को सम्भालना एक दक्ष कलाकार का ही काम है। **गायन में आलाप व तान के लिए नियोजित अंतराल में एक प्रकार की लय या गति अन्तर्निहित होती है जिसका प्रवाह गायक के मन में अविरत रूप से आता रहता है। विचार जितना बड़ा होगा, मात्रा जितनी लम्बी होगी उसे पूरित करने को भिन्न प्रकार की एवं विस्तृत स्वर सामग्री की आवश्यकता होगी।** इसका नियोजन भी इस प्रकार अपेक्षित होगा कि एक अमुक स्वर सन्निवेश के साथ कौन सी एक विशेष स्वरावली सजाई जाए जिससे कि एक के बाद एक भावों की निरंतरता बनी रहे और एक लड़ी सी बनती चले। यह प्रयोग इतनी निपुणतापूर्वक व निराले अन्दाज़ से किया जाय कि जिससे श्रोतागण की एवं स्वयं कलाकार की भी रुचि बनी रहे।

एकताल में तो 'तू ना क त्ता' बोलों के आने पर स्पष्ट हो जाता है कि खाली आ गई पर झूमरा ताल में ऐसा नहीं। झूमरा में 'तिरकिट' बोल खाली को भी दर्शाता है और सम को भी, अतः इसमें कलाकार को बहुत चौकन्ना रहना पड़ता है। एक साधारण व्यक्ति से झूमरे में भूल होने की सम्भावना अधिक रहती है और उसकी लम्बी अवधि को संभालना व संवारना अपेक्षाकृत कठिन प्रतीत होता है।

एकताल में अंतिम मात्रा 'ना' को भी तबलावादक उपज से 'भरने' का प्रयास करते हैं परन्तु झूमरा में 'तिरकिट' का बोल स्वयं ही उस अंतिम मात्रा के उपविभागों को बाँट कर दर्शा देता है और उसमें भराव देने की आवश्यकता नहीं रहती। अतः सम से पूर्व की एक मात्रा के आंतरिक रूप से विभक्त चौथाई-चौथाई हिस्सों को विभिन्न प्रयोगों द्वारा अलग-अलग लय और मुखड़े को अलग-अलग प्रकार से नियोजित कर बोलों की सृष्टि करने में इस्तेमाल किया जाना आसान, सुरुचिपूर्ण एवं विलक्षण प्रतीत होता है।

इन्हीं सब ख़ूबियों के कारण खाँ साहब ने झूमरा ताल को पसन्द एवं प्रयोग किया। यद्यपि अब तो अति विलम्बित लय का प्रचलन हो गया है परन्तु जब कोई भी नया कार्य किया जाता है वह उस व्यक्ति के लिए चुनौतीपूर्ण होता है क्योंकि उसका जनसाधारण के द्वारा स्वीकार किया जाना निश्चित नहीं होता। परम्परागत रूप से चले आ रहे स्वरूप में किये जाने वाले परिवर्तन का बहुत विरोध भी होता है परन्तु लीक से हटकर कार्य करने वाला दृढ़ इन्सान ही अपनी पहचान बना पाता है। खाँ साहब ऐसे ही अद्वितीय कलाकार थे।

उनसे पहले के कलाकार जिन बंदिशों को 3-4 आवर्तनों में गाते थे वे बंदिशें खाँ साहब विलम्बित झूमरा ताल में एक ही आवर्तन में अत्यन्त सुन्दर ढंग से गाते। गायक लोग जब आपस में बात करते हैं तो एकताल विलम्बित और झूमरा विलम्बित के लिए क्रमशः 48 मात्रा और 56 मात्रा के नाम से कह दिया करते हैं। खाँ साहब ने झूमरा ताल को भी अति विलम्बित करके ही प्रयोग किया ताकि उसमें विलम्बित ख़्याल के बोल भी भलीभाँति स्थापित हो समा सकें। ऐसा करने पर आवर्तन का समय और फलस्वरूप सोच-विचार का क्षेत्र भी बढ़ जाता है जिससे कि आलाप के समय भी कलाकार का मन चार आवर्तनों के कारण बार-बार सम पर आने के लिए ध्यानापकर्षित नहीं होता क्योंकि चार आवर्तनों में तो गाने की गति ही बदल जाती है और स्वर

समूह अति संक्षिप्त से ही बन पड़ते हैं जिससे कि कोई सांगीतिक विचार सहजता से सम्पूर्ण हो परिणति प्राप्त नहीं कर पाता। छोटे-छोटे आलापों से विस्तार नहीं बनता और एक प्रकार की जल्दबाज़ी या अशांति सी बनी रहती है। झूमरा में तो चित्त को एकाग्र कर इत्मिनान से राग के स्वरूप को स्पष्ट करने तथा उनके साथ-साथ विश्रान्ति के लिए भी स्थान और अवसर रहता है। खाँ साहब की धीर-गम्भीर प्रकृति और उनके द्वारा स्वरों पर ठहराव के लिए अति विलम्बित झूमरा ताल ही सर्वथा उपयुक्त थी इसीलिए अपनी सांगीतिक कल्पना को अधिक ऊँचाइयों तक उड़ान भरने के लिए वे इस ताल का सर्वाधिक प्रयोग करते।

अत्यन्त विलम्बित लय में भी वे दो मात्राओं के बीच के अंतराल को स्थान-स्थान पर विभिन्न लय खण्डों के साथ लचीले स्वरों से बख़ूबी ऐसा बाँधते थे कि स्वर-ताल के सामंजस्य से हृदय बरबस वही खिंचा रहता। कुछ लोगों का कहना है कि खाँ साहब इतनी कम लय में भी श्रोताओं की सांगीतिक रुचि को क़ायम रखने में सफल थे, सही बात है। देखा जाए तो वे वहाँ श्रोताओं की रुचि को समझने व बरकरार रखने के लिए नहीं अपितु स्वयं के लिए गाने बैठते और श्रोताओं की रुचि स्वत: उस सोच के साथ आन्दोलित होनी प्रारम्भ हो जाती।

राग की अवतारणा में सोच

खाँ साहब राग के स्वरों की सुरीली बढ़त एवं उसके माध्यम से राग को विलक्षणतापूर्वक मूर्तिमान करने में दक्ष थे। वे राग को झट से खोलकर रख देने में विश्वास नहीं रखते थे बल्कि शनै: शनै: राग रूपी मूर्ति का परदा हटा कर उसके अवलोकन में आनन्द प्राप्त करते।

उस्ताद अमीर खाँ का गायन इस प्रकार का था कि जैसे जीवात्मा अपने स्त्रोत परमात्मा से मिलने को प्रयासरत हो। लौकिक उदाहरण देखें तो जिस प्रकार एक मधुमक्खी फूलों का रस ग्रहण करने के लिए पहले फूल के पास जाती है, फिर कुछ पीछे हटती है और फिर फूल के इर्दगिर्द चक्कर लगा कर अंतत: उस पर बैठ कर मकरंद इकट्ठा करती है उसी प्रकार **खाँ साहब के गायन में किसी स्वर पर जाने का अंदाज़ ऐसा नहीं था कि सीधे-सीधे उसे जाकर छू दिया** अपितु प्रथमत: उसे पाने की इच्छा रखना तत्पश्चात् उसके समीप आने का प्रयत्न करना, स्वर के आसपास के स्वरों को एक प्रकार से समेटते हुए (उस स्वर के इर्दगिर्द मंडराने के द्वारा) अपनी उत्कट इच्छा का प्रदर्शन करना, उसके सम्पर्क में आना, उससे मेलजोल बढ़ाना व अन्तत: घनिष्ठता स्थापित करते हुए एक हो जाना, यही प्रक्रिया प्रत्येक न्यास के स्वर के साथ दोहराते हुए धीरे-धीरे राग की सम्पूर्ण संरचना का अवलोकन करना ही उनकी विशिष्ट शैली थी।

उनकी इसी प्रणाली को समझते हुए संगीत मर्मज्ञ ठाकुर जयदेव सिंह ने कहा :

"सबसे भारी विशेषता तो है-स्वरों का श्रृंगार। उन्होंने खड़े-खड़े स्वर जीवन में कभी नहीं लगाए। मैं समझता हूँ कि आज की गायकी में जो कमी है वह यही है कि हम स्वर की पगड़ी उतार लेते हैं, इसीलिए उनका कोई प्रभाव नहीं होता।"

मुम्बई निवासी लेखक श्री मदन लाल व्यास ने मुझसे बात करते हुए एक दिन कहा "गायन

जैसे समुद्र की तरंगायित गंभीर लहरों के समान चलता है। किनारे से मिलने की उत्कट आकांक्षा है किन्तु मिलन नहीं होता, अतृप्ति है–यही खाँ साहब की सोच रही–शून्य की सीमा से मिलने की, किन्तु आन्तरिक अतृप्ति ने ही उन्हें अपनी आत्मा में पैठने को प्रेरित किया–उनकी रचनाएँ, गाने की प्रणाली में किनारे के पास जाकर भी लहरों के लौट आने का भाव है–इस प्रकार की क्रिया, इस प्रकार का चिंतन मनुष्य को अधिक गम्भीर बनाता है और उस 'सुर', उस चैतन्य की आराधना, अर्चना में लीन करता है।''

राग की बढ़त

झूमरा ताल में विलम्बित ख़्याल की स्थाई गा चुकने के पश्चात् खाँ साहब राग का विस्तार करना प्रारम्भ करते जिसमें पहले वे मंद्र सप्तक की ओर बढ़ते। षड्ज के आसपास से प्रारम्भ कर एक-एक पग नीचे की ओर उतरते हुए सामान्यतया वे मन्द्र सप्तक के गंधार स्वर तक तो बोलालापों द्वारा बढ़त अवश्य ही करते और राग की गहराइयों से श्रोतागण का परिचय कराते। उनका मंद्र गायन अतीव प्रभावशाली एवं आरामदायक था।

खाँ साहब का मंद्र स्थान में गायन ऐसा प्रतीत होता है जैसा कि अथाह समुद्र की गहराइयों में पैठ कर उसकी माणिक, मोती, सीप रूपी निधि को बटोरना।

खाँ साहब को मंद्र सप्तक इतना प्रिय था कि वे लम्बे समय तक अपनी जवारीदार आवाज़ के साथ इस स्थान पर विचरण करते। गायन की नींव मंद्र सप्तक में इतनी गहरी और मज़बूत बनाते कि उस पर राग रूपी भव्य एवं मज़बूत महल आसानी से खड़ा हो सके।

गायन के समय उनकी सोच भीतरी रूप से तो सजग थी लेकिन आवाज़ में एक 'ख़ुमारी' थी। उन्होंने गहरी एवं गूंजदार आवाज़ रियाज़ से बनाई।

उनकी साधना ऐसी थी कि **मंद्र सप्तक में वे किसी भी सुर को आधार मानकर तत्काल उसका 'सा ग प' गा सकते थे।** यह बात स्वयं उन्होंने मुझे बताई थी और क्रियात्मक रूप से बड़े सहज तरीके से कर के दिखाई जिसे मैं हतप्रभ हो सुनता रहा। उन्हें अपनी ही आवाज़ की गूंज में ही प्रबल सहायक नाद जो कि सा ग प हैं, सुनाई पड़ते थे।

उस्ताद अमीर खाँ की मंद्र सप्तक में आवाज़ बहुत भारी, मध्य में सहज तथा तार सप्तक में बारीक व हल्की होने से उनका गायन लगातार प्रभावी बना रहता था।

खाँ साहब ने एक बार कहा कि **'देखो! अच्छी आवाज़ को 'पिरामिड' की तरह होना चाहिए। पिरामिड अर्थात् नीचे चौड़ी और ऊपर के स्वरों में ज्यों ज्यों जाएं तो बारीक और नोकदार (pointed) होनी चाहिए।'** मंद्र सप्तक में आवाज़ में गूंज होनी चाहिए। आवाज़ ज़्यादा फैली भी न हो, बंधी हो। मंद्र में तभी गांभीर्य होगा, गोलाई होगी। इन्हीं सब बातों का पालन खाँ साहब अपने गायन में तो करते ही और साथ ही हमें भी बताते।

इस अनन्त संगीत में ख़्याल गायन के अन्तर्गत स्वरों के द्वारा राग का प्रकटीकरण सरल रेखावत् न होकर अनादि अनंत सृष्टि के सर्ग एवं विलय क्रम के अनुसार चक्राकार है जो कि पुनः पुनः हमें वापिस अपने मूल से जोड़ते रहने की प्रक्रिया है।

खाँ साहब अगले स्वर की बढ़त करते समय पिछले स्वरों को भूलते नहीं थे। वे उन्हें भी बार-बार साथ मिलाकर कर आगे बढ़ते थे जिससे कि नवीन स्वर संगतियाँ निर्मित होती जातीं। इस प्रक्रिया के फलस्वरूप आलाप का क्षेत्र और क्षितिज बढ़ता जाता तथा मन की उड़ान के लिए स्थान मिलता। उपरोक्त रीति से राग के संदर्भ में न्यास के स्वरों को ध्यान में रखते हुए सभी स्वरों की यथोचित क्रमवार बढ़त से उसका सौन्दर्य धीरे-धीरे प्रकट होता आता था।

प्रत्येक स्वर का कितना वज़न होना चाहिए, उसकी श्रुति (Shade) अथवा रंगत कैसी हो, उसमें आन्दोलन हो या नहीं, अमुक स्वर मींड द्वारा अधिक उपयुक्त एवं आकर्षक लगता है अथवा खड़ा स्वर लगाना है, इत्यादि राग का उचित स्वरूप ध्यान में रखकर ही बढ़त करनी चाहिए।

राग की बढ़त करते समय प्रत्येक स्वर को एक जैसा महत्त्व नहीं दिया जाता, उदाहरण के लिए राग यमन में 'ध' स्वर पर विश्रांति तो बिल्कुल ही उचित नहीं तथा इस स्वर को ज़्यादा बढ़ाना भी नहीं चाहिए। यदि बढ़ भी गए तो फिर नि और ग का अधिक प्रयोग कर यमन में वापिस आना होगा। मुल्तानी राग में रे॒ का विलय सा में करना ही पड़ेगा। मारवा में भी 'ग' स्वर पर तो नहीं ठहरा जा सकता, उसे भी हर दफ़ा रे॒ में आना पड़ेगा। इस तरह की सोच से खाँ साहब सदैव यह ध्यान रखते कि किस स्वर को लांघना है और किस स्वर का बाहुल्य है।

इन सब नियमों का ध्यान रखते हुए वे मेरुखंड के कलात्मक प्रयोग के द्वारा राग के विस्तार को शनैः शनैः बढ़ाते जाते। बचपन से ही मेरुखण्ड का चमत्कार खाँ साहब पर अपनी अमिट छाप तो छोड़ ही चुका था। स्वरों के विभिन्न क्रमचय और संचय के आधार पर बनी नियमित क्रमबद्धता में व्यवस्थित इस गणितीय सारणी में से स्वरों की उलट-पुलट से बने विलक्षण स्वरसमूहों में रागानुकूल स्वरसन्निवेशों का चयन करना निस्संदेह रूप से कुशल एवं प्रतिभाशाली गायक के वश की ही बात है। कुशाग्रबुद्धि अमीर खाँ साहब सचेत व सावधान रह कर उन्हीं स्वर क्रमों को चुनते जिनसे राग की अत्युत्तम व्याख्या सम्भव हो। उनकी गायकी के साथ-साथ उनकी चयनात्मक क्षमता भी अद्वितीय थी। अमीर खाँ साहब मेरुखण्ड की विलक्षण गायकी को संगीत के रसात्मक प्रदर्शन में इस्तेमाल करने की तकनीक में माहिर थे, अतः उनकी मेरुखण्ड युक्त बढ़त मात्र बुद्धि का ही कार्य नहीं अपितु उसमें संवेदना का भी रंग था। लहक युक्त स्वर संगतियों का प्रयोग मन में अनोखा ही भाव उत्पन्न करते थे।

उस्ताद अमीर खाँ के द्वारा प्रयुक्त स्वरों के एकाएक आ लगने वाले सूक्ष्म कण तथा अर्धवृत्ताकार गोलाई लिए घुमावदार मींड के मोड़ मन मोह लेते। इस प्रकार बढ़त के अंतर्गत उपरोक्त कण एवं मींड के अलावा बहलावे, ज़रब, खटका, मुर्की, लहक आदि अलंकरणों के प्रयोग से वे राग रूपी सुडौल देवमूर्ति सुसज्जित करते।

खाँ साहब ने वाह-वाही के लालच में आकर कभी भी सूक्ष्म अलंकरणों का आवश्यकता से अधिक प्रयोग कर अपनी दक्षता का प्रदर्शन नहीं किया। वे over ornamentation कभी नहीं करते थे। यदि कभी इनका प्रयोग कुछ क्षणों के लिए किया भी तो उसके पश्चात् किसी उपयुक्त स्वर पर स्थिर हो ठहराव करते जिससे मन में उत्पन्न हुई उत्तेजना शांत हो जाती और पुनः गायन अपने चरम लक्ष्य-आत्माभिमुख होने-की ओर अग्रसर होता।

वे कठिन से कठिन हरकत भी स्वाभाविक ढंग से कर देते और वह भी ऐसे कि श्रोता दंग हो भी तो उसके विचारों में खलल न पड़े। खाँ साहब का आलाप सागर की तरह गहरे होने के साथ-साथ लहरों की भाँति बहावदार था।

खाँ साहब के अनुसार राग में बढ़त करते समय प्रत्येक आलाप की परिणति अर्थात् एक आवर्तन में सम से पहले विचारों का विराम आधारभूत स्वर 'सा' पर होना चाहिए और वे स्वयं भी अधिकांशत: इसी नियम का पालन करते थे। जिस प्रकार कोई व्यक्ति अपनी सम्पूर्ण दिनचर्या बिताने के बाद सांझ ढले अपने गृह में लौट विश्राम करता है ताकि अगले दिन फिर वह तरोताज़ा होकर पूरे जोश के साथ अपना कार्य कर सके, उसी प्रकार राग के विशिष्ट स्वरों की दुनियाँ में विचरण कर फिर उसे आधार से मिलना चाहिए जिससे कि सुकून और चैनदारी बरकरार रहे। गायन का हर अगला स्वर सन्निवेश पिछले वाले से जुड़ा है जैसे कि हर अगले दिन की दिनचर्या का सम्बन्ध बीते दिन से है। विचार कोई भी हों वे विकासशील हैं। जिस प्रकार कपड़ा बुनते समय धागे को आगे ले जाते हैं और फिर उसे वापिस भी लाते हैं और इसी प्रक्रिया के विशिष्ट प्रकार से करते रहने पर कपड़ा बुनता चला जाता है उसी प्रकार यह गायन का ताना-बाना बनता चलता है। इस प्रकार के गायन में कोई झटके वाली गति नहीं होती अपितु वह शनैः शनैः आगे बढ़ता है।

खाँ साहब जब ख़्याल गाते तो हर दफ़ा स्वाभाविक ढंग से ही मुखड़े को नए निराले अंदाज़ से बदल-बदल कर सम पर आते थे। मान लीजिए यदि मध्यम या पंचम तक विचार पहुँचा और कभी सम नज़दीक आ गया तो वहीं से ही मुखड़े का बोल बना कर वे वापिस आ जाते।

उस्ताद अमीर खाँ शब्दों के प्रयोग के विषय में इतने सतर्क थे कि अर्थ समझे बग़ैर वे उनका इस्तेमाल ही नहीं करते। शब्दों की तह तक पहुँचकर ही वे उन्हें प्रयोग में लाते। बोल आलाप करते समय वे उन्हीं बोलों का अधिकतम उपयोग करते जिनमें उच्चारण सुविधा के साथ-साथ गूढ़ अर्थ भी छिपा हो। उदाहरणार्थ 'जिनके मन राम बिराजे, वाके सफल हुए सब काजे' बंदिश में 'राम' शब्द का ही अधिकांशत: प्रयोग करते, न कि 'सफल' का। उनके अनुसार इस तरह के शब्द मन में भाव उजागर करने में अधिक सहायक होते हैं। शब्दों के सही प्रकार से समझ में आने के लिए उनका सही उच्चारण किया जाना एक पूर्व-अपेक्षा बन जाता है। खाँ साहब उच्चारण की शुद्धता पर बहुत ध्यान देते थे तभी **उनके आकार, ईकार, ऊकार, एकार इत्यादि सभी स्वाभाविक मुखाकृति से अपने उपयुक्त स्वरूप में ही उच्चरित होते।** शब्दों के सही उच्चारण व उनमें भावों का मिश्रण अपने यथास्थान स्वरों पर विराजित हो जब लय के वाहन पर चलते तो छटा बहुत सुन्दर बनती। वे इस बात को विशेषतया कहते कि 'धा' को 'धा' ही कहना 'दा' नहीं। 'सब' को 'सब' ही कहना 'साब' या 'सॉब' नहीं। एक बार उन्होंने कहा कि—**'अरे भई, 'म' और 'नि' का तो नासिका के आसरे से ही उच्चारण होगा।'** वे अक्सर कहते कि **'ढीले मुँह से गाओगे तो शब्द समझ ही नहीं आएगा।'** खाँ साहब स्वयं भी बारीकी से अन्य गायकों की मुद्रा और उच्चारण देखते और हमें भी ये दोष हटाने को कहा करते।

अमीर खाँ साहब के बोलालापों के शब्द अत्यन्त स्पष्ट सुनाई पड़ते। उनकी यह कोशिश रहती थी कि सम पर दीर्घ स्वर आ, ई, ऊ इत्यादि ही आएँ जिससे कि कंठ स्वर खुले हुए सुनाई दें, इसीलिए **अधिकांशतः दीर्घ स्वर और उनमें से भी अधिकतर 'आ' स्वर ही सम पर प्रयुक्त होता जिससे कि ताल के इस केन्द्रबिन्दु पर स्थाई भलीभाँति मुखरित हो पाए।** इससे एक और लाभ यह रहता कि सम पर दीर्घोच्चार आने से गायक को आधार स्वर पर आने में आसानी रहती है। साथ ही सम पर आए बोल को भी पूर्ण करना अधिक न्यायसंगत प्रतीत होता है–उदाहरण के तौर पर राग मालकौंस में 'जिनके मन राम विराजे' में 'रा' पर सम, मालकौंस में ही एक और विलम्बित 'तू ही तेरो नाम' में 'ना' पर, राग ललित के बड़े ख़्याल में 'कहाँ जागे रात' में 'रा' पर, ललित में ही विलम्बित ख़्याल 'चरन तक आऊँ' में 'आ' पर, तथा राग यमन में 'कजरा कैसे डारूँ' में 'डा' पर सम आता है। इस प्रकार इन सब उदाहरणों में क्रमशः विराजे, नाम, रात, आऊँ तथा डारूँ शब्दों का समापन अधिक सौंदर्यपूर्ण एवं न्यायोचित है जिससे कि साहित्य की भी सार्थकता बनी रहती है। यही दीर्घ स्वर यदि द्रुत ख़्याल में सम पर आते हैं तो वह ताल में उस बिन्दु पर ज़ोर दिए जाने के कारण उसका महत्त्व दर्शाने में सहायक होते हैं।

उनकी एक अन्य विशेषता यह थी कि **वे इस बात का ख़ासतौर पर ध्यान रखते थे कि शब्द का अंतिम व्यंजन भी स्पष्टतया बोला जाए।** उदाहरण के लिए राग दरबारी में विलम्बित ख़्याल की बंदिश 'ए मोरी आली' में आली शब्द के 'आ' को गाने के बाद भी गायन चलता रहता है और अन्त में 'ली' स्पष्टतया उच्चारित किया जाता है। यह खूबी अमीर खाँ साहब की ही थी अन्यथा कई गायक तो अन्त के व्यंजन का उच्चारण छोड़ भी देते थे। इसी प्रकार यदि अंतिम व्यंजन 'न' या 'म' हो तो भी वे उसे उतनी ही स्पष्टता से बोलते।

इस प्रकार जवारीदार आवाज़ से प्रारम्भ करते हुए खाँ साहब बंदिश के बोलों का स्पष्ट एवं भावयुक्त उच्चारण करते हुए झूमरा ताल में मंद्र से प्रारम्भ कर शनैः शनैः राग की अवतारणा करने के उद्देश्य से स्थाई में बोल-आलाप के द्वारा बढ़त करते-करते जब तार षड्ज पर पहुँचते तो उसे खुले आकार से न गाते हुए बल्कि 'ए री' शब्दों का प्रयोग कर स्थिर करते और तत्पश्चात् विलम्बित ख़्याल का अंतरा प्रस्तुत करते। अंतरे के बोलों को लेकर बहलावों का इस्तेमाल करते हुए खाँ साहब कभी भी तार सप्तक में लम्बी बढ़त नहीं करते और न ही तार सप्तक के स्वरों का दीर्घोच्चार करने में उनकी रुचि ही होती। तार षड्ज को कई बार वे रें–सं...रें सं इस प्रकार गाते और तार ग अथवा तार मध्यम तक गए भी तो खुले आकार से न जाते।

खाँ साहब कई बार विलम्बित ख़्याल का अंतरा नहीं गाते थे। इसके सम्भावित कारणों के विषय में चर्चा 'बंदिशें' अध्याय में की गई है।

संगीत के साम्राज्य में जैसे-जैसे कदम बढ़ते जाते हैं, शब्द की सीमाएँ पीछे छूटती जाती हैं और स्वर का राज्य साधक का अभिनंदन करता है और उसे अपने आँचल में आश्रय देता है। शब्दों के नेपथ्य में जाने पर स्वर उजागर हो सर्वत्र अपना प्रकाश फैलाते हैं।

राग की अवतारणा के समय बंदिश के बोलों के आसरे आलाप करने के पश्चात् अब खाँ साहब सरगम एवं आकार की सहायता से विस्तार के अगले चरण की ओर बढ़ते हैं।

राग विस्तार के समय मंद्र से ऊपर की ओर जाने के पश्चात् स्वरों की लय के साथ हलचल बढ़ती सी जाती है। ऐसा करने में खाँ साहब अन्य गायकों की भाँति लय को डेढ़ या दोगुना नहीं करते। उनके विचार में ऐसा करने से गायन की समान प्रवाही गति में अचानक एक झटका सा आता है। **अभिव्यक्ति का बहाव निर्बाध रूप से होना चाहिए इसीलिए वे झूमरे की लय को बहुत हल्का सा बढ़वाते। आँखें नीची कर अंगुलि के इशारे से वे तबलावादक को अपनी आवश्यकता समझा देते। यह परिवर्तन इतनी कम मात्रा का होता कि जिससे श्रोताओं के मन में भी जो स्वर प्रवाह चल रहा होता, उसमें किसी प्रकार का आवेश न आने पाता।** इस प्रकार खाँ साहब के गायन में पहला और आखिरी झूमरा–आवर्तन एक समान अवधि का नहीं था। अतः उनका गायन उत्तरोत्तर बिना तरंगरोध के गति प्राप्त करता।

विस्तृत एवं धैर्यपूर्ण आलाप के पश्चात् खाँ साहब लयकारी का प्रयोग करते जिसमें अन्य गायकों की भाँति बोलबाँट का इस्तेमाल न कर सरगम का इस्तेमाल करते।

आलाप और तान के मध्य अधिकांश कलाकारों द्वारा बोलबाँट का प्रयोग किए जाने पर भी खाँ साहब ने सरगम के प्रयोग को ही क्यों महत्व दिया, इसके पीछे खाँ साहब की सौंदर्यात्मक दृष्टि ही कारण है। लयकारी में शब्दों का आसरा लेकर उन्हें पारम्परिक रीति से तोड़ मरोड़ कर अर्थहीन बनाते हुए प्रयोग करना खाँ साहब को उचित नहीं लगता था। **खाँ साहब तो गायन को भावाभिव्यक्ति का माध्यम मानते थे जिनमें काव्य के शब्द भी सहायक होते, पर बोलबाँट में टूटे हुए शब्दों से अर्थ का अनर्थ होना उन्हें स्वीकार्य न था, अतः सरगम ही उन्हें इस कार्य के लिए सर्वाधिक उपयुक्त माध्यम लगी।**

स्वरों को उन्हीं के निश्चित स्थानों पर उनके संक्षिप्त नामों से सम्बोधित करते हुए उच्चारण करना 'सरगम' कहलाता है। सरगम कहने में स्वरों को लचीलेपन से मींड, कण, खटके आदि के प्रयोग द्वारा इस्तेमाल करना एक विशेष योग्यता की मांग रखता है। इस विशेष रीति में स्वर को सिर्फ उसी स्थान पर खड़े तरीके से सम्बोधित कर दिए जाने की बजाय उसमें थोड़ी सी लचक समायोजित करने से राग की भावाभिव्यक्ति में सरगम अधिक सार्थक भूमिका निभा पाती है। यही बात खाँ साहब ने पहचानी और अपनाई।

खाँ साहब की ही यह ख़ासियत थी कि वे सरगम को इस प्रकार गाते कि मुख्य स्वर का नाम ही उच्चारण करने पर आसपास के प्रयुक्त स्वर भले ही वे 'कण' की तरह इस्तेमाल किए गए हों अथवा अन्य किसी मुर्की आदि के अंदाज़ में, उनके उच्चारण का परिहार कर देते। वे स्वयं कहते थे, **''अभी तक तो सरगम बोली जाती थी लेकिन मैं सरगम को गाता हूँ।''** इसीलिए खाँ साहब के द्वारा गाई गई सरगम का अर्थ सिर्फ़ स्वरों के नाम बोल दिए जाने तक ही सीमित नहीं रहा बल्कि उसका सम्पूर्ण प्रभाव एक सुरीली स्वरावली (या यूँ कहें कि स्वरमय गीत) की भाँति था।

खाँ साहब गायन में सरगम का महत्व इसलिए भी मानते थे कि स्वरों की पहचान में मददगार और इसी कारण रागावतारणा में भी सहयोगी होने के साथ–साथ यह श्रव्य वैविध्य उत्पन्न करती है–जैसा कि रे और नी के उच्चारण में एकार व ईकार सुनाई पड़ते हैं, सा में आकार कर्णगोचर

होता है तथा म का उच्चारण नासिका की मदद से गूंजदार होता हुआ सुनाई पड़ता है।

राग की अवतारणा में इस पड़ाव पर सरगम अतीव महत्वपूर्ण है जिसके प्रयोग की निराली तकनीक खाँ साहब के मेरुखण्ड रूपी ख़ज़ाने में छिपी थी।

राग की बढ़त में वादी संवादी स्वरों के महत्त्व को ध्यान में रखते हुए मेरुखण्ड के सिद्धान्त का उचित ढंग से प्रयोग कर पाना एक साधारण कलाकार के लिए चुनौतीपूर्ण कार्य है। गणितीय उलट-पुलट के कौतूहल में व्यस्त होकर भी उच्चकोटि की चयनशीलता का उपयोग कर कोमल स्वरों का सही वज़न और रंगत इस्तेमाल कर पाना एक कुशल संगीतज्ञ का ही कार्य है, तभी तो खाँ साहब मेरुखण्ड का कलात्मक प्रयोग करते हुए मियाँ मल्हार, दरबारी कान्हड़ा और मियाँ की तोड़ी सरीखे रागों के गांधार को उसका उचित स्थान दिला सकते थे। इसके साथ-साथ वे मेरुखण्ड के व्यवस्थित स्वरसमूहों में से रागोपयुक्त स्वरसमूहों का यथोचित विश्लेषण कर उन्हें कुछ उठी लय में भावात्मक एवं कलात्मक रूप से प्रयोग कर राग का चित्रण अत्यन्त अनूठे ढंग से करते।

सरगम के इस प्रयोग में उन्होंने तबले के साथ खिलवाड़ कदापि नहीं किया अपितु स्वरों के माध्यम से ही दो मात्राओं के बीच के अंतर्निहित अंतराल को सूक्ष्म, लचीले व सौंदर्यपूर्ण प्रयोग के द्वारा लयकारी दिखाने का निराला तरीक़ा अपनाया।

आलाप की अपेक्षा कुछ बढ़ी हलचल वाले स्वर-ताल के इस अद्‌भुत संगम को वे इस प्रकार व्यवहृत करते कि स्वरों को डुलाने का सम्पूर्ण अनुभव माँ पार्वती के लास्य नृत्य सा प्रतीत होता।

सरगम कहने का उनका ऐसा अनोखा अंदाज़ था कि बड़े से बड़े और छोटे से छोटे स्वरसमूह को भी अद्‌भुत लयकारी के साथ इतनी सहजता से कह जाते कि मानो सब कुछ इतना सरल हो।

खाँ साहब के सुरीले कण्ठ से निकले विलक्षण स्वर सन्निवेशों को सुनकर श्रोतागण आश्चर्यचकित हो जाते। इस कला चमत्कार से वे आनन्दित तो होते ही, पर कभी-कभी अचम्भित भी हो जाते।

सरगम में शनैः शनैः स्वरों की गति उत्तरोत्तर बढ़ती जाती जब तक कि लय तान के सरीखी न हो जाती। इस प्रकार तान के आगमन के लिए आधार व पृष्ठभूमि तैयार हो जाती।

विलम्बित ख़्याल में गमक युक्त स्थायी वर्ण की तानों के पश्चात् सपाट तानों का प्रयोग तथा दूर के स्वरों को मींड द्वारा मिलाते हुए तान का गायन करना खाँ साहब की विशेषता थी।

तान

मेरुखण्ड के आधार पर जातियों के आश्रय से अद्‌भुत तानें प्रस्तुत करने की उनकी निराली शैली थी। **बेमिसाल तैयारी के साथ सहजता से तीनों सप्तकों में तानों की उड़ान ऐसी थी मानो धरती, आकाश और पाताल की यात्रा विद्युतीय गति से झटपट तय कर ली हो।**

तानों के लिए खाँ साहब सरगम, आकार तथा कभी-कभी बोलतान का इस्तेमाल कर प्रस्तुतिकरण

करते। तानों की क्षेत्रीय सीमा, लय के विविध प्रकारों में लिपटने तथा गमक व लहक का प्रयोग करने से एक वैचित्र्य सा उत्पन्न होता और नवीनता बनी रहती जिससे वे अतीव रञ्जक प्रतीत होतीं। अत्यधिक वेगपूर्ण तानों में सरगम का प्रयोग एक कलाकार की उच्चारण दक्षता को दर्शाता है। खाँ साहब इतनी नफ़ासत से सरगम तान कहते कि जिससे उसका सौंदर्य निखर कर सामने आता। आवाज़ की स्वाभाविकता बनाए रखते हुए तीनों स्थानों में बिजली की सी गति से आने जाने में स्वरों का सम्बोधन किया जाना लाभकारी सिद्ध होता है।

खाँ साहब की तानों में दाना स्पष्ट एवं मोती की तरह जड़ा हुआ था।

खाँ साहब के द्वारा गाई गईं तानों का स्वरूप भिन्न-भिन्न होता था। खाँ साहब हर वज़न की तान गहरे से गहरे आकार और हल्की से हल्की आवाज़ से कहने में दक्ष थे जिससे भिन्न-भिन्न प्रकार के और यहाँ तक कि परस्पर विपरीत विशेषताएँ लिए हुए भाव भी प्रकट हो पाते। कोई तान तो गम्भीर और भारी भरकम गमक युक्त होती तथा अन्य हल्की-हल्की फुहार जैसी। एक तान में बादल की गड़गड़ाहट सी होती तो दूसरी ऐसी कि मानों कोई नृत्यांगना पायल पहने दबे पाँव अपने पोरों पर चलती हुई जल्दी से हमारे पास से निकल गई हो।

जब वे दमदार तान कहने के पश्चात् तार सप्तक के किसी स्वर से अवरोहात्मक हल्की फुल्की सी तान बारीक आवाज़ में कहते हुए मध्य सा तक आते तो अतीव कर्णप्रिय अनुभव होता। उनकी जल्द तानों का प्रभाव सुहानी बौछार की भांति सुखदायी था।

सरगम तानों में **छूट** और विभिन्न सप्तकों में **'लपक'** उनके गायन की एक अन्य महत्त्वपूर्ण विशेषता थी। यह लपक सप्तकों के विभिन्न स्वरों की तो थी ही, सांथ ही **भावों** और **विचारों** की लपक थी। इसी प्रकार खाँ साहब तानों में निरन्तर विविधता बनाए रखते हुए कभी तीनों सप्तकों से जाती सपाट तान कहते तो कभी आलंकारिक तान, कभी अवरोहात्मक तान कहते तो कभी वक्र तान, कभी फिरत की तान कहते तो कभी पेचदार तान।

मेरुखण्ड के प्रयोग के साथ विभिन्न जातियों का आश्रय लेकर विविध लय खण्डों से सुसज्जित ऐसी घुमावदार तानें बनतीं कि सुनने में अतीव क्लिष्ट प्रतीत होतीं।

कई रागों में तो बंदिश की मूल रचना में ही इतनी जटिल एवं विलक्षण तान अन्तर्निहित है, उदाहरण के तौर पर राग देशकार में बंदिश है 'हूँ तो तोरे कारण जागी' इसकी अगली पंक्ति है–

जागी 'मोरे बलमा, जागत भई भोर। शब्द 'भोर' में पेचदार तान की ऐसी फिरकी ली है कि सुनते ही बनता है।

तानों में ऐसा निरालापन होने पर भी उन्होंने कभी भी अपनी तानों से लोगों को चमत्कृत करने की कोशिश नहीं की। उनकी तानों में भी शांति, गांभीर्य और कभी उत्साह का बोध होता था।

खाँ साहब की ख़्याल गायकी में जो सूफ़ी प्रभाव है उसके अंतर्गत जिस प्रकार भक्त की इष्ट से मिलन की इच्छा तीव्र, तीव्रतर और तीव्रतम होती जाती है उसी प्रकार प्रशांत

विलम्बित गायकी के पश्चात् द्रुत और उसकी तानें उसी मिलन के लिए आतुरता दर्शाती हैं।

खाँ साहब की विलम्बित ख़्याल की गायकी अपने प्रिय अथवा ईश्वर के प्रति ध्यानस्थ होने का प्रयास है। उस प्रिय को पाने की ललक संगीत के माध्यम से अभिव्यक्त करने की चेष्टा है। द्रुत की ओर अग्रसर होने के पश्चात् तानों का आविर्भाव मन की व्याकुलता की चरम सीमा दर्शाता है। एक अन्य दृष्टिकोण से यह मिलन के पश्चात् का उल्लास प्रदर्शित करता है परन्तु गायक अपने सांगीतिक आधार से डगमगाता नहीं अर्थात् वातावरण संगीतमय ही बना रहता है।

श्रोताओं को अपनी कोरी कलाकारी के तानों, पलटों, अलंकारों या लयकारी के दाव-पेच से चकित कर देना एक बात है और अपनी कला में उन्हें सर्वांगमग्न कर उनकी सुधबुध बिसरा देना दूसरी बात।

खाँ साहब श्रोताओं को प्रसन्न करने के लिए जानबूझ कर कोई ऐसी क्रियाएँ नहीं करते थे कि जिनसे वे कभी भी अचम्भित हों। उनका कलाप्रदर्शन नुमाइशी कदापि नहीं था और यही कारण है कि उनका गायन अध्यात्मकपरक बना।

द्रुत ख़्याल

जहाँ एक ओर विलम्बित में खाँ साहब अति विलम्बित सुकून भरी गायकी पेश करते, वहीं दूसरी ओर उनके द्रुत ख़्याल की प्रस्तुति भी निराली ही होती। द्रुत ख़्याल की बंदिश में वे स्थाई अंतरा गाने के बाद बहलावों सहित बोल आलाप करते और तत्पश्चात् लय बढ़ाते और सरगम व तानों की बौछार करते।

खाँ साहब कभी-कभी अपने मन से परिचालित हो विलम्बित ख़्याल के बाद द्रुत गायन को छोड़ भी देते। रेडियो में कई बार उन्होंने केवल बड़ा ख़्याल ही गाया। उनके राग यमन, भटियार और जैजैवन्ती ऐसे भी सुने जाते हैं। कई श्रोताओं के मन में यह तो ज़रूर उठता है कि आधा घंटा बस विलम्बित गाकर ही क्यों छोड़ दिया? क्या द्रुत भी गाई जाती तो गायन अधिक रुचिकर न लगता? कारण यह भी हो सकता है कि उस समय उनकी अभिरुचि ही ऐसी हो कि द्रुत गाने का मन ही न हुआ हो।

खाँ साहब कभी-कभी विलम्बित ख़्याल के पश्चात् द्रुत ख़्याल गाने की अपेक्षा तराना गायन करते। उनकी अपनी सोच और अनुसंधान के आधार पर **उनके 'तराना' गायन का अंदाज़ बिल्कुल अलग था जिसे हम ख़्यालनुमा कह सकते हैं।** तराने में ज़्यादातर बोल भी विषम स्थान से उठते, उदाहरण के लिए सूहा और चंद्रकौंस रागों के तराने इसी प्रकार के हैं। इनमें गिरारी की तरह पेचदार तान भी offbeat उठती है जिसमें बहुत वैचित्र्य पैदा होता है। उन्होंने लगभग सभी तरानों की तानें अधिकतर 7,11,15 मात्राओं आदि की प्रयोग की हैं न कि 16,20,24 आदि की। इन्हीं तरानों की भाँति अन्य तरानों में भी कई बार अंतरे में आने वाले शेर के अंत में फिरकी-सी तान ऊपर उछलती जाती और फिर वापिस आ मिलती।

तराने की बंदिश में आई हुई तान को यदि खाँ साहब दो बार कहते तो दोनों बार वह अलग ही होती। यहाँ भी उनकी कल्पनाशक्ति रुकती नहीं थी।

तराने का अंतरा खाँ साहब बार-बार गाते थे। वे मानते थे कि तराने में जाप के जैसी भावना होती है। उसी को दर्शाने हेतु वे अंतरे की पुनरावृत्ति करते।

तराने की बंदिश को गाकर विस्तार करते समय वे तराने के बोलों का भावपूर्ण ढंग से गायन करते। **तराने के शब्दों का अर्थ समझते हुए गाने से ही उनका गायन और भी अधिक संवेदना जागृत करने में समर्थ होता।** इसका उदाहरण विशेषकर स्पष्ट रूप से राग दरबारी के तराना 'यारे मन बिया बिया' में मिलता है जिसमें खाँ साहब ने 'यारे मन' इत्यादि बोलों के द्वारा विस्तार किया।

यह तो खाँ साहब द्वारा गाए जाने वाले तराने की बात थी। देखा जाए तो परम्परागत रूप से गाए जाने वाले तरानों में भी जहाँ लय की गति बहुत तीव्र कर दी जाती है और वेग से तोम त न न न न दीम न दीम त देरे न इत्यादि बोलों का उच्चारण करने पर भी वैसी ही जाप की सी अनुभूति होती है जैसी कि सीता-राम राधे-श्याम, सतनाम वाहे-गुरु या अल्ला हू-अल्ला हू करने पर आती है।

खाँ साहब जब तान कहते और उस पर उन्हें प्रशंसा मिलती तो ऐसा नहीं था कि वे उस pattern को बार-बार दोहराएं। किसी घर की बैठक में भी यदि उन्होंने अलग-अलग जगह से लड़ी सी बनाती हुई तान कही जिसके पड़ाव सम पर पड़ते और फिर वह आगे चल निकलती तो उस पर अत्यधिक वाह-वाह होने पर झट से वह pattern ही बदल डालते क्योंकि उनका लक्ष्य वाह-वाही बटोरना नहीं बल्कि आत्मोन्मुख होना व करना था। वे अपनी दक्षता, गाम्भीर्य और संयम रूपी दर्पण के द्वारा राग का मूल स्वरूप एवं अपनी कल्पना व सोच की सही छवि श्रोता तक प्रतिबिम्बित करते थे जिससे कि राग को व्यवहृत करने की रीति का उनका अपना दृष्टिकोण एवं अवबोधन स्पष्ट होता था।

अगर देखा जाय तो मंच पर गाते समय अधिकतर एक राग विस्तारपूर्वक विलम्बित, द्रुत आदि तानों समेत गाकर जब खाँ साहब दूसरा राग प्रस्तुत करना प्रारम्भ करते तो उसमें मध्य लय का प्रयोग कर ख़्याल गाते और उसमें अन्य गायकों की भाँति ही सुकून भरी क्रमिक बढ़त करते और तत्पश्चात् वे मध्यलय ख़्याल की ही लय बढ़ाकर उसमें तानों की झड़ी लगा देते।

मंच पर दूसरे राग के रूप में यदि वे दरबारी गाना चाहें तो झपताल में, 'पलकन सों मग झारूं', राग जोग में रूपक ताल में 'हो बलमा' और राग आभोगी में 'चरन घर आए' बंदिश गाते। इसका अर्थ यह हुआ कि **वे दूसरे राग को सदैव उठी हुई लय में ही गाते।**

उदाहरण के लिए 1955-56 में शंकर लाल फैस्टीवल में प्रोग्राम में पहला राग मालकौंस गाया जिसमें विलम्बित ख़्याल के बोल थे 'जिनके मन राम बिराजे' और राग आभोगी में 'चरन घर आए' बंदिश झपताल में गाई। इसी प्रकार रेडियो के नेशनल प्रोग्राम में राग मियां मल्हार के विलम्बित ख़्याल की बंदिश 'करीम नाम तेरो' झूमरा ताल में गाई फिर राग हंसध्वनि में 'जय माते विलम्ब तज दे' मध्य एकताल में गाई। अप्रैल 1971 में बम्बई में वे बसन्त मुखारी का विलम्बित ख़्याल गाए और उसके बाद मध्य तथा द्रुत लय गुर्जरी तोड़ी में।

कई कार्यक्रम केवल एक ही कलाकार के प्रस्तुतिकरण वाले होते हैं, जैसा कि महाराष्ट्र

में प्रचलन है, ऐसे में खाँ साहब डेढ़-दो घंटे प्रस्तुतिकरण करने के पश्चात् अंतराल के बाद के गायन का पहला राग फिर झूमरा ताल से ही प्रारम्भ करते। मध्यलय की बंदिशों में लयकारी व बोलों का सम्बन्ध ताल के साथ निरंतर बना रहता। उनके गायन में मध्यलय में भी वैभव झलकता था। मध्यलय का गायन कुछ 'उठा हुआ' तो हो जाता पर उसमें भी आलंकारिता के बाहुल्य अथवा तड़क-भड़क का प्रश्न ही नहीं उत्पन्न होता।

अविरत गायन

उस्ताद अमीर खाँ एक राग समाप्त करने के पश्चात् तत्काल दूसरा राग बिना विराम के सहजता से प्रारम्भ कर देते थे। शायद उन्हें प्रस्तुतिकरण के दौरान एक राग के बाद तालियों की गड़गड़ाहट से अपने भीतर के संगीतमय वातावरण की ख़ुमारी को भंग करना पसन्द नहीं था।

खाँ साहब के लिए राग बदलना तो बाएँ हाथ का खेल था। एक राग ख़त्म हुआ नहीं कि दूसरा अपने स्वरूप सहित सहज ही उपस्थित हो जाता। अनेक बार जब देर रात के कार्यक्रम में वे 'दरबारी' गाते तो उसके बाद बिना विराम के ललित राग सरलतापूर्वक बदल लेते। उन्हें यह विश्वास था कि जो स्वर मैं लगाऊँगा वह उपयुक्त स्थान पर लगेगा ही।

उपलब्ध समयावधि अनुसार गायन

कलाकार के हृदयोद्गार जो राग के द्वारा अभिव्यक्त किए जाते हैं वे कलाकार के भीतर भाव-निर्देश देते हैं।

गायन यदि आधे घंटे का है या फिर 15 मिनट का अथवा एक घंटे का, कलाकार को उसकी योजना बनानी पड़ती है कि उस समयावधि में वे भाव किस प्रकार अभिव्यक्त हों। भीतरी प्रेरणा के क्षणों में ही भाव अभिव्यक्त होते हैं, नहीं तो संगीत उठता ही नहीं। खाँ साहब की कमाल यह थी कि समय भले ही तीन मिनट का हो या दो घंटे का, वे राग का नियोजन इस प्रकार करते कि उसकी पूरी तस्वीर उभरकर सामने आ जाती। उदाहरण के लिए 'बैजू बावरा' फ़िल्म में गाया हुआ तीन मिनट का रिकॉर्ड 'तोरी जय जय करतार' राग 'पूरिया धनाश्री' में तथा फ़िल्म 'झनक-झनक पायल बाजे' की 'अड़ाना' राग में 'झनक-झनक पायल बाजे' रचनाएं इस बात की पुष्टि करती हैं। इनमें राग का स्वरूप तो स्पष्ट है ही एवं उसके साथ-साथ अति तार षड्ज तक गाई गई दो-दो तानें श्रोताओं को मंत्र मुग्ध कर देती हैं।

इसी प्रकार जब उन्होंने रेडियो की उर्दू सर्विस में 15 मिनट के लिए 'मुल्तानी' राग गाया तो उसे भी समय अनुसार बढ़त करते हुए यह ध्यान रखा कि कहीं ऐसा न हो कि केवल मध्यम-पंचम तक ही विस्तार होकर प्रस्तुति समाप्त हो जाय। इस समय पाँचवे दशक के एक 'नेशनल प्रोग्राम ऑफ़ म्यूज़िक' की बात का भी स्मरण हो रहा है जिसमें वे पहले राग 'शुद्ध कल्याण' एक घंटा गाए तो बड़े इत्मिनान और चैनदारी से और फिर समय के अनुकूल 15-15 मिनट के दो राग 'सूहा' और 'शाहाना' को भी भली भाँति निर्वाह किया।

अध्याय-5

गहन गायकी का सूक्ष्म अध्ययन

उस्ताद अमीर खाँ का रूहानी संगीत ऐसा होता है कि उसे केवल स्थूल कान ही नहीं सुनते अपितु अन्तरात्मा तक वे स्वर पहुँचते हैं। उनका गायन एक अलौकिक अनुभूति है। कई कलाकारों का संगीत एक कुशल, चतुर साधन की तरह व्यवहार करता है जो कि गाना गाने और सुनने के पश्चात् समाप्त हो जाता है अर्थात् गतप्राण होता है किन्तु उस्ताद अमीर खाँ का गायन विचार वहन करने के साथ-साथ श्रोताओं को चिन्तन भी कराता है। यह गायन, प्रस्तुतिकरण के बाद समाप्त नहीं हो जाता अपितु बहुत समय तक मन में गूंजता रहता है। वह प्रत्येक व्यक्ति को, स्वरों के माध्यम से, उसके हृदय में बसे हुए चेतना केन्द्र की ओर ले जाता है।

खाँ साहब गायन के समय एक विदेह की भाँति हो जाते थे। उस्ताद अमीर खाँ के भीतर अल्लाह की इबादत का तरीक़ा यही था कि वे अपना मन जहान की सबसे बड़ी ताकत अर्थात् उस मालिक में रमा देते थे, फिर उस आनंद स्वरूप ईश्वर के द्वारा आनंदित प्राणों से जो स्वर उनके कंठ से निकलते वे प्रार्थना स्वरूप ही होते, यहाँ तक कि स्वरों के बीच का मौन भी एक उपासना होती।

जिस प्रकार भक्तिविहीन या भावहीन ज्ञान ईश्वर प्राप्ति नहीं करा सकता उसी प्रकार गायन में भी जब तक प्रेम या भाव नहीं है तब तक वह प्रभाव उत्पन्न नहीं कर सकता। खाँ साहब का गायन भावपूर्ण था। जिस तरह समाधि में विचार से निर्विचार तक गमन होता है उसी तरह गायन में राग से तादात्म्य स्थापित होने पर जब निर्विचार की स्थिति होती है तभी सच्चा संगीत उत्पन्न होता है। उस समय कलाकार स्वयं कला रूप हो जाता है।

उस्ताद अमीर खाँ द्वारा प्रस्तुत विभिन्न रागों की विशिष्ट स्वर रचनाएँ उनकी आन्तरिक भावनाओं को श्रोताओं तक लहरों के रूप में सम्प्रेषित करती हैं। उन स्वरावलियों के द्वारा श्रोता का मन बरबस आन्दोलित हो जाता है और वे कहीं गहरे स्तर पर अपने को संगीत से जुड़ा हुआ महसूस करने लगते हैं। उनके कंठ से निकले पूर्णतः संयोजित एवं सरस स्वर अपना व्यापक प्रभाव श्रोतागण एवं परिवेश पर डालते हैं। कई संगीत साधक इसे 'रोशनी' का सा अनुभव बताते हैं। इस प्रकार खाँ साहब का गाना नूरानी रोशनी का गाना था।

उस्ताद अमीर खाँ का संगीत एक झरने के अपनी ही धुन में बहने के सदृश है। वह श्रोताओं के समक्ष अपना पांडित्य दर्शाने हेतु किया गया प्रयास नहीं। **उनका गायन तो एक आंतरिक सुगंध सहित खिले हुए पुष्प के समान है। वह पुष्प तो बिना प्रयास के भी आसपास की वायु को सुवासित करेगा ही। सुवासित करना उसका इरादा या गुण ही नहीं अपितु स्वभाव है।** खाँ साहब का संगीत तो हमें सुखद अनुभूति की सीमाओं को भी लांघकर उस पार ले जाता है जहाँ भगवद्गीता में वर्णित **'सुखदुःखे समे कृत्वा लाभालाभौ जयाजयौ'** के अनुसार सुख-दुःख, लाभ-हानि, जय व पराजय एक समान हो जाते हैं और श्रोता भी उसी ध्यान प्रक्रिया में सम्मिलित हो जाते हैं जो कि अमीर खाँ साहब के अन्तर्मन में घटित हो रही होती।

उस्ताद अमीर ख़ाँ ने अपनी निजता को प्रस्फुटित किया। केवल अन्धानुकरण न करते हुए उन्होंने अपनी प्रतिभा का विकास किया, तभी वे अपनी अलग पहचान बना पाए और हिन्दुस्तानी कंठ संगीत के क्षेत्र में अपनी अमिट छाप छोड़ गए।

उस्ताद अमीर खाँ साहब एक तो स्वभाव से ही मितभाषी और मननशील थे और उस पर भी जिस दिन प्रस्तुतिकरण हो उस दिन और भी कम बोलते तथा अपने विचारों में मग्न रहते। **मंच पर शांतिपूर्वक आकर योगी की भाँति बैठ जाते और आँखें बंद कर सुरीले तानपूरों की पृष्ठभूमि में षड्ज लगाते। उसी क्षण से वातावरण में शान्ति छा जाती। उनके गायन में मुद्रा दोष कभी न आता। गाते समय शरीर के हाथ, भुजा, गरदन आदि विविध अंगों की हलचल अधिक नहीं करते थे। चेहरे के हाव-भाव भी सीमा के भीतर संतुलित ही रहते।**

खाँ साहब के द्वारा विलम्बित व द्रुत ख़्याल तथा मध्यलय ख़्याल और तराना गायन के विषय में तो कहा ही जा चुका है। आइए अब उनकी प्रस्तुति, सोच एवं उसका विश्लेषण कर देखें।

यह बात अक्षरशः सत्य कही गई है कि खाँ साहब की शैली में 'बुद्धिमत्ता एवं भाव', 'तकनीक व मिज़ाज' और 'योग्यता तथा कल्पनाशीलता' का अनूठा संगम है लेकिन देखा जाय तो इसकी नींव में अभ्यास के मज़बूत पत्थर लगे थे।

खाँ साहब पूर्ण निष्ठा के साथ नियमित रूप से अभ्यास करने में विश्वास रखते थे। इंदौर में अपने निवास स्थान पर घंटों तक लगातार रियाज़ करते—कभी रात भर तो कभी तड़के उठकर। रियाज़ के समय वे अन्य सांसारिक विषयों पर विचार अथवा बातचीत करना पसन्द नहीं करते थे। उन्होंने कहा—**'संगीत मेरी ज़िंदगी का हिस्सा है—अगर मैं सुबह या शाम गाऊँ नहीं तो मालूम होता है कि ज़िंदगी में कोई चीज़ रह गई है।'** इस प्रकार खाँ साहब की साधना एवं सोच का ही प्रताप था—उन्हें अप्रतिम प्रसिद्धि प्राप्त होना।

खाँ साहब की आवाज़ की तारता इस प्रकार थी कि उनका आधार स्वर हारमोनियम पर अधिकतर 'सफ़ेद-दो' ही रहा। सन् 1940 की उनकी रिकॉर्डिंग्स में उन्होंने सफ़ेद तीन से गाया है। इसके बाद 1950 से 56 तक संगीत सम्मेलनों तथा फ़िल्मों में भी खाँ साहब ने दूसरे काले से ही गाया और अति तार सप्तक के षड्ज स्वर तक अपनी तानों में आवाज़ बड़ी सहजता से ले गए। उदाहरण के लिए फ़िल्म शबाब में राग 'मुल्तानी' की रचना 'हे गिरधर गोपाल' में यह

बात स्पष्ट दिखाई देती है। **अपने जीवन में जब वे गायन और प्रसिद्धि की चरम सीमा पर थे उस समय उनका scale सफ़ेद-दो ही था।** समय के साथ-साथ बाद में खाँ साहब ने कुछ कार्यक्रम पहले काले से भी गाए। इसके दो कारण हो सकते हैं कि जैसे-जैसे उनकी गायकी का अंदाज़ बदला और चैनदारी बढ़ी, उसके अनुसार उन्होंने निचले स्वर को आधार मानना उचित समझा जिससे कि गायन में शांति झलके। मंद्र गायन में तो वे माहिर थे ही। दूसरा कारण हो सकता है कि उम्र के साथ-साथ उन्होंने जानबूझ कर अपना scale बदला हो क्योंकि बढ़ती उम्र के साथ सभी मनुष्यों में आवाज़ गहराई की तरफ़ जाती है।

खाँ साहब ने अपनी आवाज़ का लगाव ही इतना सुरीला, मृदु, गम्भीर, पवित्र एवं हृदयग्राही बनाया था कि सभी का मन मोह लेता। सागर की गहराई लिए हुए यह आवाज़ निरन्तर साधना एवं मनन का ही परिणाम थी।

उस्ताद अमीर खाँ के गायन के विषय में ठाकुर जयदेव सिंह ने कहा : ''संगीत एक ऐसी कला है, जो और अर्थों में कई विधाओं में भिन्न है परन्तु मुख्य विधा में एक प्रकार से भिन्न है कि और कलाओं की क्रियाकल्प (जिसे Technique कहते हैं) उसमें कोई सौंदर्य नहीं है। जो क्रियाकल्प को मिला करके कोई एक चित्र बनता है या और कार्य बनता है तो उसमें सौंदर्य आता है। इसकी ये विशेषता है कि क्रियाकल्प में भी सौंदर्य है। केवल स्वर गाइए, कोई बोल नहीं हैं, उसमें भी सौंदर्य है। It is as beautiful in its technique as in its presentation. यह विशेषता संगीत की है। तो जो technique उनकी (अमीर खाँ साहब की) होती थी उस **technique में भी वह भाव होता था और वह अभिव्यक्ति होती थी कि आदमी सुनता रह जाए और उसे प्रशंसा के लिए शब्द न मिलें।''**

खाँ साहब अपनी जवारीदार आवाज़ से मंद्र सप्तक के स्वरों में जो गूँज उत्पन्न करते उससे एक अद्‌भुत असर पैदा होता। खाँ साहब की खरज की गायकी उनकी अपनी सोच व मेहनत से बनाई गई। उन्हीं दिनों माइक्रोफ़ोन का प्रयोग प्रारम्भ होने से यह सम्भव हो पाया कि अमीर खाँ साहब का मंद्र रिषभ तथा खरज भी अपने अलंकरणों के साथ स्पष्टतया प्रत्येक श्रोता तक सुना जा सका और सराहा जा सका। इस प्रकार खाँ साहब के अंतःकरण में उद्‌भूत इस विचार प्रक्रिया को उचित वातावरण में अभिव्यक्ति मिली।

उस्ताद अमीर खाँ साहब को अपने गायन के साथ संगति के लिए कम से कम वाद्यों की आवश्यकता महसूस होती थी और उतने ही में वे अपने सरस गायन के बल पर राग-रस की अनुपम निष्पत्ति कर देते थे। अनेक कार्यक्रमों में उन्होंने दो तानपूरे एवं तबले की न्यूनतम आवश्यक संगति लेकर ही रंग जमा दिया। **सुरीले तानपूरे जिन्हें कलात्मक ढंग से छेड़ा जाए तथा तबले पर सुंदर व सीधा ठेका–बस यही उन्हें चाहिए था।** रेडियो के अधिकांश कार्यक्रम, यहाँ तक कि कई नेशनल प्रोग्राम तथा रेडियो संगीत सम्मेलन भी दो तानपूरों से ही गा दिए। यहाँ यह बात ध्यान देने की है कि इस प्रकार का प्रयोग कलाकार से **दक्षता एवं आत्मविश्वास** की मांग रखता है।

यद्यपि प्रारम्भ के कुछ वर्षों में तीसरे वाद्य के रूप में उन्होंने सारंगी भी ली परन्तु बाद

में तो वे अपने साथ संगत के लिए सारंगी की अपेक्षा हारमोनियम लेना अधिक पसंद करते।

यदि विश्लेषण किया जाय तो इसके भी अनेक कारण हो सकते हैं–

पहला तो यह कि सारंगी की अनेक तारों को सुर में मिलाना ही एक वादक के लिए चुनौती भरा कार्य है। ज़रा सी लापरवाही साज़ को पूर्णरूपेण सुर में मिलाए जाने में बाधक सिद्ध होती है और उससे सम्पूर्ण वातावरण सुरीला नहीं बन पाता।

दूसरा यह कि बढ़त के समय राग में आगे आने वाली संभावित स्वरावलियों को पहले से ही सारंगी पर दिखा दिया जाना (और वह भी सारंगीवादक के मन-बुद्धि, राग की समझ व इच्छा के अनुसार ही) एक विचारशील गायक के लिए राग की क्रमशः धीरे-धीरे अवतारणा करने में अवरोध उत्पन्न कर देता है।

तीसरा, तानों में भी प्रत्येक तान का लपक-झपट कर अनुकरण करने का प्रयास वातावरण को बिगाड़ कर रख देता है।

खाँ साहब अपने गायन में हारमोनियम की संगत लेते थे तथा इस बात का विशेष ध्यान रखते थे कि उसकी आवाज़ बहुत मंद (Subdued) रहे जिससे कि गायन में भराव तो बना रहे परंतु वह हारमोनियम की आवाज़ से ढक भी न जाए।

वे ताल को सधे हुए ढंग से मधुरतापूर्ण बजाने की क्षमता रखने वाले तबलावादक पसन्द करते थे। झूमरा ताल का यथार्थ स्वरूप बना रहे इसके लिए यह आवश्यक है कि तबलावादक मात्राओं के बोलों को स्पष्टतया अपने मौलिक रूप में बजाए और मात्राओं के मध्य हाथों की कलाकारी दिखाने के लिए अन्य तीव्रगति के बोलों को इस प्रकार न भरे कि उससे व्यवधान उपस्थित हो।

छः तारों वाला तानपूरा

हिन्दुस्तानी शास्त्रीय संगीत में गायन के लिए स्वर-आधार हेतु उपयुक्त वाद्य–तानपूरे–के चार तारों में से प्रथम को पंचम अथवा मध्यम में मिलाने की परम्परा तो है ही। यदि गायक अपने पीछे दो तानपूरों का आधार लेकर प्रस्तुतिकरण करते हैं तो उनमें से एक तानपूरे का पहला तार मंद्र पंचम तथा दूसरे तानपूरे पर पहला तार मन्द्र निषाद से मिलाने का कई घरानों में प्रचलन है। ऐसा करने से निनादित वातावरण अत्यंत मनोहारी निर्मित होता है और कुछ राग उदाहरणार्थ यमन, बिहाग, पूरिया-कल्याण, आनंदी तथा बिलावल के प्रकार इत्यादि गाने में सहायक स्वरमय धरातल का निर्माण हो जाता है। तानपूरे पर पहले तार को पंचम की बजाय निषाद पर मिलाने की परम्परा का प्रचलन किराना घराने के कलाकारों ने भी बढ़ाया।

उस्ताद अमीर खाँ साहब ने ख़ासतौर पर छः तारों वाला तानपूरा बनवाया जिसकी छः तारों को वे दो प्रकार से स्वरों में मिलाते थे।

(क) प़ सा नि़ सा सा स़ा अथवा

(ख) प़ नि़ सा सा सा स़ा।

जब प़ नि़ सा सा सा स़ा में तानपूरा मिला होता तो वे पहले प़ सा सा सा स़ा और

उसके बाद नि़ सा सा सा सा़ की तारें क्रमशः बजाने को कहते। यदि वे मारवा जैसे राग गा रहे होते तो पंचम को कुछ कम छेड़ने को कहते। जिस राग में शुद्ध मध्यम का प्रयोग हो और पंचम का नहीं तो फिर वे पंचम के तार को मध्यम में मिलाते यथा म़ सा नि़ सा सा सा़। छः तार के तारपूरे को मध्यम सुर में मिलाने का केवल यही तरीक़ा उचित है अन्यथा म़ नि़ सा सा सा सा़ के अनुसार मिलाने पर म़ और नि़ को एक के बाद एक बजाने से विवाद उत्पन्न होगा। यदि दो तानपूरे हैं तो एक में पहली तार मध्यम पर और दूसरे तानपूरे की पहली तार निषाद पर मिलाई जाती है। अमीर ख़ाँ साहब का कहना था कि **यदि तानपूरा निषाद में मिला हो तो उसमें षड्ज का आनंद ही विलक्षण होता है।**

उस्ताद अमीर ख़ाँ इतने सिद्धहस्त कलाकार थे कि पंचम स्वर वाले तानपूरे मिले होने पर भी यदि एक राग गाने के पश्चात् कोई बंदिश मध्यम स्वर में मिलाई जाने वाली भी गानी हो तो वे बिना गाना रोके वह भी उसी स्वर से निबाह जाते थे। ऐसा करने का तात्पर्य कोई करतब दिखाना नहीं था परन्तु लगातार प्रस्तुति में किसी भी व्यवधान के बिना, गायन जारी रखना था। उनकी दत्तचित्तता थी ही ऐसी। वे अपने मन में केवल षड्ज का ही आधार ले सम्पूर्ण गायन कर जाते और अवाञ्छित स्वर पर ध्यान भी न देते।

राग आभोगी में तानपूरे के पहले तार अर्थात् मध्यम स्वर का षड्ज के साथ तो नित्य सम्बन्ध है ही, धैवत स्वर गाने पर म और ध का षड्ज-गंधार सम्बन्ध स्थापित होता है और अति कर्णप्रिय प्रतीत होता है। राग आभोगी में म़ सा नि़ सा सा सा़ में मिले तानपूरे अर्थात् शुद्ध निषाद की तार के साथ भी गा लेते थे। ऐसा वे क्यों करते थे? सम्भवतया, ऐसा करने से वातावरण वैराग्यपूर्ण एवं विचित्र सा बनता हो और इसमें उनकी विशेषज्ञता की भी झलक मिलती हो।

गाने का इस प्रकार का प्रयोग यह मांग रखता है कि तानपूरा वादक समझदार हो और सावधानीपूर्वक उन तारों को कब, किस अवधि एवं कितने बलपूर्वक छेड़ना है, इसका अनुमान एवं अनुष्ठान सही तरीके से कर सके। इस प्रकार के तानपूरे को सुर करना और सम्भालना भी कोई आसान कार्य नहीं।

उस्ताद अमीर ख़ाँ द्वारा सोचा गया यह नवीन विचार अर्थात् छः तारों वाला तानपूरा, बजाए जाने पर दो तानपूरों का प्रभाव एवं कर्णप्रिय वातावरण निर्माण करता है तथापि यह अधिक प्रचार में नहीं आ पाया।

पुनः ख़ाँ साहब के गायन के विश्लेषण पर आते हुए–ख़ाँ साहब की गायकी की शालीनता, गम्भीरता एवं वैभव ध्रुपद गायकी के सदृश है। 'ख़्याल शैली में भी राग की अवतारणा के समय ध्रुपद गायकी के स्थाई, अंतरा, संचारी, आभोग के सदृश आलापचारी के विभिन्न चरण होते हैं'–ऐसा ख़ाँ साहब कहा करते थे। देखा जाए तो ध्रुपद में तो नोम तोम का आलाप और वह भी इतनी देर तक अलग-अलग चरणों में होता है फिर ताल के साथ बंदिश प्रारम्भ होती है। ख़्याल में तो संक्षिप्त आलाप करते ही तबले के साथ गायन प्रारम्भ हो जाता है जिसमें श्रोताओं की रुचि उस ओर आकर्षित हो जाती है। उन्हें लय का आनन्द प्रारम्भ से ही मिलना शुरू हो जाता है। ख़्याल शैली में मुर्की और खटके गायन का सौंदर्य बढ़ाते हैं और प्रारम्भ से ही बंदिश के बोल

आ जाने से श्रोताओं को शब्दों का अर्थ समझ आने के कारण राग से सम्बन्ध ध्रुपद की अपेक्षा जल्दी स्थापित हो जाता है।

खाँ साहब ठुमरी गायन का मिज़ाज न होने के कारण तथा तराना गायन की प्रचलित शैली से असहमति दर्शाते हुए उसका अनुमोदन नहीं करते थे। खाँ साहब की सम्पूर्ण आस्था ख़्याल गायन शैली और उनके द्वारा अनुसंधान की गई तराना शैली में अंतर्निहित थी। उन्होंने ख़्याल गायन की सात्विक मर्यादा का यथोचित पालन किया।

ख़्याल गायकी में प्रत्येक अंग को भले ही वह विलम्बित, द्रुत अथवा सरगम हो उस्ताद अमीर खाँ ने संगीत के सर्वश्रेष्ठ अंशों का चयन करने के पश्चात् उसे तराश कर सुडौल बनाया और अपनी ही किस्म की पद्धति की एक नई गायन-मूर्ति बनाई जो कि अपने आप में विलक्षण थी, अतः खाँ साहब की गायकी का सम्पूर्ण अनुभव ही अद्वितीय है। अमीर खाँ साहब की ख़ासियत यह थी कि उन्होंने अपनी साधना को मुख्यतया प्राचीन रागों पर केन्द्रित करते हुए उन्हीं की प्रस्तुति अर्थात् गायकी में नवीनता लाने का अद्‌भुत कार्य किया।

उनके रागों का चयन इस प्रकार का था कि प्रथमतः तो वे चंचल राग ही नहीं गाते थे और यदि गाते भी तो उस पर उनकी अपनी छाप अंकित होती, इसीलिए तो हंसध्वनि सरीखे राग की तानों में भी उनका संजीदापन झलकता था।

उन्होंने अपनी साधना प्राचीन शुद्ध एवं मिश्रित रागों पर तो केन्द्रित की ही, साथ ही साथ कुछ अप्रचलित राग भी उन्होंने साधे तथा नवीन रागों की भी रचना की। उनके द्वारा गाए गए रागों की सूची अतीव लम्बी प्रतीत होती है–

ललित, भैरव, रामकली, मेघरंजनी, भटियार, चारुकेशी, बसंत-मुखारी, बैरागी, देशकार, शुक्ल-बिलावल, कोमल-रिषभ आसावरी, बिलासख़ानी तोड़ी, गुर्जरी तोड़ी, मियां की तोड़ी, देसी, वृन्दावनी-सारंग, गौड़-सारंग, शुद्ध-सारंग, मुल्तानी, भीमपलासी, श्री, पूरिया-धनाश्री, पूर्वी, मारवा, पूरिया-कल्याण, रामप्रिय मेल, यमनकल्याण, शुद्ध कल्याण, मारु-कल्याण, केदार, हंसध्वनि, बिहाग, शंकरा, नंद, जैजैवन्ती, कलावती, जनसम्मोहिनी, पूरिया, बागेश्री, बागेश्री-कान्हड़ा, आभोगी, जोग, मालकौंस, चंद्रकौंस, चन्द्रमधु, मधुकौंस, हरिकौंस, कौंसी कान्हड़ा, काफ़ी-कान्हड़ा, दरबारी कन्हाड़ा, सूहा, शाहाना, अड़ाना, बहार, मेघ, मियां की मल्हार, रामदासी मल्हार इत्यादि। संगीत की चिरकालीन परम्परा के प्रति सम्पूर्ण निष्ठा रखते हुए उस्ताद अमीर खाँ का कला के प्रति प्रगतिशील दृष्टिकोण ही रहा। खाँ साहब ने अपने गायन में दक्षिणी भारतीय संगीत के रागों हंसध्वनि, जनसम्मोहिनी, आभोगी तथा रामप्रिय मेल को अपने प्रमुख रागों के वर्ग में स्थान दिया।

मारवा तथा श्री जैसे मुख्यतया प्रज्ञात्मक धारिता की अपेक्षा रखने वाले रागों को भी खाँ साहब ने जनसाधारण में अत्यधिक मशहूर कर दिया। उन्होंने अपनी अन्वेषणात्मक दृष्टि तथा भावपूर्ण गायकी का समन्वय कर अपनी सोच से इन रागों को रसमय बना कर एक निराला रूप प्रदान किया। पं. रविशंकर ने जब विदेशों में भारतीय संगीत का उदाहरण प्रस्तुत किया तो अमीर खाँ साहब का राग मारवा का ही रिकॉर्ड बजाया। लोग अमीर खाँ और मारवा को एक दूसरे का पर्याय कहने लगे।

पॉज़ अथवा विराम

ओशो ने कहा है : **'Between sounds of music there are gaps of silence. The authentic music consists not of sounds, but of gaps. Sounds come and go, those gaps remain and music can make you aware of those gaps more beautifully than anything else.'**

गायन के दौरान कुछ (एक या एक से अधिक) स्वर सन्निवेशों के पश्चात् सूक्ष्म अंतराल आते हैं जिन्हें हम पॉज़ या विराम कह देते हैं। इनका आना स्वाभाविक भी है। जिस प्रकार कोई बातचीत करने अथवा साहित्य लिखने में एक वाक्य के मध्य अल्पविराम तथा उसके बाद पूर्ण विराम व तत्पश्चात् अगला वाक्य आता है और उन दोनों में एक सम्बन्ध भी होता है, इन्हीं वाक्यों से मिलकर अनुच्छेद व कुछ अनुच्छेदों को मिलाकर सम्पूर्ण निबन्ध तैयार होता है उसी प्रकार गायन में एक स्वरमय विचार, फिर विराम तथा उसके बाद उसी से सम्बन्धित एक और स्वर-विचार आता रहता है।

गायन के बीच-बीच में पॉज़ अथवा विराम विचारों में डूबी अवस्था तो है ही पर इसका अर्थ सिर्फ रुकाव नहीं है। यह एक लगातार होने वाली प्रक्रिया का अंश है। **जिस प्रकार सागर की एक ऊँची लहर उठती है फिर कुछ क्षण पानी शांत प्रतीत होता है और तत्पश्चात् पीछे और लहर आ जाती है। जल की उस शांति के क्षणों में, ऐसा नहीं कि कुछ घटित नहीं हो रहा, उसके भीतर फिर लहर बन उमड़ कर आने की ऊर्जा संगठित हो रही है।** जिस प्रकार समुद्र की लहरों के प्रवाह में एक निरन्तरता रहती है उसी प्रकार अमीर खाँ साहब के गायन में एक प्रवाह रहता है। भले ही मध्य के अन्तरालों में पॉज़ रहता है, परन्तु उसकी भूमिका भी उतनी ही सार्थक एवं सक्रिय रहती है। हर बार उनकी नवीन स्वरावली संजीवनी शक्ति से सराबोर होकर फिर से उठती है, उदाहरण के लिए खाँ साहब के द्वारा गाया गया राग 'मियां की तोड़ी' में विलम्बित ख़्याल की बंदिश 'काजो रे काजो' में गायन का यह पक्ष स्पष्ट दृष्टिगोचर होता है। **जिस प्रकार नित नूतन समुद्री लहरों में कोई भी लहर एक दूसरे की तरह नहीं होती उसी प्रकार खाँ साहब द्वारा गाईं गई प्रत्येक स्वरावली नवीन ही होती थी।**

इस पॉज़ से श्रोता और कलाकार दोनों में उत्सुकता बनी रहती है। राग के वातावरण का तो निर्माण होता ही है जिसमें कि तानपूरे के स्वरों का नाद और सहायक नाद एक आधार प्रस्तुत करते हैं। जिस प्रकार एक चित्रकार, चित्रकारी करने से पूर्व 'कैनवस' पर एक 'बेस-कलर' से भूमिका तैयार करता है उसी प्रकार तानपूरे से निःसृत स्वर एक वातावरण तैयार कर देते हैं। इस प्रकार राग की अवतारणा के लिए आधार तैयार हो जाता है। खाँ साहब के गायन में पॉज़ अतीव स्पष्ट एवं प्रभावशाली रूप से उभर कर सामने आता है क्योंकि अधिकतर वे केवल दो तानपूरों से ही गायन करते थे और यदि हारमोनियम होता भी तो वह भी व्यवधान उपस्थित न करता।

मौन के कारण ही कलाकार के द्वारा गायन के सूक्ष्म विचारों में डूबने से गहराई बढ़ती है तथा कल्पना की उड़ान से इन गहन विचारों को उमड़ कर सामने आ पाने का

अवसर प्राप्त होता है। उस्ताद अमीर खाँ का गायन और मौन समुद्रमंथन करते-करते मोती निकालने जैसा था।

यह प्रत्येक कलाकार की क्षमता एवं उसकी कल्पना पर निर्भर करता है कि वह संगीत सृष्टि में उचित स्थानों पर विरामों का प्रयोग अर्थपूर्ण रूप से किस सीमा तक कर पाता है। आमतौर पर कलाकारों को राग सम्भालने व प्रस्तुति की सचेष्ट क्रिया करनी पड़ती है परन्तु उस्ताद अमीर खाँ सरीखे 'अमीर' कलाकार सहज ही मौन एवं स्वरमयी अभिव्यक्ति के ताने-बाने से मुलायम अम्बर बुनते चले जाते हैं।

बाहरी मौन के साथ-साथ आन्तरिक मौन की भी उतनी ही आवश्यकता है। यदि देखा जाए तो आंतरिक मौन संगीत सृष्टि के लिए प्रारम्भिक आवश्यकता है। बाहरी वातावरण शान्तिमय हो, रसिकजनों के भीतर का मौन रसानुभव की अभीप्सा लिए हो, कलाकार का चित्त शांत हो तथा उसके भीतर भी श्रोताओं को अपनी कला जनित रसपान कराने की पृष्ठभूमि पूर्णतया तैयार हो, तभी एक अद्वितीय कला का सर्जन सम्भव है। उस्ताद अमीर खाँ इस कला में माहिर थे, इसीलिए वे बाहरी व आंतरिक दोनों विरामों का प्रयोग दक्षतापूर्वक कर सके।

उस्ताद अमीर खाँ साहब के प्रशंसक उन्हें गायन में पॉज़ का प्रयोग करने वाले आविष्कारक के रूप में देखते हैं, परन्तु मेरे विचार में यह खाँ साहब की खोज नहीं थी। हाँ, उनके द्वारा दिए गए ये 'पॉज़' अत्यधिक निराले प्रकार के होते थे चूंकि वे इनका प्रयोग बड़े अनूठे ढंग से करते थे। पॉज़ अथवा मौन का प्रयोग तो तभी से किया जा रहा है (भले ही वह किसी भी अंदाज़ का हो) जब से संगीत, अस्तित्व में आया। उस्ताद अमीर खाँ के द्वारा प्रयोग किए गए 'विराम' का विश्लेषण हम उनके गायन का सूक्ष्म अध्ययन करने के संदर्भ में करते हैं। **वास्तव में तो मौन नाद का ही अभिन्न अंग है जो कि ध्वनि को अस्तित्व में लाने के लिए एक तल प्रदान करता है।**

मौन के द्वारा ही खाँ साहब के गायन में भावुकता के प्रभाव को और भी प्रबलता प्राप्त होती थी।

कई बार 'पॉज़' के बाद राग में ऐसे स्वर का प्रयोग इस प्रकार भी कर लिया जाता है जो कि साधारणतया उसके बाद न आता हो। मौन के बाद वह स्वर सन्निवेश एक नवीन स्वर समुच्चय का अंग माना जाता है। ऐसा करने से राग हानि भी नहीं होती तथा वैचित्र्य भी उत्पन्न हो जाता है।

उदाहरणतया राग देसी में रे म प, ध प म प <u>ग</u> ... ... , प–रे <u>ग</u> सा रे <u>नि</u> सा। राग के स्वरूप की दृष्टि से <u>ग</u> के बाद प नहीं आ सकता क्योंकि वह आरोह में वर्जित स्वर है लेकिन इस पॉज़ ने एक अद्भुत क्रिया को जन्म दिया जिससे राग हानि भी नहीं हुई।

अध्याय-6

इंदौर परम्परा

खाँ साहब एक Trend-Setter थे। जब भी कोई नई राह तलाश करनी पड़े तो उसके लिए जी तोड़ परिश्रम करने की आवश्यकता पड़ती है, जैसे गर्मी से तपती धरती पर वर्षा की जब पहली बूँदें पड़ती हैं तो वे झुलस जाती हैं फिर उसके बाद आने वाली बूँदों का कार्य अर्थात् धरती को तर-ब-तर कर देना आसान हो जाता है।

अधिकांशत: पर्वत पर चढ़ाई करने के लिए लोग पहले के पथिकों द्वारा बनाये गये रास्ते का अनुसरण करते हैं लेकिन दृढ़ निश्चयी पर्वतारोही की भाँति जब उस्ताद अमीर खाँ साहब जैसे संगीतज्ञ, संगीत के शिखर पर चढ़ने को उद्यत होते हैं तो वे अपना रास्ता स्वयं बनाते हैं भले ही उन्हें अधिकाधिक कठिनाइयों का सामना क्यों न करना पड़े।

उस्ताद अमीर खाँ ने संगीत जगत में अपनी अति विशिष्ट जगह बनाई। उनकी कला पिता प्रदत्त सांगीतिक संस्कार एवं चुनीदा दिग्गज कलाकारों की गायकियों के प्रभावों का विलक्षण मिश्रण थी। इन विशेषताओं का ग्रहण किया जाना उन्हीं संस्कारों के कारण ही सम्भव हो पाया। अपनी सांगीतिक प्रतिभा के अनुरूप आत्मसात् की गई इन विशिष्टताओं के समायोजन से जो शैली उभर कर आई, वह पूर्णतया नवीन थी। इस शैली को तत्कालीन प्रचलित किसी भी घराने में सम्मिलित नहीं किया जा सकता इसीलिए उनके जीवनकाल में ही इसे इंदौर घराना के नाम से जाना जाने लगा। यद्यपि कुछ लोग इस शैली को 'अमीरखानी-शैली' नाम देते हैं परन्तु स्वयं खाँ साहब ने कहा कि 'घराना किसी व्यक्ति के नाम पर तो नहीं होता। यह तो स्थान के नाम पर होता है। इंदौर में बहुंत समय से अच्छे-अच्छे संगीतज्ञ रहते आए हैं और बहुत बढ़िया गाते बजाते रहे हैं। मैंने उन सबको सुना और सबसे जो भी गुण अच्छा मिला, वो लिया। इस तरह से मैंने इस शैली को इंदौर घराना का नाम दिया है' इस प्रकार जागरूक दृष्टि रखकर अपनी 'Sense of design' का प्रयोग कर खाँ साहब ने अलग-अलग रंगों के धागों रूपी गायन विशिष्टताओं के द्वारा कढ़ाई कर अद्वितीय कलाकृति निर्मित की। यह उनकी स्वयं की प्रतिभा और अपने चिंतन के अनुकूल की गई साधना का फल था।

सन् 1961 में प्रकाशित श्री वामनराव हरि देशपांडे की मराठी पुस्तक 'घरदांज गायकी' में उस्ताद अमीर खाँ की गायकी को इंदौर घराने के नाम से मान्यता प्राप्त होने की पुष्टि होती है। यह पुस्तक इतनी प्रचलित हुई कि बाद में इनके हिन्दी और अंग्रेज़ी अनुवाद भी निकाले गए। श्री देशपांडे के अनुसार–"स्वर और लय, संगीत के इन दो सिरों को जोड़ने वाली रेखा को पूरा बनाने के लिए बाकी बचे हुए खाँ साहब अमीर खाँ या उनके इंदौर घराने की गायकी ने किराने की अपेक्षा लयकारी का ख़्याल काफ़ी रखा। अमीर खाँ साहब इस ज़माने के रसभंग करने वाले चमत्कारवाद से पूरी तरह अलिप्त हैं...श्रोताओं को हैरत में डाल देने की लालसा के भी वे अपवाद हैं। उम्र में खाँ साहब ग़ुलाम अली खाँ से काफ़ी छोटे होने पर भी वे चमत्कारवाद से घिर नहीं गए हैं जिससे बड़ा आश्चर्य होता है और उनके प्रति सम्मान भी दुगुना हो जाता है। बड़े ग़ुलाम अली, पं. रविशंकर सितारिए, उस्ताद अली अकबर खाँ सरोदिये या विलायत खाँ साहब सितार नवाज़ यह सब जो आजकल की संगीत परिषदों के आराध्य देवता (Musical Gods) हो गए हैं, उन्हीं के समान अमीर खाँ को भी सारे भारत से निमंत्रण आते रहते हैं। ...अपनी कला के प्रति उनकी ईमानदारी इतनी ज़बरदस्त है कि उन्होंने इस हंगामे में भी अपनी कला को तिल भर भी नीचे नहीं गिरने दिया है। ...उनकी कलात्मक ईमानदारी की जितनी भी सराहना की जाये कम ही होगी। ...झड़प, जुगलबंदी और चमत्कार...गायकी का असली सिक्का पास होने पर ऐसी अवांछनीय बातों की ज़रूरत भी नहीं होती।"

यह अमीर खाँ साहब की अद्वितीय एवं महान कला का ही प्रताप था कि उनके जीवनकाल में ही उनके संगीत को अन्य कलाकारों ने एक नवीन प्रकार की गायकी माना जिसको कि खाँ साहब ने इंदौर घराने का नाम दे दिया। यहाँ तक कि इस विषय में तीन पीढ़ियों पर्यन्त इस शैली को इसी ढंग से गाए जाने वाले घराना–नियम की पूर्ति होने की आवश्यकता महसूस नहीं की गई और उनको इंदौर घराने का संस्थापक मान लिया गया।

खाँ साहब ने अपनी गायकी को इंदौर घराने का नाम दिया। ख़्याल गायन पद्धति की अपनी यह विशिष्ट दिशा है लेकिन इस संदर्भ में खाँ साहब का अपना स्पष्ट अभिमत रहा है–"दरअसल में बात यह है कि मैं तो (Classical music) का एक ही घराना चाहता हूँ जिसको कि हिन्दुस्तानी मौसीकी कहा जाए और इसके ये शोअबे हों अलग-अलग।"... भले ही इन्हें घराने कहा जाय अथवा शोआबे, खाँ साहब जिस शैली के प्रवर्त्तक रहे हैं, उसे इंदौर गायकी के नाम से जाना जाता है, जैसा कि स्वयं खाँ साहब ने एक साक्षात्कार में कहा–"मैं इंदौर घराने के नाम से ही आजकल गा रहा हूँ।"

खाँ साहब की शिष्य परम्परा बहुत विस्तृत थी जिनमें संगीत के प्रत्येक क्षेत्र से विभिन्न व्यक्ति–कलाकार एवं शिक्षक इत्यादि–उनके चरणों में गायन शिक्षा हेतु विधिवत् रूप से गंडाबंध शार्गिद बने जिनमें से कुछ की सूची दी जा रही है–

स्वर्गीय अमरनाथ	(दिल्ली)
ए.टी. कानन	(कलकत्ता)
सिंह बन्धु (तेजपाल सिंह एवं सुरिन्दर सिंह)	(दिल्ली)
स्वर्गीय श्रीकांत बाकरे	(कलकत्ता)
स्वर्गीय मुकुन्द गोस्वामी (वीणावादक)	(बम्बई)
मुनीर खाँ (सारंगीवादक)	(दिल्ली)
पूर्वी. मुखर्जी	(कलकत्ता)
स्वर्गीय प्रद्युम्न मुखर्जी	(कलकत्ता)
कंकना बैनर्जी	(कलकत्ता)
अजीत सिंह पैंतल	(दिल्ली)
गजेन्द्र बक्शी	(राजकोट)
नारायण राव देवबक्श पवार	(इंदौर)
शंकर मजूमदार	(पटना, अब दिल्ली में रहते हैं)
शंकरलाल मिश्रा	(जालन्धर)
भीमसेन शर्मा	(शिमला)
आर.एस. बिष्ट	(दिल्ली)
कु. अमरजीत	(दिल्ली)
सुरेन्द्र शंकर अवस्थी	(जालन्धर, अब लखनऊ में रहते हैं)
सुनील बैनर्जी	(कलकत्ता व लखनऊ)

खाँ साहब के सभी शिष्य बुद्धिमान व जागरूक होने के गुणों के फलस्वरूप ही खाँ साहब का शिष्यत्व ग्रहण कर पाये। इनमें से बहुत से शिष्य तो आकाशवाणी की उच्चतम श्रेणी के कलाकार बन गए जिनकी सूची एवं आकाशवाणी द्वारा top grade घोषित करने की तिथि दी जा रही है–

सिंह बन्धु (तेजपाल सिंह एवं सुरिन्द्र सिंह)	17.7.1982
स्व. अमरनाथ	23.2.1984
ए.ट्री. कानन	13.6.1988
मुनीर खां (सारंगीवादक)	28.12.1994
श्रीकांत बाकरे	19.2.1996
पूर्वी मुखर्जी	19.2.1996
सुरेन्द्र शंकर अवस्थी	26.12.1994
बलदेव राज वर्मा (तीसरी पीढ़ी) (पं अमरनाथ के शिष्य)	20.3.1993

यद्यपि अमीर खाँ साहब के जीवनकाल में ही उनकी गायकी को 'इंदौर घराना' के नाम से जाना जाने लगा था परन्तु फिर भी संगीत की परम्परा के दावेदार कई महानुभावों ने इसे यह कह कर अस्वीकार कर दिया था कि यह 'कम से कम तीन पीढ़ी तक गुरु-शिष्य परम्परा' को सिद्ध नहीं करता, मगर वे अब इस बात को अस्वीकार नहीं कर सकते क्योंकि उस्ताद अमीर खाँ साहब के शिष्य श्री अमरनाथ जी के शिष्य श्री बलदेव राज वर्मा अनेक वर्षों से रेडियो के 'टॉप ग्रेड' कलाकार हैं। श्री अमरनाथ जी की ही शिष्या श्रीमती शांति शर्मा एक प्रसिद्ध गायिका हैं। अमीर खाँ साहब के शिष्य श्री शंकर मजूमदार के शागिर्द श्री अमित मुखर्जी एक जाने माने कलाकार हैं जो कि कलकत्ता स्थित 'संगीत रिसर्च अकादमी' के 'डायरेक्टर' के पद पर कार्य कर रहे हैं और बहुत से सम्मेलनों में गा रहे हैं। अमीर खाँ साहब के प्रमुख शिष्यों में से एक कलकत्ता के स्वर्गीय प्रद्युम्न मुखर्जी (श्रीमती पूरबी मुखर्जी के पति) की शिष्या मालिनी मुखर्जी भी प्रगति की ओर अग्रसर है। मेरा शिष्य नरेश मल्होत्रा देश-विदेश में अनेक कार्यक्रमों में सफलतापूर्वक हिस्सा लेता है और रेडियो का अच्छा कलाकार है, आजकल वह दिल्ली रेडियो में 'प्रोग्राम एग्ज़ैक्यूटिव' के पद पर कार्य कर रहा है। हाल ही में श्री शंभु प्रशाद पवार (शिष्य एवं सुपुत्र नारायण राव पवार) का आकाशवाणी से संगीत के राष्ट्रीय कार्यक्रम में इंदौर घराने के अनुयायी के रूप में गायन प्रसारित हुआ।

जिन दिलों में खाँ साहब की कला के प्रति उतनी सराहना नहीं थी और वे उनके संगीत की आलोचना करते थे, धीरे-धीरे अमीर खाँ साहब ने इस प्रकार उपहास करने वालों के दिलों में भी ऐसी जगह बना ली कि अब भले ही वे उतना खुलकर इस बात का अनुमोदन न भी कर पाएं पर भीतरी तौर पर वे जानते हैं कि खाँ साहब ने सब ओर धाक जमा दी।

खाँ साहब का संगीत भारत की अत्युच्च सांगीतिक विरासत बन गया है। यद्यपि हमारे देश में घरानेदार गायकों एवं प्रतिभाशाली संगीतज्ञों का कभी भी अभाव नहीं रहा लेकिन उस्ताद अमीर खाँ की प्रतिभा का लोहा आज सभी मानते हैं।

उस समय में रेडियो से खाँ साहब का गायन अक्सर प्रसारित होता रहता था। देश के लगभग प्रत्येक बड़े संगीत सम्मेलन में भी वे गाते थे। गाने के पथ के अनेक राही मन ही मन उन्हें अपना पथ प्रदर्शक मानने लगे थे। आज भी खाँ साहब की गायकी के प्रशंसकों की संख्या लाखों में है।

वल्लभाचार्य सम्प्रदाय के अनुयायियों को उस्ताद अमीर खाँ के प्रति बहुत प्रेम व आदर था। बम्बई में 'कालबा देवी' जगह के पास वल्लभाचार्य सम्प्रदाय का एक 'बड़ा मंदिर' है। वहाँ के मठाधीश श्री मुकुन्द गोस्वामी थे जो कि अमीर खाँ साहब के शिष्य एवं भक्त थे तथा सरस्वती वीणा बजाते थे। वहाँ खाँ साहब का गायन ज़रूर होता था। उनके भाई माधव गोस्वामी और श्याम गोस्वामी थे। वे सभी खाँ साहब के गायन पर बहुत मुग्ध थे। गौरवपूर्ण मुकुन्द गोस्वामी धोती -कुरता पहनते। मुकुन्द जी इतने संयमी थे कि पानी का कतरा भी घर से बाहर नहीं पीते थे। मंदिर में अनेक दफ़ा खाँ साहब के गायन का आयोजन करने के कारण मुकुंद जी के पास ऐसे-ऐसे राग भी recorded हैं जो उन्होंने बहुत कम गाए और इसी कारण आज यह अमूल्य ख़ज़ाना वल्लभाचार्य सम्प्रदाय वालों के पास सुरक्षित है।

उस्ताद अमीर खाँ की गायकी की छाप बीसवीं सदी के विभिन्न घरानों से सम्बद्ध गायकों

एवं वादकों पर प्रत्यक्ष अथवा परोक्ष रूप से दिखाई देती है।

खाँ साहब चन्दन गुरु की भाँति थे। जिस प्रकार चन्दन के वृक्ष के समीपवर्ती सभी पेड़ स्वत: ही चंदन की सुगन्ध से महक उठते हैं, उसी प्रकार उस्ताद अमीर खाँ की शैली से सभी विशालहृदय गुणग्राहक कलाकार प्रभावित हुए बिना नहीं रह सके।

हमारे देश में एकलव्य जैसे शिष्य के उदाहरण भी मिलते हैं। अमीर खाँ साहब से विधिवत् शिक्षण प्राप्त करने वाले शिष्य तो हैं ही परन्तु उनको केवल सुनने मात्र से, उनके गाने को देखने, सोचने, समझने और प्रस्तुत करने की शैली को सूक्ष्मता से अध्ययन कर आत्मसात् करने वाले एकलव्य हैं–इंदौर के निवासी गोस्वामी गोकुलोत्सव जी महाराज–जिन्होंने बग़ैर खाँ साहब से प्रत्यक्ष शिक्षा लिए, मात्र उनकी रिकॉर्डिंग्स सुन कर ही अपना गायन उनके अंदाज़ के सदृश बना लिया और ख्याति अर्जित की। यह इनकी श्रद्धा एवं निपुणता है कि इनकी अदाकारी बहुत हद तक खाँ साहब की गायकी का अनुसरण करती है। गोकुलोत्सव जी राग भी वही गाते हैं और बंदिशें व तराने भी। ऐसा लगता है कि खाँ साहब उनके गले में तो क्या बल्कि हृदय में भी बसे हुए हैं। गोकुलोत्सव जी को सुनकर ख़ुशी भी बहुत होती है और हैरानी भी। इन्हें आकाशवाणी द्वारा 13 फरवरी 1996 को उच्चतम श्रेणी (Top Grade) के कलाकार घोषित कर दिया गया।

एक अन्य साधक जिन्होंने खाँ साहब के मार्ग पर चलकर अपना गाना उनके आदर्शपूर्ण संगीत गायन के समान बनाने का प्रयास किया और सफलता प्राप्त की–भाव नगर के स्वर्गीय पं. रसिक लाल अंधारिया–थे। इनके गायन में खाँ साहब के अंदाज़ की छाप स्पष्ट दिखाई देती है। इसी प्रकार बम्बई निवासी सारंगी के मशहूर वादक श्री सुल्तान खाँ भी खाँ साहब के सशक्त संगीत से प्रेरित हैं।

सुप्रसिद्ध गायिका श्रीमती प्रभा अत्रे कहती हैं–'सुरेश बाबू मेरे गुरु हैं तथा अमीर खाँ मेरे गुरु समान हैं। ...आलाप तानों के बीच में आने वाली खाँ साहब की सरगम सभी दृष्टि से एक 'विशेषता' लिए रहती थी। मेरे अपने गाने का बदलाव इस सरगम में ही छुपा हुआ था। सन् 1960 के पश्चात् मैं पहली बार सरगम गाने लगी। मुझे नयी दिशा मिली। स्वरों की हलचल भी अधिक ध्यानपूर्वक देखने लगी।...'

संगीत जगत में विभिन्न घरानों के गायक तो खाँ साहब को मार्गदर्शक के रूप में देखते ही थे, इसके साथ-साथ वादन में भी विभिन्न क्षेत्रों के विशेषज्ञ उनसे शिक्षा ग्रहण करते अथवा प्रेरित होते थे। श्री मुकुंद गोस्वामी बीनवादक तथा श्री मुनीर खाँ सारंगीवादक भी खाँ साहब के शिष्य हैं। प्रसिद्ध सितारवादक श्री निखिल बैनर्जी का सितार वादन भी खाँ साहब की गायकी से बहुत प्रभावित है।

सूर्य द्वारा प्रकाश विकिरण करने में कोई आग्रह नहीं। वह किसी ग्रह, उपग्रह, देश, धर्म, जाति अथवा किसी विशेष मनुष्य की सम्पत्ति नहीं। वह तो सभी के लिए समान किरणें देकर उन्हें प्रकाशित करता है। दूसरी ओर एक मोमबत्ती अवश्य किसी व्यक्ति विशेष की ही सम्पत्ति होती है। खाँ साहब सूर्य के समान थे। **उनके गायन से केवल उनके शिष्य या प्रशंसक मात्र ही नहीं अपितु समूचे संगीत जगत के सभी प्रेमी, भले ही वे किसी भी घराने से सम्बन्ध रखते हों, प्रभावित होते रहे हैं और आने वाले समय में भी होते रहेंगे।**

अध्याय-7

जीवन

संघर्षपूर्ण सांगीतिक जीवन

किसी भी कार्य की सिद्धि के लिए व्यक्ति को अपनी सम्पूर्ण क्षमता लगा कर कठिन परिस्थितियों का सामना करते हुए भी साधना करनी पड़ती है। सर्वप्रथम तो संगीत की शिक्षा लेना ही कठिन कार्य है, उसके बाद नियमित अभ्यास और तत्पश्चात् अपनी कला के दम पर समाज में स्थान बनाकर प्रतिष्ठा प्राप्त करना अतीव कठिन कार्य है। अमीर खाँ साहब ख़ानदानी संगीतकार थे अत: उनका शिक्षण तो घर पर ही हो गया परन्तु असाधारण प्रतिभा, समर्पण व अभ्यास के बावजूद भी उनका जीवन कितना संघर्षपूर्ण रहा यह उनके जीवन पर दृष्टिपात करने से मालूम होता है।

पिछली कुछ शताब्दियों से बीसवीं शती के मध्य तक ऐसा समय था जब संगीत को आदर की दृष्टि से नहीं देखा जाता था। गाने बजाने का व्यवसाय करने वालों को सभ्य समाज से अलग अपना बसेरा बनाना पड़ता था जहाँ पर जनसाधारण जाने में संकोच करते। उस्ताद अमीर खाँ साहब भी इस स्थिति से बच न सके और उन्हें अपने सांगीतिक संघर्ष में विभिन्न नगरों में कई बार ऐसे ही स्थानों पर रहना पड़ा। उदाहरण के लिए दिल्ली में सदीक बिल्डिंग-जी.बी. रोड, बम्बई में कैनेडी ब्रिज के पास कॉंग्रेस हाऊस के सामने वल्लभभाई पटेल रोड तथा इसी प्रकार कलकत्ता के भी कुख्यात स्थान पर कुछ-कुछ समय तक रहना पड़ा। श्री जी.एन. जोशी जो कि H.M.V. Gramophone Company के संगीत सलाहकार तथा ध्वन्यंकन कार्यकारी अधिकारी थे, अपनी पुस्तक 'Down Melody Lane' में लिखते हैं :–

'Amir Khan lived, in those days, in very disreputable surroundings, where it was considered very objectionable for any gentleman to go, even during the day...I was afraid of what people would say if they observed me entering a house of ill-repute.'

देखा जाय तो आजीविका हेतु कलाकारों को कला के क़द्रदानों के पास गाना सिखाने के लिए जाना ही पड़ता था और वहीं इनकी मांग भी थी। अन्य दिग्गज कलाकारों जैसे बड़े गुलाम अली खाँ साहब, उस्ताद अहमद जान थिरकवा और उस्ताद अब्दुल वहीद खाँ आदि को भी इसीलिए ऐसी जगहों पर रहना पड़ा। धन्य हैं ये कलाकार जिन्होंने ऐसी विषम परिस्थितियों में भी कला

को सम्भाल कर रखा।

उस्ताद अमीर ख़ाँ साहब ने इस वातावरण में भी अपनी सोच आध्यात्मिक ही रखी और लक्ष्य–उच्चतम संगीत। उनका जीवन संघर्षपूर्ण था और मन में फ़क़ीरी लिए वे स्थान-स्थान भटक कर भी अपनी कला का सौरभ फैलाने में रत रहे।

उम्र के इक्कीसवें वर्ष में अमीर ख़ाँ गायन के क्षेत्र में एक स्थापित कलाकार बनने का स्वप्न लिए विभिन्न स्थानों पर अपने कला–प्रदर्शन हेतु निकल पड़े थे। अपने पिता के साथ वे वल्लभ सम्प्रदाय के मुख्य केन्द्र नाथद्वारा गए, तत्पश्चात् कांकरोली और फिर महाराजा किशनगढ़ के दरबार में भी उन्होंने गायन प्रस्तुत किया।

सन् 1934 में वे बम्बई गए और अरब गली में अपने मामा मोहम्मद ख़ाँ के यहाँ रुके। वहीं उस्ताद रजब अली ख़ाँ के भतीजे अमानत अली रहते थे। बम्बई में उनकी मुलाकात इन्दौर के जुग्गन ख़ाँ तबला- वादक से हुई जो कि उन्हें श्री बी.आर. देवधर से मिलवाने उनके दादर स्थित दफ़्तर में ले गए। उन्होंने वहाँ बी.आर. देवधर जी को गाना सुनाया जिससे वे अतीव प्रभावित हुए। ''मेरे अनुरोध पर अमीर ख़ाँ जब भी दफ़्तर में आते, मुझे संगीत ज़रूर सुनाया करते थे। उस वक्त भी उनकी आवाज़ आज जैसी ही मधुर और सुरीली थी, तानें तैयार थीं। मैं उनका संगीत बहुत पसन्द करता था'' यह बात दिसम्बर 1956 के 'संगीत कला विहार' नामक संगीत पत्रिका में देवधर जी ने स्वयं लिखी है।

आजीविका के लिए अमीर ख़ाँ साहब ने बम्बई में कुछ लोगों को संगीत की तालीम देनी शुरू कर दी। सन् 1936 ई. में उन्हें शाहमीर ख़ाँ साहब ने इन्दौर बुलाया और मध्य प्रदेश स्थित रायगढ़ के महाराजा चक्रधर सिंह के दरबार में जाने की आज्ञा दी। वहाँ पर महाराजा ने अमीर ख़ाँ साहब का गायन सुन प्रभावित होकर उन्हें अपने दरबार में गायक नियुक्त कर दिया। वहाँ वे लगभग एक वर्ष तक रहे। उन्हीं दिनों अमीर ख़ाँ के जीवन में एक अद्भुत संगीत घटना घटी जिसने उन्हें संगीत क्षेत्र में निरन्तर कठिन परिश्रम और साधना की दिशा में प्रेरित किया। उस समय इनके पिता शाहमीर ख़ाँ भी जीवित थे। एक साक्षात्कार में ख़ाँ साहब ने बताया : ''पहले ज़माने में जो Conferences होती थीं उसमें वो लोग direct artist से बातचीत नहीं करते थे बल्कि वो जिस राजा के यहाँ नौकर होता था उन्हें यह कहते कि आपके यहाँ के गवैये हमारी Conference में भेजिए, जहाँ पैसे या remuneration का कोई सवाल नहीं था। वो राज्य की तरफ़ से जाते थे और गा बजा के चले आते थे, ख़र्चा वगैरह वो लोग दे देते थे। **ऐसे ही रायगढ़ के ज़माने में मुझे मिर्ज़ापुर Conference में जाना पड़ा और वो Conference मेरे लिए first conference थी। उस ज़माने में फ़ैयाज़ ख़ाँ साहब वहाँ थे, इनायत ख़ाँ साहब सितारिए मरहूम, अब्दुल अज़ीज़ ख़ाँ साहब मरहूम, ऊँकार नाथ थे और केसरबाई थीं। जितने बड़े लोग मुझसे पहले गुज़रे, वे सब थे। मेरा भी नंबर वहाँ आया गाने का। मैं गाने लगा तो 15-20 मिनट के बाद मुझे लोगों ने hooting कर दिया और उठा दिया। तब वो सेक्रेटरी साहब मेरे पास आए और कहने लगे कि आप कोई ठुमरी गाइये। मैंने कहा कि ठुमरी मैं नहीं गाता हूँ,** मैं चला जाऊँगा। लिहाज़ा मैं उठ गया। ठुमरी से मुझे ज़्यादा शौक नहीं रहा। ये चीज़ नहीं कि

मैं ठुमरी को कुछ कम दर्जा समझता हूँ, ये मेरा नज़रिया कभी नहीं रहा। ठुमरी भी अपनी जगह एक मुक़ाम रखती है लेकिन मेरा रुझान ठुमरी की तरफ़ नहीं था इसलिए मैं ठुमरी आज तक गाया नहीं। **मैं वहाँ से वापस चला आया। यह पहला इत्तेफ़ाक और पहला इनाम।''** खाँ साहब ने एक अन्य साक्षात्कार में कहा है कि 'मिर्जापुर कॉनफ्रेन्स में **मेरी हूटिंग हुई पर मुझे उससे कोई ख़ास फ़र्क़ नहीं पड़ा।'**

ख़ाँ साहब वास्तव में एक महान व्यक्ति थे जो जीवन में आई कठिनाइयों को हार नहीं समझते थे बल्कि दूने उत्साह से फिर आगे बढ़ना जारी रखते थे, इसीलिए वे 'उस्ताद' बन पाए।

गिरते हैं शहसवार ही मैदाने जंग में,
वो तिफ़्ल क्या गिरेंगे जो घुटनों के बल चलें।

इसके पश्चात् अमीर खाँ अपने पिता से मिलने इंदौर गए और अपनी सांगीतिक यात्रा जारी रखते हुए वहाँ से वे अन्य कई स्थानों पर कार्यक्रम प्रस्तुत करने गए। पुनः वे बम्बई आए। कुछ ही दिन पश्चात् 1937 के अंत में उन्हें अपने पिता के निधन का शोक-समाचार मिला।

बम्बई निवास के दौरान वे भिन्डी बाज़ार के उस्ताद अमान अली खाँ के पास जाते रहे। वहाँ इनकी मुलाकात पं. शिव कुमार शुक्ल से हुई जो कि अमान अली खाँ साहब के प्रिय शिष्य थे तथा उनकी गायकी का पूर्ण रूप से प्रतिनिधित्व करते थे। सन् 1940-41 तक अमीर खाँ मुख्यतया बम्बई में रह रहे थे। वे भिन्न-भिन्न स्थानों पर अपने कार्यक्रम प्रस्तुत करते रहे। इस दौरान इनकी ख्याति दूर-दूर तक फैलने लगी जिसके परिणामस्वरूप दो रिकॉर्ड-कम्पनियों 'ओडियन' तथा 'ज़ोनोफ़ोन' ने इनके कुछ छोटे रिकॉर्ड निकाले।

इसी बीच दिल्ली की एक गायिका मुन्नी बेग़म ने इन्हें दिल्ली आने के लिए निमंत्रण दिया। वह इनसे संगीत सीखना चाहती थी। इससे पूर्व वह अन्य उस्तादों के अलावा उस्ताद अब्दुल वहीद खाँ से भी शिक्षा ले चुकी थीं।

संगीत की एक विशेष बैठक में अब्दुल वहीद खाँ साहब ने अमीर खाँ साहब का गायन सुना। महफ़िल समाप्त होने पर उन्होंने कहा, 'अच्छा गाते हो, मेहनत करने से और तैयारी बढ़ेगी। अभी भी तुम्हें मेहनत करनी चाहिए।' अमीर खाँ साहब ने निश्चय किया कि वह अब्दुल वहीद खाँ की गायकी पर ही अभ्यास करके उन्हें सुनाएंगे और एक दिन उन्हीं के मुँह से 'वाह'! 'वाह'! निकलवा कर ही छोड़ेंगे। इसके पश्चात् उन्हीं की गायकी पर अमीर खाँ साहब ने चार पाँच वर्ष मेहनत की और जैसा कि बताया जा चुका है कि अपने इसी पक्के इरादे और परिश्रम के बल पर उन्होंने ब़ाद में उन्हीं से 'वाह-वाह' ले ही ली। दिल्ली आने के उपरान्त अमीर खाँ साहब कुछ वर्षों तक यहीं रहे परन्तु बीच में एक बार एक बंगाली सज्जन इन्हें अपने साथ कलकत्ता ले गए। वहाँ संगीत प्रेमियों को इनका गायन बहुत पसंद आया। कलकत्ता रेडियो में भी खाँ साहब को कलाप्रदर्शन का अवसर प्राप्त हुआ। दिल्ली वापिस आने पर इनके कार्यक्रम ऑल इंडिया रेडियो, दिल्ली से नियमित रूप से प्रसारित होने शुरू हो गए।

देश के बंटवारे से पहले लाहौर कॉन्फ्रेन्स में अमीर खाँ साहब के दो कार्यक्रम आयोजित किए गए जिसके लिए उन्हें एक हज़ार रुपया दिया गया। इस प्रोग्राम से पंजाब के गुणी लोग

खाँ साहब पर मुग्ध हो गए।

सन् 1948 तक मुख्यतया दिल्ली में रहते हुए भी वे कलकत्ता समेत अनेक स्थानों पर कार्यक्रम देने जाते रहे। स्वतन्त्रता प्राप्ति के पश्चात् हुए साम्प्रदायिक दंगों के भड़कने पर खाँ साहब कलकत्ता चले गए।

कलकत्ता में 'ऑल-बंगाल' के आयोजकों को जब मालूम हुआ कि अमीर खाँ साहब आए हुए हैं तो उन्होंने खाँ साहब के पास अपनी कॉन्फ्रेन्स में गाने के लिए संदेश भेजा, जहाँ उन्हें दो कार्यक्रमों के 1600 रुपये दिए गए।

तीन चार साल कलकत्ता रहने के बाद खाँ साहब बम्बई आ गए और वहीं बस गए। इस समय तक खाँ साहब एक प्रतिष्ठित कलाकार बन चुके थे।

रंग लाती है हिना पत्थर पे घिस जाने के बाद
सुर्ख़रु होता है इन्सां ठोकरें खाने के बाद

सन् 1952 में अनेक फिल्मों में खाँ साहब ने पार्श्व संगीत भी गाया। तत्पश्चात् जीवन के अंत तक उन्होंने अपना निवास स्थान बम्बई ही रखा और वहीं से विभिन्न सम्मेलनों में कला प्रदर्शन हेतु आते जाते रहे।

व्यक्तिगत जीवन

उस्ताद अमीर खाँ के जीवन का न केवल सांगीतिक पक्ष ही संघर्षपूर्ण था अपितु व्यक्तिगत गृहस्थ जीवन भी वैषम्यपूर्ण था। आइए अब उनके व्यक्तिगत जीवन पर एक दृष्टि डालते हैं।

जैसा कि पहले भी बताया जा चुका है कि उस्ताद अमीर खाँ, गायक उस्ताद छंगे खाँ के पौत्र तथा प्रसिद्ध बीनकार एवं सारंगीवादक उस्ताद शाहमीर खाँ के पुत्र थे। अमीर खाँ के छोटे भाई बशीर खाँ थे जो कि उम्र में अमीर खाँ से सात-आठ वर्ष छोटे थे। दोनों भाई एक दूसरे से बहुत प्यार करते थे।

सन् 1921 में जब अमीर खाँ केवल नौ वर्ष के थे तो इनकी माँ संसार से चल बसीं। उस समय बालक अमीर के साथ नन्हा भाई बशीर था। इस उम्र में माँ का साया सिर से उठ जाना एक बहुत बड़ा आघात होता है और सम्पूर्ण परिवार के लिए भी तो ऐसी कठिन परिस्थिति चुनौतीपूर्ण होती है। ऐसे में बालक या तो ज़िम्मेवार बन जाता है या बिल्कुल लापरवाह। इस प्रकार मातृत्व के वात्सल्य से रहित बच्चों के पालन पोषण में उनके पिता शाहमीर खाँ ने बहुत मेहनत की तथा उन्हें अपने मार्गदर्शन एवं अनुशासन से एक भद्र व्यक्ति तथा जिज्ञासु कला-उपासक बनाया। खाँ साहब के व्यक्तित्व का ध्यानपूर्वक अवलोकन करने पर यह स्पष्ट होता है कि उन्होंने शारीरिक व मानसिक शक्ति तथा सांगीतिक मूल्यों को इसी बलबूते पर निष्ठापूर्वक अर्जित किया और उच्चतम शिखर पर पहुँचे।

वयस्क होने पर उस्ताद अमीर खाँ का विवाह महान सितारवादक उस्ताद विलायत खाँ की बहन ज़ीनत से हुआ जिन्हें खाँ साहब शरीफ़न कहकर पुकारते थे। उन दिनों खाँ साहब का सांगीतिक जीवन संघर्षमय चल रहा था। सम्भवतया समय के उस दौर में जब अभी संगीत जगत ने उनकी

प्रतिभा को पहचाना नहीं था, अतएव अधिक न कमा पाने के कारण उनकी वित्तीय स्थिति भी अच्छी न रही हो और खाँ साहब और उनकी पत्नी के बीच तकरार होती रही हो और परिणामस्वरूप विवाह के प्रारम्भिक कुछ वर्षों के उपरान्त ही दोनों का तलाक़ हो गया।

ज़ीनत के द्वारा अमीर खाँ साहब को एक पुत्री प्राप्त हो चुकी थी जिसका नाम फ़हमिदा रखा गया था। गौरवर्ण फ़हमिदा की शक्ल अब भी बहुत कुछ अमीर खाँ साहब की झलक देती है। मेरी शागिर्दी के बाद की बात है कि खाँ साहब मेरे साथ अंग्रेज़ी फ़िल्म 'ऐलसिड' देखने कनॉट प्लेस गए। उस फ़िल्म में उनकी बेटी की उम्र की एक लड़की थी। जब हम फ़िल्म देखने के पश्‍चात् वापिस घर लौटे तो शाम के वक्त खाँ साहब आराम फ़रमा रहे थे और उतने में फ़िल्म की बात चल निकली। खाँ साहब का चेहरा एकदम लाल सुर्ख़ हो गया और आँखें छलछला उठीं। वे बोले कि 'तुम्हें पता है, मेरी एक बेटी भी है–फ़हमिदा–वह तब ऐसी ही लगती थी।' मैंने तब खाँ साहब में पितृप्रेम की झलक देखी। जब फ़हमिदा बड़ी हुईं तो एक होमियोपैथ बनीं और आज भी वे बम्बई में ही चिकित्सा कर रही हैं।

खाँ साहब का दूसरा निकाह हुआ दिल्ली की मुन्नी बाई से, जो कि किराना घराने के उस्ताद अब्दुल वहीद खाँ की शिष्या थीं। बताया जाता है कि मुन्नी बेग़म ने इससे पहले दिल्ली घराने के उस्ताद रमज़ान खाँ से भी कुछ समय तक तालीम पाई।

मुन्नी बेग़म सांवले रंग की, भारी शरीर वाली और तीखे नैन नक्शों वाली छोटे क़द की महिला थीं। उनका स्वभाव बहुत अच्छा था। इनका असली नाम मनमोहिनी था तथा ये जगमगी देवी की पुत्री और गायिका भग्गो की बहन थीं तथा स्वयं भी बहुत अच्छा गाती थीं। वे एक गौरवपूर्ण महिला थीं।

मुन्नी बेग़म का एक बेटा हुआ, जिसका नाम था इकराम। इकराम का रुझान प्रारम्भ से ही संगीत की ओर न था। आगे चलकर उन्होंने मैकगिल यूनिवर्सिटी से कैमिकल इंजीनियरिंग की पढ़ाई की और तत्पश्चात् इंजीनियरिंग मैनेजर के पद पर केनेडा में कार्यरत हुए और वहीं बस गए। आज भी उनका निवास वहीं है। उन्हें अपने पिता से अतीव लगाव था। एक बार उन्होंने खाँ साहब को अपने यहाँ आमन्त्रित किया तो वे उनके पास सन् 1969 में गए भी थे।

मुन्नी बेग़म को खाँ साहब ख़लीफ़न कह कर पुकारा करते थे। मुन्नी बेग़म बहुत उदार थीं तथा सभी के लिए स्नेह रखती थीं। उन्हें हम प्यार से अम्मा कहते थे। मुन्नी बेग़म ने अमीर खाँ साहब के लिए त्याग, समर्पण एवं सेवाभाव से वह सब किया जो कि एक भारतीय नारी अपने पति के लिए करती है। वे उनकी सभी छोटी-बड़ी ज़रूरतों का ध्यान रखतीं व उन्हें पूर्ण करतीं। उन्होंने खाँ साहब के संघर्ष के वर्षों में दिल्ली स्थित निवास स्थल सदीक बिल्डिंग में एक अलग कमरा भी उन्हें रियाज़ करने के लिए दिया हुआ था। धनाढ्य मुन्नी बाई खाँ साहब को उनका पसंदीदा खाना देसी घी में स्वयं बनाकर खिलाया करती थीं। इस प्रकार वे खाँ साहब की देखभाल भलीभाँति किया करती थीं।

अम्मा, खाँ साहब के शिष्यों के प्रति भी वात्सल्यपूर्ण व्यवहार रखती थीं। जिन दिनों मैं खाँ साहब के पास पुरानी दिल्ली जाया करता था, वहीं उनके पास एक और लड़का रईस भी

गाना सीखने कलकत्ता से उनके साथ आया हुआ था। वह वित्तीय रूप से कमज़ोर था पर ख़ाँ साहब की सेवा में सदैव लगा रहता था। घर का सामान लाकर देना, ख़ाँ साहब की देखरेख करना, यहाँ तक कि जूते साफ़ कर पहनाना आदि अनेक कार्यों में प्रसन्नतापूर्वक संलग्न रहता। एक दिन मुन्नी बेग़म (जिन्हें मैं आदरपूर्वक माँ का दर्जा देता था और अम्मा ही पुकारता था) ने कहा–"ए रईस! इधर आ। (मेरी ओर इशारा कर उससे बोलीं) इसे देख। जब आता है तुम्हारे ख़ाँ साहब से कुछ सीख कर जाता है। हमेशा गाने की ही बात पूछता है। किसी दिन तानपूरा न भी उठाए तो बंदिशों के बोल ही पूछ लेता है, और एक तू है, कभी तो गाने की बात किया कर, या फिर अपने ख़ाँ साहब के पायजामे में अज़ारबंद ही डालता रहेगा। तुझे ये तो कुछ बोलेंगे नहीं, पर तू कुछ तो सीख ले। एक पेटी ख़रीद ले। अगर पैसे नहीं हैं तो मैं तुझे देती हूँ। टाल के पास ख़लीफ़ा के अखाड़े में ही एक कोने में बैठ कर गा लिया कर, नहीं तो ऐसे का ऐसा ही रह जाएगा सारी ज़िन्दगी।" अम्मा की यह बात मेरे दिल को छू गई कि वे हम सीखने वालों की कितनी हितैषी हैं जो चाहती हैं कि हम ख़ाँ साहब की सेवा तो करें ही परन्तु अपना कुछ समय अपने ज्ञानवर्धन में भी तो लगाएं जिसके कारण हम उस्ताद के पास आते हैं।

एक बार अम्मा दिल्ली में घर पर आराम फ़रमा रही थीं। वे गाना बहुत अच्छा जानती थीं परन्तु मंच पर नहीं गाती थीं। उस दिन उनके मन में गाने का विचार उठा और बोलीं–'बेटा, पेटी ले लो।' उसके बाद लेटे ही लेटे वे ऐसा गाईं कि उनके गले की सहूलियत और रवानगी देखकर मैं हतप्रभ रह गया। शुद्ध सारंग में एक बंदिश गाने के पश्चात् आलाप तान और फिर एक ठुमरी भी गाईं। उनका मेरे प्रति इतना अपनापन देख मैं अतिप्रसन्न हुआ और उनके दक्ष गायन से प्रभावित भी हो गया।

बम्बई के पैडर रोड पर 'वसंत बिल्डिंग' थी जिसमें ख़ाँ साहब मुन्नी बेग़म के साथ रहते थे। उसमें उनका पहली मंज़िल का फ्लैट था जिसकी नाम-पट्टी पर तीनों नाम लिखे थे–अमीर ख़ाँ, मुन्नी बेग़म तथा इकराम।

सन् 1965 की बात है–उस्ताद अमीर ख़ाँ साहब सम्मेलन के लिए दिल्ली आए हुए थे। उन दिनों वे अमरजीत के घर ठहरे हुए थे। तब कुछ ऐसा सुनने में आया कि ख़ाँ साहब तीसरा विवाह करने वाले हैं। शाम के समय मैं और भाई मुनीर ख़ाँ, उस्ताद के साथ कैलाश कॉलोनी की गलियों में टहल रहे थे। मुनीर ख़ाँ ने कहा–'ख़ाँ साहब! रेडियो में कुछ ऐसे चर्चे हो रहे हैं, जो आपकी शान के शायां नहीं हैं। ख़ाँ साहब ने कुछ नहीं कहा, बस केवल 'हूँ' आवाज़ की। अगले ही दिन अमरजीत के घर, हैदराबाद की रईसा बेग़म उनकी बीवी के रूप में उपस्थित हो गईं। उससे पिछले ही दिन वो ख़ाँ साहब की बलैयां ले रही थीं जबकि हम सबने उन्हें पहली बार देखा था। बाद में पता चला कि निकाह तो पहले ही से हो चुका था।

रईसा बेग़म गोरे रंग की ख़ूबसूरत और रोबदाब वाली महिला हैं जो कि आगरा निवासी ठुमरी गायिका मुश्तरी बेग़म की बेटी हैं। रईसा बेग़म के आने पर हमारी अम्मा मुन्नी बेग़म को बहुत धक्का लगा। यद्यपि हमारे उस्ताद अमीर ख़ाँ साहब चाहते थे कि दोनों महिलाएँ बहनों की तरह

रह लें परन्तु मुन्नी बेग़म को यह रास न आया। एक दिन बिन कुछ कहे वे घर छोड़ कर चली गईं। लोग कहते हैं कि उन्होंने प्रयागराज में जल समाधि ले ली। हम शिष्यों के मन में तो अम्मा का दर्जा मुन्नी बेग़म के लिए हमेशा रहा है और रहेगा। मैंने रईसा बेग़म को छोटी अम्मा के नाम से सम्बोधित करना प्रारम्भ कर दिया और उन्होंने भी हम शिष्यों पर मातृप्रेम बरसाना प्रारम्भ कर दिया।

समय आगे बढ़ा। सन् 1966 में 10 मार्च के दिन छोटी अम्मा अर्थात् रईसा बेग़म क़ा पुत्र हुआ जिसे प्यार से बबलू कहते थे। खाँ साहब की प्रसन्नता का ठिकाना न था। उन्होंने उसके जन्म की ख़ुशी में इन्दौर में संगीतज्ञों की महफ़िल रखी और बड़ी दावत दी। 1967 में बबलू का पहला जन्मदिन हमारे करोल बाग स्थित घर में धूमधाम से मनाया गया। उन दिनों महीने भर के लिए खाँ साहब करोल बाग में ही रुके हुए थे। खाँ साहब ने स्वयं ही पुरानी दिल्ली से खाना मंगवा लिया और इस बात पर ज़ोर दिया कि वे ही खाना मंगवाएंगे। उस दिन कई जाने पहचाने संगीतज्ञ और संगीत जगत से जुड़े अन्य भी कई लोग आए जिनमें श्रीमती नैना देवी तथा पं. उमा शंकर मिश्र भी थे। मेरे पास अमीर खाँ साहब के कई सारे 'फोटोज़' भी थे। बबलू ने उन पर नीले बॉलपैन से बहुत-सी रेखाएँ खींचीं। वे फोटो अब भी मेरे पास सुरक्षित हैं। जब बबलू स्कूल जाने की उम्र का हुआ तो उसका नाम स्कूल में 'हैदर अमीर' लिखवाया। खाँ साहब हैदर से बचपन में ही कहते थे कि अपने हस्ताक्षर में हैदर अमीर लिखा कर। हैदर उस समय केवल आठ ही वर्ष के थे जब उनके पिता चल बसे। इसी वजह से वे इस महान संगीतज्ञ पिता की छत्रछाया में पलने-बढ़ने और संगीत सीखने व अपनाने का सौभाग्य प्राप्त न कर पाए। बड़े होकर हैदर ने बी.कॉम. तक शिक्षा पाई। हैदर क्रिकेट भी खेलता और कई बार मंच पर नाटक इत्यादि में हिस्सा भी लेता था। बाद में चलकर उसने अपना पेशा अभिनय ही चुना। दूरदर्शन के प्रसिद्ध धारावाहिक 'टीपू सुल्तान' में हैदर अली की भूमिका बहुत कुशलतापूर्वक निभाई। अभिनय की दुनिया में हैदर का नाम बदलकर शाहबाज़ ख़ान रखा गया, जो कि न केवल धारावाहिकों अपितु फ़िल्म जगत में भी एक सुप्रसिद्ध नाम है। हैदर की गूंजभरी असरदार आवाज़–जो इन्होंने अपने पिता से विरासत में पाई–का उनके अभिनय में बहुत महत्त्वपूर्ण स्थान है क्योंकि किसी भी इन्सान के व्यक्तित्व में रंग-रूप डीलडौल के बाद दूसरा बड़ा स्थान उसकी आवाज़ का ही होता है।

यद्यपि अपने-अपने क्षेत्र में खाँ साहब के तीनों बच्चें अच्छा कार्य कर रहे हैं परन्तु संगीत जगत को उनसे अच्छा कलाकार होने की अपेक्षा तो रही ही और साथ ही थोड़ी यह निराशा भी कि खाँ साहब के वंश में किसी ने भी इतनी बड़ी विरासत को संभालकर आगे नहीं बढ़ाया। देखा जाए तो यह आवश्यक भी नहीं कि किसी मशहूर वैज्ञानिक उदाहरणार्थ आइंस्टाइन या न्यूटन का बेटा भी आइंस्टाइन या न्यूटन जैसा हो अथवा कबीर, प्रेमचंद, कालिदास या शाङ्गदेव के पिता भी उन्हीं के जैसे रहे हों।

उधर इंदौर में अमीर खाँ साहब ने जो मकान बनवाया था उसका नाम 'शाहमीर मंजिल' ही रखा, अपना नाम नहीं रखवाया जिससे कि वह मकान 'पैतृक-सम्पत्ति' के रूप में ही बना रहे।

खाँ साहब के छोटे भाई बशीर खाँ एक सारंगीवादक थे। वे कोई मशहूर कलाकार नहीं बन पाए। वे आकाशवाणी इंदौर में स्टॉफ आर्टिस्ट के रूप में कार्य करते रहे। बशीर खाँ, उनकी पत्नी मुनव्वर बी एवं उनके चारों बच्चों ने भी अमीर खाँ साहब को अपना बड़ा माना और अमीर खाँ साहब अपने कार्यक्रमों की व्यस्तता के बावजूद वहाँ अक्सर जाते ही रहते। खाँ साहब भले ही अपने लिए कुछ धन न जोड़ पाए तो भी उन सब के लिए कपड़े और अन्य उपहार इत्यादि ज़रूर लेकर जाते। अब तो बशीर खाँ साहब भी नहीं रहे, उनका परिवार अब भी वहीं बस रहा है।

अध्याय-8

व्यक्तित्व

जब भी किसी मनुष्य के व्यक्तित्व की बात की जाती है तो सर्वप्रथम उसके बाह्य रूप का ध्यान आता है तत्पश्चात् उसके बातचीत का तरीक़ा, उठना-बैठना और व्यवहार रूपी आंतरिक वृत्तों से क्रमश: होते हुए उसके स्वभाव रूपी केन्द्रबिन्दु तक पहुँच की जाती है, तभी हम उसके विषय में लगभग सम्पूर्णतया जान पाते हैं।

स्वनाम धन्य उस्ताद अमीर खाँ साहब अपनी गायन-कला के साथ-साथ शारीरिक एवं मानसिक व्यक्तित्व के भी धनी यानि 'अमीर' थे।

उनका नाम लेते ही छः फुट से भी लम्बा व गठा हुआ सुडौल शरीर ज़हन में आता है। उनका साफ़ रंग, विचार-मग्न गम्भीर चेहरा व चिन्तनशील माथा सहज ही सामने वाले व्यक्ति को प्रभावित करते थे। वे पहले तो बिना फ्रेम के (rimless) चश्मा पहनते थे जो कि उनके पहले एल.पी. रिकॉर्ड पर तथा इस पुस्तक में भी उनकी तस्वीर पर देखा जा सकता है परन्तु बाद के वर्षों में प्लास्टिक के फ्रेम वाला चश्मा ही लगाते। कार्यक्रम के समय अत्यधिक सर्दी के मौसम में वे सूफ़ियाना रंग की लम्बी अचकन, हल्की सर्दी में कभी जैकिट और पैंट शर्ट पहना करते। यदि उनसे किसी का पहला परिचय गायन कार्यक्रम में न हुआ होता तो वह उन्हें प्रोफ़ेसर या बैरिस्टर ही समझता। गर्मी के मौसम में सादा सिल्क का कुरता व पजामा पहनते। कहने का अभिप्राय यह है कि वे कभी भी भड़कीले चमकदार वस्त्र नहीं पहनते थे अपितु गौरव बढ़ाने वाला ओजस्वी पहनावा ही रखते। उन्हें दिखावा करना बिल्कुल नापसंद था। वे घर में तो आरामदेह कुरता व लुंगी अथवा कभी बनियान लुंगी पहनने में ही चैन महसूस करते।

उनके चेहरे पर बड़ी-बड़ी गहरी आँखें जो कि सदैव गहन सोच में निमग्न रहतीं तथा लम्बी नाक अतीव आकर्षक लगते।

उस्ताद अमीर खाँ का गायन तथा उनके भीतर का ज्ञान दोनों ही सर्वोच्च कोटि के थे, अतः उनके व्यक्तित्व में एक तेज था और कभी-कभी तो उनके माथे के बीचोंबीच एक उभार चमकता हुआ दिखाई देता था। एक योगी की योग साधना के फलस्वरूप ओजस्वी ललाट की भाँति उनका आज्ञा चक्र अतीव विशिष्ट प्रतीत होता जिससे श्रोताओं पर भी सात्विक प्रभाव पड़ता।

जपु जी साहब में गुरु नानक देव जी कहते हैं–

'नदरी करमि पवै नीसाणु।''

कृपा दृष्टि करने वाले परमेश्वर की अनुकम्पा से उन महान पुरुषों के मस्तक पर उत्तमता की आभा चमकने लगती है।

उनका व्यक्तित्व ऐसा चुम्बकीय था कि जो भी उनके सम्पर्क में आता, प्रभावित हुए बिना न रहता। उनमें एक ऐसा आकर्षण था कि प्रत्येक व्यक्ति का अंत:स्थल तक तरंगायित हो उठता। उनका आभामंडल ऐसा था कि जिससे वातावरण प्रकाशमय हो उठता तथा उनके सान्निध्य में एक अलौकिक आनंद व सुख चैन से निनादित संगीत का स्पन्दन महसूस होता था।

. उनके समक्ष बैठे व्यक्ति को ऐसा अनुभव होता था कि जैसे वह किसी महापुरुष के आश्रम में आ गया हो। धरती का बिछौना मृगछाल के सदृश प्रतीत होता और सम्पूर्ण वातावरण ही केवल स्वरमय ही नहीं बल्कि स्वयं साक्षात् संगीत हो जाता जिससे समय भी थम सा जाता।

गाते समय उस्ताद अमीर खाँ महात्मा बुद्ध की ही भाँति ज़मीन पर सुखासन मुद्रा में बिल्कुल सीधे बैठते और अपने दाएं हाथ की तर्जनी से कभी जाने अनजाने भूमि को स्पर्श किए रहते थे। संभवत: ऐसा करने के पीछे आशय था–धरती माँ से ऊर्जा प्राप्त करना। खाँ साहब के गायन का गाम्भीर्य, संवेदनशीलता, सौंधी सुगन्ध, उर्वरता व धीरज इसी धरा के ही गुण हैं और इस शरीर की निर्मिती और अंततोगत्वा विलयन भी तो मिट्टी ही में है।

उनका मन विशेषतया गायन के समय एक योगी की भाँति ही होता था–जिस प्रकार एक योगी का मन वायु रहित स्थान की लौ के समान स्थिर होता है–ठीक उसी प्रकार। श्रीमद्भगवद्गीता के अनुसार–

यथा दीपो निवातस्थो नेङ्गते सोपमा स्मृता
योगिनो यतचित्तस्य युञ्जतो योगमात्मन:।

अध्याय 6 श्लोक 19

संसार दो प्रकार का है–एक तो ईश्वर निर्मित और दूसरा जीव निर्मित। सभी जीव अपने मन में एक संसार रचित किए रहते हैं। **खाँ साहब सदैव अपने स्वनिर्मित सांगीतिक संसार में मग्न रहते।**

श्रोताओं की प्रतिक्रियाओं से विशेष प्रभावित नहीं

संगीत का प्रस्तुतिकरण एवं उसका अनुभव एक जीवंत प्रक्रिया है। महफ़िल में बैठे श्रोतागण भिन्न-भिन्न सांगीतिक समझ रखते हुए संगीतज्ञ का गायन सुनते समय अलग-अलग पक्षों पर दाद देकर एक दूसरे के आनन्द की अनुभूति में वृद्धि करते हैं। इस प्रकार श्रोताओं की भी सामूहिक प्रशंसा युक्त भावनाओं की तरंगें सूक्ष्म रूप से प्रेरित कर कलाकार की प्रस्तुति में नवीन आयामों को जोड़ती है। इस प्रतिक्रिया के फलस्वरूप कलाकार अपनी सम्पूर्ण क्षमता का प्रयोग कर पाने को उत्साहित होता है एवं अपने साथ-साथ श्रोताओं को भी अपनी प्रतिभा द्वारा साधना के उस शिखर तक पहुँचाने में समर्थ होता है जिससे कि इस सांगीतिक सहयात्रा के द्वारा उस परम-आनन्द

की अनुभूति होती है।

किसी भी साधारण गायक के लिए वाहवाही की इच्छा का परिशमन कर पाना एक अतीव दुष्कर कार्य है। उस्ताद अमीर खाँ ऐसे कलाकार थे कि वे आँख उठाकर भी नहीं देखते थे कि किसी रसिक की कैसी प्रतिक्रिया है। वे तो इससे अप्रभावित रहकर केवल अन्तर्दृष्टि रखते हुए अपने अन्दर के संगीत सागर में गोते लगा रहे होते थे।

'जो अन्तर को देखता है, बाह्य को नहीं, वही सच्चा कलाकार है।'

–महात्मा गांधी (हिन्दी नवजीवन 2.11.1924)

खाँ साहब कई बार आँखें खोलते भी थे–कभी वे लय बढ़ाने के लिए तबलावादक को देख इशारा करते और कभी श्रोताओं की ओर भी नज़र ले जाते थे परन्तु उनका ध्यान अपने ही अंदर संगीत सागर में पूर्णतया डूबा रहता था। बाह्य दृष्टि होते हुए भी वे सम्भवतः कुछ देखते न थे। हमारी इन्द्रियाँ भले ही बाहर की ओर खुली हों परन्तु यदि उनसे भी सूक्ष्म मन उनके साथ नहीं हो, तो वे अपना कार्य नहीं कर पातीं। किसी भी आवाज़ को सुनने या दृश्य को देखने के समय मन का वहाँ होना अत्यावश्यक है। हमारा मन जहाँ होता है, हम सूक्ष्म रूप से वहीं उपस्थित होते हैं भले ही उस समय हमारा (इन्द्रियों सहित) भौतिक शरीर वहाँ हो या न हो। यही प्रक्रिया योगी लोगों द्वारा ईश्वर से तारतम्य स्थापित करने में होती है। ठीक इसी प्रकार खाँ साहब आँखों के खुलने पर भी अपने अन्दर के 'सुर-तत्त्व' या यूँ कहें कि ईश्वरत्व की खोज में तल्लीन रहते थे। उनकी दृष्टि बाहर होती, तो भी वृत्ति भीतर ही रहती। किसी भी ध्यानमग्न योगी की भाँति आँखें कुछ खुली होने के बावजूद उनका ध्यान अपने अन्दर ही केन्द्रित रहता। उन्हें अपने सच्चे स्वरों का आनंद अनुभूत होता, न कि श्रोताओं द्वारा बोले गए 'वाह-वाह' के शब्दों या फिर तालियों की गड़गड़ाहट का। तभी तो सच्चे मोतियों की भाँति सच्चे स्वर पिरोकर वे रागमूर्ति को अप्रतिम सौंदर्यमयी बना देते।

खाँ साहब का उद्देश्य केवल दिखावटीपन से दाद इकट्ठा करना या सांगीतिक विलक्षणता से चकाचौंध कर देना कदापि नहीं था। स्वर की गहराई, सच्चाई और भावयुक्त पवित्रमन से अभिव्यक्ति के द्वारा मन को आनंदित कर देने से श्रोताओं द्वारा दाद स्वयं ही निकलती है जिससे कलाकार का अपना आनंद भी उत्तरोत्तर वृद्धिगत होता है। यदि सोचा जाए तो आनन्द लेने की प्रक्रिया में कलाकार के द्वारा जब भी एक अतीव विलक्षण स्वर सन्निवेश का उद्भव होता है, तो वह स्वयं को भी दाद देता ही है। नपे तुले गायन की बजाय एक प्रकार से जोखिम लेते हुए कुछ नया ही गा जाना एक सन्तुष्टि व सुख का आभास देता है जो कि हमारे भारतीय संगीत कीं विशेषता है।

प्रशंसा और निन्दा से उदासीन

उस्ताद अमीर खाँ अतीव प्रबुद्ध एवं जागरूक कलाकार थे। उन्हें अपने आप पर शत-प्रतिशत विश्वास था और वे स्वयं को ही अपना सबसे बड़ा आलोचक भी समझते थे।

अमीर खाँ साहब ने कार्यक्रम के बाद कभी इस बात की कोई विशेष परवाह नहीं की

कि श्रोतागण अथवा प्रेस (प्रकाशन माध्यम) उनके विषय में क्या कहते हैं। वे कभी भी किसी समाचार पत्र-पत्रिका में अपने कार्यक्रम के बारे में की गई तारीफ़ को सम्भाल कर नहीं रखते थे। उन्हें कभी ऐसी आवश्यकता ही महसूस नहीं हुई। इसका अर्थ यह नहीं कि वे अपने विषय में कोई टिप्पणी सुनते ही न थे। मैं स्वयं उन्हें कई बार पढ़कर सुनाता भी था परन्तु वे उसे उतना ही महत्त्व देते थे जितना कि आवश्यक हो। यदि कोई विशेष मर्म की बात पता लगे तो सुन कर 'हुं-हुं' करते हुए उसे तौलते और उस पर विचार करते।

उनकी निष्ठा तो अपने संगीत के प्रति ही थी कि किस प्रकार अपने संगीत को ऊँचे से ऊँचा ले जाया जाय। यदि बहुत अधिक तारीफ़ लिखी होती तो कहते–'अरे, रख दे! रख दे! यह बहुत ज़्यादा ही कह रहा है।' इस प्रकार वे न तो प्रशंसा से अधिक प्रफुल्लित होते और न ही निन्दा से हताश। उन्होंने अपने मन को इतना नियंत्रित किया हुआ था, इसीलिए उनके गायन में भी कठिन से कठिन इरादा इस प्रकार कहते कि जैसे वह अतीव सरल व सहज हो, अत: कहा जा सकता है कि वे संगीत के क्षेत्र में साहसी एवं आत्मविश्वासी थे।

उस्ताद अमीर ख़ाँ स्वभाव से ही शांत थे। ऐसा नहीं कि उन्होंने अभ्यास या सचेष्ट प्रयास के द्वारा स्वयं पर शांति आरोपित की हो। वे तो आंतरिक रूप से शांत प्रकृति के थे।

विक्षिप्तता और गायन

अमीर ख़ाँ साहब का पारिवारिक जीवन स्थिर और शांतिमय नहीं था। एक बार तो कार्यक्रम से बस कुछ ही देर पहले वे घर से बहुत विक्षिप्त चित्त से आए। कलहपूर्ण वातावरण में से उद्विग्न मनस् आते ही मंच पर कलाप्रदर्शन के लिए ज्यों ही बैठे, त्यों ही स्वयं विचारों को संयत कर ऐसा उच्चकोटि का गायन किया कि सब वाह-वाह कर उठे। एक साधारण मनुष्य की तो बोलने में ही आवाज़ थर्रा जाती है किन्तु वे तो असाधारण व्यक्ति थे कि गायन भी कम्पन रहित सधी आवाज़ से कर गए। **स्वामी चिन्मयानन्द** जी ने कहा है–

The real men of achievement are people who have the heroism to fuel more and more enthusiasm in their work—when they face more difficulties.

संगीत के स्वरों को ध्यानपूर्वक गाने के लिए आसपास की अन्य आवाज़ों से ध्यान हटा और अपने मन की चंचलता को नियंत्रित कर एक स्थिर आवाज़ से गाना ठीक इसी प्रकार है जैसा कि दुनियाँ के अन्य विकर्षण (distractions) होने के बावजूद भी उन पर ध्यान न देते हुए, अपने परम् लक्ष्य–उस परमात्मा पर ध्यान केन्द्रित करते हुए केवल मात्र उसी की ओर अग्रसर होने के लिए ही अपनी समग्र कार्य शक्ति का उपयोग करना।

आनंद के समय प्रसन्नता हुई भी तो भीतर समाई रही, भावुक होते समय आँसू आया भी तो भीतर ही रह गया, आँख से बाहर नहीं टपका। इस प्रकार भाव अनियंत्रित नहीं हुए अपितु आत्मनियंत्रित भावों के स्वामी होते हुए सभी भावों की अनुशासित परिणति हुई उस्ताद अमीर ख़ाँ के गायन में। इस गायन में चित्त, मन और स्वर सभी अपने स्थान से न डिगे। इनके स्थैर्य का नाम था–उस्ताद अमीर ख़ाँ। संगीत भी एक प्रकार से विपश्यना

की भांति है। मन के विकार–मुख्यतया काम-क्रोध जिस प्रकार श्वास को प्रभावित करते हैं उसी प्रकार कलाओं–विशेषतया कंठ संगीत–को भी नकारात्मक मनोवृत्तियाँ प्रभावित करती हैं। अच्छे गायन के लिए वाक्तन्तुओं और श्वास-प्रश्वास को इसी प्रकार नियंत्रित करना पड़ता है, तभी प्रस्फुटित होती है आत्मसंशोधी अंतर्मुखी नियंत्रित गायकी।

खान-पान

अनेक वर्षों के सामीप्य के परिणामस्वरूप मैं उस्ताद के रहन-सहन एवं खान-पान के विषय में भी बहुत कुछ जानने लगा था। उनकी ज़रूरतें बहुत सीमित थीं।

खाँ साहब का आहार बहुत अधिक नहीं था। उनके कद-बुत के हिसाब से कम ही खाना खाते। वे तवे की अच्छी पकी दो या ढाई चपाती लेते। नानबाई से जो ख़मीर उठे हुए नान मिलते हैं वह अव्वल तो एक ही खाते, नहीं तो एक छोटा सा टुकड़ा और। यदि लाल रोटी खाते तो आधी। उन्हें कोरमा बहुत पसन्द था। वे फूलगोभी नहीं खाते थे। उनका विचार था कि हरी सब्ज़ियाँ खाने से गला अच्छा हो जाता है। उन्हें मेथी बहुत पसंद थी। कद्दू, लौकी वगैरह ख़ुद बाज़ार से लाते और बनाते भी।

एक बार जामा मस्जिद के पास सीख कबाब देखकर मैंने पूछा कि 'खाँ साहब! सीख कबाब लेंगे? बहुत बड़े-बड़े हैं।' उन्होंने गहरी आवाज़ में धीरे से कहा–'अरे भई–ये तो बड़ा गोश्त है, इसे नहीं खाना।' उन्होंने सूअर और गाय का माँस कभी भी नहीं खाया चूँकि वे किसी की भी भावना को ठेस नहीं पहुँचाना चाहते थे तथा इन सब बातों से ऊपर थे। एक बार कनॉट प्लेस के एक रेस्तरां में मैं उनके साथ गया। मैंने उनसे पूछा कि क्या वे 'हैम सैंडविच' लेंगे या 'चिकन सैंडविच'? ऐसा सुन कर उन्होंने गुस्सा भी नहीं किया, मन को नियंत्रण में रखते हुए तथा चेहरे पर बिना किसी विशेष भाव को दिखाते हुए अपने ही अन्दाज़ में बोले–'न तो मैं हैम खाता हूँ और न ही बीफ़।' मुझे बहुत लज्जा आई कि मैंने ऐसी गुस्ताख़ी और ग़लती आख़िर क्यों की?

उस्ताद अमीर खाँ एक शालीन व्यक्ति थे। गाना गाने से पहले वे कभी शराब छूते तक न थे। एक बार उनका गला ख़राब था तो श्री हिलाल अहमद ने, जो कि वहाँ से निकल रहे थे सलाह देते हुए कहा कि एक पैग ले लीजिए। खाँ साहब बोले 'गाने से पहले तो मुझे यह ज़हन में भी नहीं आता।' वे गाने को पूजा की तरह ही समझते थे। यदि वे गाने के बाद कभी लेते भी तो क़ायदे से सीमा के भीतर और वह भी कुछ आराम हासिल करने के लिए। श्री अमीन हनफ़ी जो कि दिल्ली और इन्दौर आकाशवाणी के केन्द्र निदेशक रहे और खाँ साहब के क़रीबी दोस्त थे, लिखते हैं "जिसने उन्हें शीशे और पैमाने का शौक़ फ़रमाते हुए देखा है, वह उनके सलीक़े और तहज़ीब का क़ायल हुए बग़ैर नहीं रह सकता।" इस प्रकार खाँ साहब एक बासलीक़ा इन्सान थे।

तबीयत ढीली होने पर इलाज के तौर पर वे अपने खान-पान में ही थोड़ा फेरबदल कर देते थे। इसी प्रकार किसी खाद्य अथवा पेय पदार्थ का शारीरिक स्वास्थ्य के लिए अच्छा होना पता लगने पर वैसा ही लेने की कोशिश करते। इस विषय में प्रो. बी.आर. देवधर लिखते हैं कि

''सन् 1955 की बात है, गरमी का मौसम था। एक दिन खाँ साहब ने मुझसे कहा, 'देवधर जी, मेरे हक़ीम ने बताया था कि तनदुरुस्ती के लिए मट्ठा पीना बहुत मुफ़ीद है इसीलिए उनके कहने के मुताबिक मैं इधर एक हफ्ते से रोज़ मट्ठे का इस्तेमाल कर रहा हूँ और मैं देखता हूँ कि उसका बहुत अच्छा असर पड़ रहा है।' थोड़े दिनों के बाद, खाँ साहब के घर के एक आदमी ने मुझे ख़बर दी कि अमीर खाँ तो आजकल मट्ठे के पीछे दीवाने हो रहे हैं। सवेरे से लेकर रात को सोने तक न जाने कितनी बार यह मट्ठा पीते रहते हैं। नौबत यहाँ तक पहुँची है कि आजकल उन्हें हर वक़्त जुकाम हुआ करता है, आप ही उन्हें अब समझाइए। यह सुनने के बाद मैंने खाँ साहब से मुलाकात की और उन्हें समझाया कि मट्ठा तन्दुरुस्ती के लिए फ़ायदेमन्द ज़रूर है, लेकिन अगर इसे ख़ास समय और विशेष मिकदार में न लिया गया तो फ़ायदे के बदले नुकसान पहुँचा सकता है।'' खाँ साहब का ऐसा बाल-सुलभ मन था।

सन् 1964 में एक बार जब शंकर लाल फ़ैस्टीवल में गायन प्रस्तुत करने वाले थे तो उनकी तबीयत कुछ अन्दरुनी तौर पर नासाज़ लग रही थी अत: कार्यक्रम पर जाने से पहले दूध में हल्दी डाल कर पी गए।

उपर्युक्त सभी बातों से पता चलता है कि खाँ साहब का खान-पान इत्यादि सीमाओं के भीतर ही रहता। उन्होंने कभी किसी चीज़ (विशेषतया राजसिक आहार) की अति नहीं की। इसी कारणवश 'जैसा अन्न वैसा मन' कहावत के अनुसार ही उनका सोच-विचार तथा आचार व्यवहार भी मर्यादित रहता। इसी संयम की ही झलक उनके गायन में भी नज़र आती थी।

स्वभाव

उस्ताद अमीर खाँ का संगीत एवं उनका व्यक्तित्व एक दूसरे के पर्याय थे। मृदुभाषी होने के साथ-साथ वे मितभाषी भी थे। जिस प्रकार खाँ साहब का राग खुलने में बहुत समय लगता था उसी प्रकार उनकी बातों को भी खुलने में समय लगता। वे आवश्यकतानुसार ही बोलते थे। उनका प्रत्येक वाक्य अनुभव से भरा था। एक बार जब उमा वासुदेव शाम के समय उनका इन्टरव्यू ले रही थीं तब एक तो आदतन ही और दूसरे शायद अलसाने की हालत के कारण बहुत धीमे-धीमे बोल रहे थे। कुमारी उमा को एक ही प्रश्न तीन-तीन बार उनसे पूछना पड़ा।

खाँ साहब सद्व्यवहारी थे एवं सुसंस्कृत व्यक्तित्व के मालिक थे–ऐसा उन सभी लोगों का मत है जो उनके संपर्क में आए।

उन्हें अदब-ओ-आदाब इतने आते थे कि वे जिस प्रकार की संगति में जाते, वैसा ही व्यवहार करते। जैसा कि अमीर ख़ुसरो के विषय में प्रचलित है कि 'राजाओं में गए तो उनकी तहज़ीब से वाकिफ़ और साधारण जनता में गए तो उनके जैसे हो जाते', उस्ताद अमीर खाँ भी जब करोड़पतियों के यहाँ जाते तो उनके जैसा ही आचार-व्यवहार करते और यदि फ़कीरों में जाते तो बिल्कुल साधारण और मिटे हुए से चूंकि मिज़ाज से तो वे सादी प्रकृति के ही थे। वे विश्वविख्यात गायक होते हुए भी सर्वथा निरभिमानी थे। चाहे कोई बड़ा अधिकारी उनके समक्ष हो या फिर कोई साधारण व्यक्ति, वे सभी के लिए समान आदर, समान भाव व समान स्नेह रखते। सारे भेद उस महान

रसधारा से मिलकर समाप्त हो जाते।

खाँ साहब बाहरी तड़क-भड़क व आडम्बर से दूर रहते। उनके स्वभाव की भाँति उनका रहन सहन भी सादगी से भरा था। उस्ताद अमीर खाँ को बड़ा बंगला या कार इत्यादि की कोई इच्छा नहीं थी, न ही उन्हें इससे कोई अन्तर पड़ता कि वे रेल के कौन से क्लास में सफ़र कर रहे हैं। वे इन बातों से ऊपर थे। वे कहते थे कि हमें मन का फ़क़ीर होना चाहिए।

वे मितव्ययी थे। अधिकतर वे बम्बई में ग्वालियर-टैंक से ख़रीदारी करते और कहा करते कि पैडर रोड तो बहुत महंगा है, सभी चीज़ें लगभग डेढ़-दो गुना दाम में मिलती हैं। भई जिसके पास Black money हो तो वहाँ से ख़रीदे, मैं तो बस ग्वालियर टैंक से ही सौदा लूंगा।

इसी प्रकार रेलगाड़ी से सफ़र करते वक़्त वे ऐसा कदापि नहीं सोचते कि वे हिन्दुस्तान के ख़्याति प्राप्त गायक कलाकार हैं अत: उन्हें केवल उच्चश्रेणी में ही सफ़र करना चाहिए।

खाँ साहब जब भी दिल्ली आते या फिर दिल्ली से वापिस जाते और मुझे यह पता चलता कि वे आ रहे हैं तो मैं अवश्य उन्हें लेने और विदा करने रेलवे स्टेशन पर जाता। खाँ साहब के लिए महेन्द्र शर्मा, जो कि मेरा घनिष्ठ मित्र था, अक्सर टिकट बुक करवाने जाया करता था। वैसे तो वह अमरनाथ जी का शिष्य था परन्तु उसने खाँ साहब की सेवा बहुत की क्योंकि वह उनका भक्त था। जब वह खाँ साहब से गंडा बंधवाने का आग्रह करता तो खाँ साहब कहते कि 'छोड़ो! तुम अमरनाथ के शागिर्द तो हो ही और मुझसे भी उसी नाते पूछते ही रहते हो। गंडा क्या बांधना? तुम्हारा तो वैसे ही हक़ है मुझ पे, और भी जो कुछ पूछना हो, पूछ लिया करो।' ख़ैर! महेन्द्र शर्मा और मैं अक्सर उन्हें लेने पहुँचे होते। एक बार खाँ साहब ट्रेन में एक आम आदमी की तरह सेकन्ड क्लॉस में बैठे हुए थे। लकड़ी के फट्टे वाली सीट पर लुंगी और बनियान डाल कर बैठे-बैठे हाथ से पंखा कर रहे थे। उनके पास पानी की एक बोतल पड़ी थी जो वे हमेशा सफ़र में साथ रखा करते। उतने में एक प्रसिद्ध युवा कलाकार वहाँ से गुज़रे और उन्होंने एक क्षण के लिए खाँ साहब को देखा और फिर आदरपूर्वक सलाम किया। उस युवक के चेहरे पर कुछ हैरानी भी थी परन्तु खाँ साहब को कुछ फ़र्क ही नहीं पड़ा।

यह सादगी उनके जीवन का अंग थी। महात्मा गांधी भी कहते थे–''हमें अपने हृदयों को एक दार्शनिक के इस सिद्धांत 'सादा जीवन उच्च विचार' से ओतप्रोत कर लेना चाहिए। जो कुछ गिनती के लोग समृद्ध भौतिक जीवन जीने का प्रदर्शन करते हैं, उनके जीवन से महान मूल्य और विचार लुप्त होने लगते हैं।''

आवश्यकताओं पर गांधी जी अपने विचार इस प्रकार प्रकट करते हैं–''सभ्यता का वास्तविक अर्थ अपनी इच्छाओं और आवश्यकताओं में निरन्तर वृद्धि नहीं वरन् स्वेच्छा से उन्हें सीमित करना है। अपनी आवश्यकताओं में कमी ही वास्तविक सुख और संतुष्टि का स्रोत है तथा इससे सेवाभावना में भी वृद्धि होती है। निरन्तर प्रयास से अपनी आवश्यकताओं को सीमित किया जा सकता है तथा एक स्वस्थ शरीर और शांत मस्तिष्क का स्वामी बना जा सकता है।''

उस्ताद अमीर खाँ साहब में यह गुण बहुलता में विद्यमान था। वे भी सभी महान व्यक्तियों की भाँति उपरोक्त 'सादा जीवन उच्च विचार' शैली के अनुसार ही अपना जीवन

यापन करते।

वे शंकर लाल फ़ैस्टीवल में कई वर्षों तक एक ही फ़ीस में गाते रहे। जब कुछ वर्षों पश्चात् सुरिन्दर सिंह ने उनका ध्यान इस ओर दिलवाया कि अन्य सभी कलाकारों की फ़ीस बढ़ा दी गई थी तो खाँ साहब ने आयोजक से साधारण तौर पर बात करते हुए इस ओर इशारा किया। उन्हें उत्तर मिला–'खाँ साहब! आपने कभी कहा ही नहीं,' हालांकि खाँ साहब के तो सम्बन्ध व्यक्तिगत रूप से भी उस आयोजक से बहुत अच्छे थे। वे घर आकर बोले कि यह किसी व्यापार की दुकान तो नहीं कि आज फ़लाँ चीज़ की क़ीमत इतनी हो गई है। आयोजकों को स्वयं ही यह ध्यान रखना चाहिए।

खाँ साहब के स्वभाव के विषय में श्री बी.आर. देवधर का भी यही कहना था कि वे अपने आपको हर जगह आगे बढ़ाने में बहुत संकोच करते थे।

खाँ साहब की सरलता का अन्दाज़ा निम्न बातों से भी लगता है–मितभाषी होते हुए भी वे अपने मित्रों से तो खुल कर ही बात करते थे। इंदौर निवास के दौरान खाँ साहब बिना तकल्लुफ़ के कभी-कभी तो घंटों तक आसन जमाए बैठे रहते। लोग बाग हैरान भी होते पर वे तो अपनी मधुर मुस्कान बिखेरते हुए बतियाते ही रहते। हाँ, छिछली बातें उन्हें बिल्कुल नापसन्द थीं। वे कभी हल्की बातें नहीं करते थे और न सुनते ही थे। ऐसे समय में वे बहुत बार कहते-'छोड़ो! दफ़े करो' या कभी कहते–'अरे हटाओ इसे'।

इंदौर की धरती, गलियाँ और सड़कें तो उनकी अपनी ही थीं परन्तु इसके अलावा भी, वे जहाँ भी जाते अतीव सहजतापूर्वक ही रहते।

एक बार फ़राशख़ाने में ख़लीफ़ा चंदू के घर जब मैं खाँ साहब से मिलने गया तो वे घर से बाहर सड़क पर ही चारपाई पर बैठे कोई पत्रिका पढ़ रहे थे। बाद में पता चला कि घर में सफ़ाई हो रही थी। वे इतने सरल स्वभाव व स्वकेन्द्रित थे कि आसपास के वातावरण और लोगों से अप्रभावित थे। यह बात देख मैं बहुत प्रभावित हुआ। मैं भी चारपाई के दावन की ओर बैठ गया और बातचीत शुरू कर दी।

वे यदि किसी शिष्य के घर ठहरते, तो भी बहुत सहज तरीक़े से ही रहते। उनका जीवन सदा सादा ही रहा।

सन् 1964 में जब दिल्ली के आज़ाद भवन में ईस्ट वैस्ट कॉन्फ्रेन्स का आयोजन हुआ तो वहाँ विदेशों से आए संगीतज्ञ एवं भारत का प्रतिनिधित्व करने वाले उस्ताद अमीर खाँ साहब आदि सबके ठहरने का इंतज़ाम अशोका होटल में किया गया था। पाँच दिन के इस कार्यक्रम में कई गोष्ठियाँ औरं सभाएँ आयोजित की गईं। दूसरे ही दिन खाँ साहब करोल बाग स्थित हमारे घर पर पधारे और कहने लगे–"यार! निकाल लुंगी। वहाँ तो मैं तकल्लुफ़ (formality) में ही मरा जा रहा था।" इस प्रकार वे तीन दिन तक प्रत्येक शाम को अपने सरल स्वभाव से ही मुझ पर अपना अधिकार मानते हुए मेरे घर को पवित्र करते। मैं सोचता था कि सरकारी अतिथि के रूप में पाँच सितारा होटल में रहना इन्हें नहीं भाता, ऐसी मन:स्थिति तो किसी भौतिकतावादी साधारण व्यक्ति की नहीं हो सकती।

उस्ताद नियमित रूप से कसरत किया करते थे और कहते थे कि शारीरिक व्यायाम करना बहुत आवश्यक है। बचपन से ही खेल-कूद और व्यायाम में रुचि होने के कारण उनका शरीर गठीला बन पाया था।

छोटी दूरियां तो वे पैदल ही चलकर तय करना पसंद करते थे। मैं कई बार बम्बई में उनके साथ बीच-बीच की गलियों से होते हुए पैडर रोड से ग्वालियर टैंक तक पैदल गया हूँ। खाँ साहब मेरे कन्धे पर हाथ रखकर चल पड़ते थे। कहते थे–'बरख़ुरदार! ऐसे शरीर भी ठीक रहता है।' यदि गन्तव्य स्थान अधिक दूर हो तो बस के द्वारा यात्रा करने में भी उन्हें आपत्ति नहीं होती थी।

खाँ साहब सैर करने ज़रूर जाते थे। वहाँ पर भी मन में तो संगीत ही चल रहा होता था। मन ही में सुर के वज़न को ढूंढते और यह तलाश जारी रखते हुए जब वापिस लौटते तो तानपूरा लेकर बैठ जाते और उसे खोज निकालते। प्रत्येक स्वर को जानने के लिए आख़िर अन्दर का गुरु (अपनी तालीम, समझ और रियाज़) ही राह दिखाता है। वही तो सही ग़लत की परख कराता है। विभिन्न भावों की अभिव्यक्ति के लिए भिन्न-भिन्न वज़न के स्वरों का प्रयोग अभीष्ट है। कलाकार को अपने अनुभव एवं प्रयोगात्मक क्षमता के द्वारा इसे समझना होता है।

सदैव सांगीतिक विचारों में ही निमग्न रहने के परिणामस्वरूप उनका स्वर एवं ताल–दोनों पर पूर्ण अधिकार था। जैसा कि प्रत्येक संगीत प्रेमी का अनुभव होता है कि भले ही वह राह में चल रहा हो, वाहन में बैठा हो अथवा कुछ लोगों के बीच बातचीत कर रहा हो परन्तु उसके अन्तर्मन में लयात्मक स्वर लहरी प्रवाहमान रहती है, और फिर खाँ साहब तो स्वर व लय के पुजारी थे। कुछ लोगों और कई जावरा निवासियों का भी यह दावा–कि वे खाँ साहब के साथ उठे बैठे व रहे भी हैं तथा यह जानते हैं कि खाँ साहब ताल का अभ्यास बाएं पैर के अंगूठे से करते थे और उस्ताद के सो जाने पर भी वह अंगूठा लय में चलता रहता था–अतिशयोक्ति ही प्रतीत होती है। खाँ साहब मेरे घर पर भी कई दिन रहे हैं और मुझे भी सौभाग्यवश उनका सान्निध्य काफ़ी समय तक प्राप्त रहा है। हाँ, यह बात तो है कि खाँ साहब कहते कि इसी अंगूठे रूपी कछुए की बदौलत लय के विशाल समुद्र में ऊपर तैरता रहता हूँ और कभी डूबने की नौबत नहीं आती। जब व्यक्ति चारपाई पर आराम फ़रमा रहा हो और भीतर लय चल रही हो तब तक अंगूठा चलाना उसके लिए स्वाभाविक है, परन्तु केवल तभी तक, जब तक गहरी नींद न आ जाए। मैंने उन्हें कभी भी गूढ़निद्रा में पैर का अंगूठा चलाते नहीं देखा। हाँ, जाग्रतावस्था में कई बार अंगुलियों के पोरों पर कुछ गिनते अवश्य देखा है। सम्भवतया वे मुखड़े की अलग-अलग जगह से आमद का हिसाब अथवा विविध लयों के प्रारूप का अन्दाज़ा लगाते हों।

सैर के द्वारा शारीरिक व्यायाम और रियाज़ के द्वारा गले का व्यायाम करने के साथ-साथ खाँ साहब दिमाग़ी कसरत भी अच्छी कर लेते थे। एक बार जब वे हमारे घर आए तो मेरे जीजा जी शतरंज खेल रहे थे। खाँ साहब से उन्होंने पूछा कि एक-एक बाज़ी हो जाए? वे बोले कि 'हाँ, चलो देखते हैं।' खाँ साहब ने 4-5 चालें ही चली होंगी कि उन्होंने जीजा जी को मात दे दी। शतरंज जैसे दिमाग़ी खेल में भी वे रुचि तो रखते ही थे पर साथ ही साथ उस खेल

में पारंगत भी थे।

खाँ साहब अपने मित्रों का चयन भी इस प्रकार करते कि वे नफ़ीस, सुशिक्षित, गुणी एवं सद्व्यवहारी हों। जावरा के नवाब भी उनके निकटतम मित्रों में से एक थे। खाँ साहब अक्सर उनके यहाँ जाया करते। नवाब उनसे इतना प्रेम रखते कि खाँ साहब को अपने साथ शिकार पर भी ले जाते।

संवेदनशीलता

सुर सिंगार संसद बम्बई की ओर से हरिदास संगीत सम्मेलन का आयोजन किया गया था। अप्रैल 23, सन् 1968 के दिन अमीर खाँ साहब का कार्यक्रम था। उस दिन खाँ साहब उदास थे। उन्होंने मंच पर आकर कहा—'मेरे एक गहरे मित्र—संगीत जगत के बड़े गुलाम अली खाँ साहब नहीं रहे। क्या करें! आज गाने का मन तो नहीं है पर आयोजकों की मजबूरी भी है क्योंकि कार्यक्रम का यह gap भरना मुश्किल हो जाएगा, इसलिए मुझे गाना पड़ेगा। अगर मेरे गाने में कोई ग़लती हो जाए तो माफ़ कीजिएगा।' कार्यक्रम के बाद में कुछ लोग जब तारीफ़ करने लगे तो वे बोले—'आज गाने के बारे में बात मत करें।'

विनोदी स्वभाव

उस्ताद अमीर खाँ साहब को जो व्यक्ति केवल धीर गम्भीर प्रकृति का ही मानते हैं, वे यह नहीं जानते कि उनकी sense of humour बहुत अच्छी थी। ऐसा नहीं कि वे हमेशा ही संजीदा रहते हों, कभी-कभी कहीं कोई चुटकी ले लिया करते थे परन्तु ऐसा मज़ाक वे केवल अपने निकटतम मित्रों से ही करते, हर किसी से नहीं।

एक बार पुरानी दिल्ली में गवैयों के घर एक शादी के मौक़े पर संगीत की महफ़िल हुई जहाँ श्री वाहिद खाँ, श्री नसीर अहमद खाँ और श्री हिलाल अहमद खाँ का गायन हुआ। वाहिद खाँ ने राग तोड़ी में 'अब मोरी नैया पार करो रे' बंदिश गाई। वहाँ पर एक सज्जन दुन्नी खाँ भी मौजूद थे जो कि गवैयों की सौबत में रहना अपना फ़ख़्र (गर्व) समझते थे। उस्ताद अमीर खाँ के साथ उनके आत्मीय सम्बन्ध थे। सफ़ेद मूछों वाले, लम्बे व सुडौल-शरीर वाले, अचकन डाल कर हाथ में छड़ी घुमाते यूँ चला करते कि जैसे बड़े नवाब आ रहे हों। वे रेडियो में भी गाते थे। तो उस दिन दुन्नी खाँ ने अपने हाथ पर पाँच रुपए रखकर वाहिद खाँ की नज़र कर दिए। अगले दिन अमीर खाँ साहब ने कहा कि 'भाई! कल तुमने उन्हें पाँच रुपए कैसे दिए? अरे तुम तो ग़ुलाम अली साहब के साथ भी रहे, पर क्या कभी तुमने दो रुपए भी उनकी नज़र किए?' तो वे बोले कि खाँ साहब मैंने तो बंदिश के ऊपर नज़र कर दिए क्योंकि मुझे बंदिश बड़ी अच्छी लगी। अमीर खाँ साहब मज़ाक में बोले कि "ठीक है, मैं तुम्हें अब बंदिशें सुनाता जाता हूँ और तुम यदि अठन्नी-अठन्नी भी एक बंदिश की दोगे तो तुम्हारी जेबें खाली हो जाएंगी और अचकन उतर जाएगी।" इस घटना से उनके विनोदी स्वभाव की झलक तो मिलती ही है साथ ही यह भी पता चलता है कि उनके पास बहुत अधिक बंदिशों का ख़ज़ाना था।

भले ही खाँ साहब बचपन में ही अपनी माँ के स्वर्गवासी होने पर उनके मातृत्व प्रेम से वंचित रह गए या फिर अपने पहले ही कार्यक्रम में बड़े-बड़े कलाकारों के सामने 'हूटिंग' किए गए, भले ही उनका वैवाहिक जीवन कभी भी शांतिमय एवं स्थायी नहीं रहा या फिर उन्हें सारा जीवन उच्चकोटि के संगीत के लिए संघर्ष करना पड़ा, भले ही वे स्थाई रूप से एक ही स्थान पर टिक कर भी न रह पाए अथवा जनता में सुकून भरी अतिविलम्बित की ख़्याल गायकी के प्रति रुचि जगाने में उन्हें बहुत परिश्रम करना पड़ा और भले ही उनके बच्चों में से किसी ने भी उनके संगीत की विरासत को नहीं सम्भाला, फिर भी खाँ साहब तहे दिल से यह फ़रमाते थे कि **'दुनिया में, मैं तो बहुत सुखी हूँ।'** यह बात उन्होंने फ़िल्म्म डिवीज़न के वृत्तचित्र में भी कही है। ऐसा तो कई बार बहुत धनाढ्य और भौतिक पदार्थों से सम्पन्न आराम की जिन्दगी बिताने वाला व्यक्ति भी नहीं कहता। ऐसी थी खाँ साहब की आत्मसंतुष्टि एवं ईश्वर के प्रति धन्यवादी होने की प्रवृत्ति।

विभिन्न विषयों के प्रति खाँ साहब का दृष्टिकोण

आध्यात्मिक दृष्टिकोण :

गायन–अल्लाह की इबादत

उस्ताद अमीर खाँ के मन में संगीत का ही 'अजपाजाप' चलता रहता था। यही उनकी इबादत थी। वे नमाज़ी नहीं थे। मैंने उन्हें पाँच वक्त नमाज़ पढ़ते हुए कभी नहीं देखा। मुझे लगता था कि उनका मन तो हमेशा ही नमाज़ में रहता था। अक्सर वे कहीं खोए-खोए से लगते। कहने का अर्थ यह है कि वे एक सच्चे मुतलाशी (जो हमेशा तलाश में रहे) थे। उन्हें तड़प थी तो अपने इष्ट की–जिसकी अभिव्यक्ति वे स्वरों के द्वारा करते और कहते कि ज़रूरी तो नहीं कि निर्दिष्ट समय पर ही ज़ोर-ज़ोर से अल्लाह का नाम बोला जाय। उनका हृदय तार चौबीसों घंटे अल्लाह ही के साथ जुड़ा रहता, इसी कारण उनका संगीत इस स्तर का था। इस सम्बन्ध की अभिव्यक्ति उनके प्रस्तुतिकरण में स्पष्ट ज़ाहिर होती थी।

मोहर्रम के दिनों में वे कार्यक्रम नहीं देते थे। उन दिनों मैं उनके घर गया तो वे चारपाई पर बैठे-बैठे बिना तानपूरे के राग 'पूरिया' में कुछ गा रहे थे। उन्होंने मुझे देखकर आँखों से बैठने को इशारा किया। जब गाने के बीच थोड़ा सा रुके तो मैंने हैरानी से पूछा, 'खाँ साहब, क्या इन दिनों गाते हैं? उन्होंने कहा–'मैं तो सोज़ गा रहा था।' मैंने संशय प्रकट करते हुए कहा कि मैं तो इसीलिए इन दिनों आपसे गाने की बात भी नहीं करता। उन्होंने मुझसे कहा कि ''गाने की मनाही है न? तो फिर क्या हुआ, तू कुछ सीख तो सकता है न? मैं तानपूरे के साथ नहीं गाता पर तुम्हें बता तो सकता हूँ! अरे, एक छोटी सी कॉपी जेब में रख। कुछ लिख लिया कर।'' मैंने फिर ढाई आने की एक हरी डायरी खरीदी और खाँ साहब ने मेरे पूछने पर बहुत से पलटे एवं एक बंदिश भी उन्हीं दिनों लिखवा दीं। वह मेरे लिए अमूल्य निधि है।

अमीर खाँ साहब कभी कभार **हज़रत निज़ामुद्दीन औलिया की दरगाह** पर जाते थे क्योंकि

वे उनके मुरीद थे। वे सूफ़ी मत को मानते थे। दो बार तो मुझे भी उनके साथ दरगाह पर जाने का अवसर प्राप्त हुआ, जब वे ख़िराजे अक़ीदत पेश करने के लिए गए और बहुत देर तक वहाँ बैठे विचाराधीन रहे।

ईद-उल-ज़ुहा के संदर्भ में उनके बचपन के साथी इंदौर के श्री रामनाथ शैल कहते हैं कि वे बकर-ईद पर बकरे की कुर्बानी देने के बजाए जितना भी बकरे का पैसा होता था वो बच्चों को 'ईदी' दिया करते थे। वे अपने कुरते की जेब में सिक्के भर लेते और ग़रीब बच्चों में बांटते और कई ग़रीबों को वहीं बैठा कर खिला पिला देते थे। रामनाथ जी ने एक साक्षात्कार में बताया–''वो कहते थे कि मैं तो गाने बजाने वाला, अल्लाह का नाम लेने वाला हूँ तो इसीलिए मैं कुरबानी को पसन्द नहीं करता हूँ, ये कुरबानी मुझसे होती नहीं।''

संगीत विषयक विचार

हमारे संगीत के विषय में विचार व्यक्त करते हुए खाँ साहब ने फ़रमाया–''**हमारा संगीत सूरदास और खुसरो की परम्परा का संगीत है, इसमें किसी प्रकार की उच्छृंखलता के लिए कोई स्थान नहीं है। ख़्याल गायकी में भक्तिभाव ही सबसे ज़रूरी है।**''

खाँ साहब का यह दृढ़ विश्वास था कि संगीत का लक्ष्य मात्र रंजकता प्रदान करना नहीं अपितु इससे कहीं-ज़्यादा अर्थात् मन को शांति प्रदान करना तथा आत्मा का उत्थान है।

खाँ साहब गाते-गाते एक मिसरा बोलते थे कि 'जिगर' ने कहा है–

'नग़मा वही नग़मा है जिसे रूह सुने और रूह सुनाए'

अर्थात् नग़मा सुनाने वाले के लिए 'तन्मयता' का होना अत्यावश्यक है। साथ ही साथ श्रोता की भी उपस्थिति केवल शारीरिक ही नहीं अपितु भावनात्मक भी होनी चाहिए। उसे भी बिल्कुल लीन होकर गायन का आनंद उठाने की पूरी इच्छा होनी चाहिए। यहाँ नग़मा का अर्थ पूरे संगीत से है। अत: संगीत वही कहा जा सकता है जिसे एक आत्मा अपनी अन्तर्तम् गहराइयों से नि:सृत कर प्रस्तुत कर रही है और दूसरी उसे तन्मयतापूर्वक सुन आत्मसात् कर रही है। वास्तव में एक आत्मा अथवा रूह दूसरी से अभिन्न ही है परन्तु शरीर की उपाधि के कारण उसकी प्रतीति ही दो में हो रही है। यह तो हुआ कलाकार और श्रोता का सम्बन्ध, गुरु और शिष्य के बीच भी ऐसा ही सम्बन्ध है–

It is consciousness talking and consciousness listening.

हमारे विचार में यह बात न केवल संगीत अपितु किसी भी कला और विषय के लिए सत्य है। जब एक गुरु अपने शिष्य को ज्ञान प्रदान करता है तो दोनों के हृदय एक विचार और एक स्वर में झंकृत होते हैं, यही समस्वरता है–संगीत है।

खाँ साहब कहते थे कि कलाकार का कार्य तो सिद्ध पुरुषों से भी अधिक कठिन है, उन्हें तो हिमालय के एकांत में ध्यान लगाना होता है पर **कलाकार को तो दर्शकों और उनकी बेचैनी के बीच मैदान में ध्यान लगाना पड़ता है।**

एक साक्षात्कार में खाँ साहब ने कहा है–''**संगीत का रास्ता हिन्दू, मुस्लिम, ईसाई, बौद्ध–हर**

मज़हब के लिए एक ही है।''

संगीत एक ऐसा माध्यम है जो कि धर्मों से ऊपर उठकर मानव को जोड़ने में सहायक होता है। मंच का कलाकार किस धर्म एवं जाति का है इससे संगीत के रसास्वादन में कोई अन्तर नहीं पड़ता। संगति देने वाले कलाकार और श्रोता भी विभिन्न धर्मों एवं जातियों के अनुयायी होते हुए भी एक चित्त-एक मन होकर समान भावों का अनुभव करते हुए आनन्द के सागर में गोते लगाते हैं। संत और सूफ़ी की भाँति सच्चे कलाकार मानवता को जोड़ते हैं। अमीर खाँ साहब भी एक ऐसे सच्चे कलाकार थे।

उनके उज्ज्वल विचार न केवल राष्ट्रीय एकता अपितु मानव एकता को समर्पित भाव भी इसमें संगीत की विशिष्ट भूमिका का अनुमोदन करते रहे। खाँ साहब के विचार आज भी सबको प्रभावित करते हैं। जब हिन्दुस्तान का एक हिस्सा अलग हुआ तो कुछ ऐसा सुनने में आया कि वहाँ पाकिस्तानी संगीत की एक भिन्न रूपरेखा निर्धारित करने का प्रयास किया जा रहा है तो उस्ताद अमीर खाँ ने मुस्कुराते हुए बहुत समझदारी की बात की। वे बोले–''भाई ऐसा तो नहीं हुआ कि चार स्वर भारत में रह गए हों और तीन पाकिस्तान चले गए हों। कला का बंटवारा ज़मीन-जायदाद की तरह नहीं किया जा सकता।''

एक अन्य साक्षात्कार में उन्होंने फ़रमाया, ''यहाँ हर चीज़ हुई, हिन्दुस्तान पाकिस्तान का बँटवारा हुआ, मज़हबी झगड़े भी हुए, भाषा के ऊपर भी बहुत सी बातें हुईं लेकिन संगीत की दुनियां में कोई झगड़ा अभी तक न पाक में है, न ईरान में है, न हिन्दुस्तान में है। हम उसी तरह उसी मोहब्बत से चल रहे हैं जैसे कि पहले चले आए और ये चीज़ ऐसी है कि संगीत में Language तो बदलती है, बाकी स्वर तो Universal हैं सब। हमारे लिए तो सुरों का मजमुआं यहाँ भी उतना है, उनके लिए भी उतना है। हमारे जितने ख़्याल हैं ब्रजभाषा में बने हुए हैं। Classical Music के जितने ध्रुपद, ख़्याल, ठुमरियाँ, दादरे हैं, सब हिन्दी Language में बने हैं और हम सब मुसलमान लोग भी, आज भी, बड़े शौक़ से गाते हैं और हिन्दू गायक ग़ज़लें बड़ी अच्छी तरह से, बड़े शौक़ से गाते हैं। हमारे लिए तो कोई फ़र्क़ पड़ा नहीं। कुछ लोगों में मतभेद आ गया है बाक़ी। मेरे ख़्याल से तो यह चला जाना चाहिए और इन्शा अल्लाह चला जाएगा।''

खाँ साहब ने एक बार करोल बाग में हमारे घर पर मुझे और सुरिन्दर सिंह से कहा, **''जब मैं रियाज़ पर बैठता हूँ तो इतना शोर होता है।''** हमारे मन में आया कि जहाँ वे रियाज़ करते होंगे, शायद वहाँ बहुत शोर रहता होगा। हतप्रभ हो हम खाँ साहब को देख रहे थे कि उन्होंने बात को जारी रखते हुए कहा **''तुम इतने हैरान हो रहे हो, यहाँ, अन्दर चित्त में कितने प्रकार का.शोर है।''** खाँ साहब का तात्पर्य मन में उठने वाली उथल पुथल से था। **''इसी से बचकर ही हमें अपनी आवाज़ लगानी होती है।''** यह सुनकर मुझे लगा कि ऐसा तो कोई कभी सोचता ही नहीं किन्तु है यह कितना सच। मन और विचार सर्प की चाल की भाँति इधर उधर चलायमान रहते हैं। इन पर नियंत्रण करने से चित्त में एकाग्रता आती है। यह एक प्रकार से 'ध्यान लगाना' ही तो है।

खाँ साहब जब गाते थे तो उनके हृदय का तारतम्य बाहरी एवं आंतरिक सभी प्रकार के

उद्वेगों एवं क्षुब्धताओं को चीरता हुआ उस स्वरमय व्योम के साथ जा स्थापित होता था जो स्वयं विराजित एवं प्रकाशित है और आनंददायी है।

अमीर खाँ साहब के अनुसार कलाकार के लिए एक अच्छा इंसान बनना सबसे महत्त्वपूर्ण है। अच्छे इंसान के अन्दर की रूह एक शीशे की तरह होती है जोकि वापिस वही परावर्तित करती है जो कि वह ग्रहण करती है। यदि शीशा साफ़ न हो तो यह परावर्तित प्रतिबिम्ब धुंधला और हल्का प्रतीत होता है और इसी कारणवश उस कलाकार की सृजनात्मकता को प्रभावित करता है जो कि मनुष्य के हृदयस्थ भीतरी महीन कोनों से उत्पन्न होती है। उनका यह भी मानना था कि एक कलाकार के लिए अच्छा इंसान बनने की सम्भावना बहुत अधिक होती है क्योंकि वह एक संवेदनशील मनुष्य होता है जो कि अपनी कला द्वारा नए रास्ते खोजता है।

उस्ताद अमीर खाँ ने ख़्याल गायन को पहाड़ चढ़ने के सदृश कहा। उनके अनुसार, **''पहाड़ चढ़ने की तरह गाने के लिए भी धैर्य, हिम्मत और लगातार चढ़ते रहना आवश्यक है** क्योंकि रुकने पर यह कार्य और कठिन लगेगा, पीछे या नीचे देखने पर पाँव फिसल सकता है और अधिक तीव्रगति से भागने पर लुढ़क सकते हैं। जो तुम्हें चढ़ता देख कर आनंद लेते हैं, वे ही तुम्हें असहाय गिरता देखकर उपहास करेंगे और कहेंगे कि देखा! यह तो अपनी ज़्यादा ही करामात दिखाने चला था। अत: इन सबकी अपेक्षा धीरतापूर्वक, पाँव जमाते हुए, बिना पीछे देखे, लगातार चढ़ते चले जाने से पहाड़ चढ़ा जाएगा। इसमें मेहनत तो लगेगी, कठिन भी प्रतीत होगा किन्तु इससे आनन्द भी बहुत मिलेगा। उस आनन्द को बटोरने फिर सभी लोग आएंगे। तुम्हारी आँखों में उपलब्धि की चमक देखकर वे भी भागीदार बनना चाहेंगे।''

जैसा कि ओशो का भी विचार है कि **'राह को ही मंजिल मान लेना चाहिए।'** ऐसा करने से उस राह पर उठने वाला हर क़दम दक्ष होगा। मन की वृत्ति तो ऐसी है कि वह राह और मंज़िल में अन्तर, प्रयास और लक्ष्य में भेद बताता है। वास्तव में तो **प्रत्येक क़दम अपने आप में मंज़िल है।**

अपने शिष्यों से खाँ साहब कहते कि ''मैं तो तुम्हें रास्ता ही दिखा सकता हूँ, चलना तो तुम्हें स्वयं ही पड़ेगा।''

एक दिन हमारे घर हमारे गुरु भाई मुनीर खाँ (सारंगीवादक) ने कहा, ''हज़ूर! आप हमें ऐसी नायाब तरक़ीब बताइए, जिससे सब मुश्किलात हल हो जाएं'' उस्ताद बोले, ''अरे भाई, **यह कोई तिल ओट पहाड़** (अर्थात् ज़रा सी आड़ के पीछे होने वाली कोई बहुत बड़ी बात या काम) **थोड़ा ही है, कि तिल हटाया और पहाड़ ग़ायब।** अगर गाना बजाना है ही, तो याद रखो कि **पहाड़ ही उलटना पड़ेगा** (पार करना पड़ेगा) और कोई तरक़ीब काम नहीं आएगी। संगीत में कोई Shortcut नहीं है।''

खाँ साहब ने प्रगति का पथ पग-पग कर तय किया था। एक कलाकार के द्वारा कितना कठिन परिश्रम किया जाता है, वह उन्होंने स्वयं कर रखा था अत: वे किसी भी स्तर के कलाकार के प्रति आदरभाव ही रखते। उन्हें यह कदापि मंजूर नहीं था कि कोई व्यक्ति अकारण किसी कलाकार की बुराई करे। एक बार रेडियो पर गायन का कार्यक्रम प्रसारित हो रहा था और एक

व्यक्ति ने कलाकार का ज़रा सा सुर हल्का पड़ने पर उसे बेसुरा कहकर बंद कर दिया। खाँ साहब यह देखकर क्रोधित हो गए। बोले–'यह क्या? अच्छा हो या बुरा, आख़िर तक सुनो। तुम ऐसे अधीर क्यों हों? यह सुनो कि उसने कहाँ-कहाँ पर भूल की, उनका विश्लेषण करो और उनसे बचो। ऐसा तो नहीं कि उसमें केवल बुराई ही हो। कुछ तो गुण भी होगा ही। भले ही वह कितनी भी मात्रा में हो, उसे ले लो। जो रोज़ाना अपनी कमज़ोरियाँ निकाल कर अच्छाई न भरे तो अच्छा कलाकार नहीं बन सकता।'

एक बार मैंने उत्सुकतावश खाँ साहब से यह प्रश्न कर दिया कि क्या गाने में इतना असर है कि तानसेन के गाने से दीपक जल गए? उन्होंने कहा कि 'यह तो मैं नहीं कह सकता कि तब क्या हुआ होगा। पर हाँ! गाने का असर तो बहुत गहरा होता है।' जब मैंने उनका व्यक्तिगत अनुभव पूछा तो उन्होंने कहा कि **''गाते समय मेरा मन किसी और संसार में ही होता है। कभी-कभी तो गाने के वक़्त वास्तव में मेरे रौंगटे भी खड़े हो जाते हैं।''**

रेडियो-ऑडीशन के विषय में विचार

जब हमारा देश स्वतंत्र हुआ तो कुछ वर्षों तक आकाशवाणी उन्हीं नीतियों एवं मापदण्डों के अनुसार कार्य करती रही जो कि अंग्रेज़ लोग निर्धारित कर गए थे। जब सन् 1952 में डॉ. बी.बी. केसकर ने 'सूचना एवं प्रसारण विभाग' संभाला तो उन्होंने नए सिरे से नीति-निर्धारण का कार्य करना प्रारम्भ किया। अन्य कई नीतियों के अलावा उनके द्वारा एक 'ऑडिशन-बोर्ड' गठित किया गया। इसका कार्य अयोग्य कलाकारों की छटाई तथा सुयोग्य कलाकारों का चयन कर उनके गायन स्तर का निर्धारण करना तथा स्तर के अनुसार उन्हें रेडियो पर कलाप्रदर्शन करने पर यथोचित पारिश्रमिक दिया जाना था। इसके तहत कई बुजुर्ग एवं पहले से ही प्रतिष्ठित कलाकार जो कि उच्चकोटि का कलाप्रदर्शन करते चले आ रहे थे, उन्हें भी 'ऑडीशन बोर्ड' के समक्ष अपनी 'स्वर-परीक्षा' देना अनिवार्य था। यह सब स्थापित कलाकारों को अपमानजनक महसूस हुआ। कई दिग्गज कलाकारों ने इसका विरोध किया। एक बार खाँ साहब बम्बई के क्रॉस मैदान में दस हज़ार लोगों के समक्ष अपना गायन कार्यक्रम प्रस्तुत कर रहे थे। गाते-गाते बीच में वे बोल पड़े कि ''ये लोग हमारा ऑडिशन करना चाहते हैं। अरे भई हमारा तो रोज़ ऑडिशन हो रहा है।''

श्री मती केसरबाई केरकर, पं. ओंकार नाथ ठाकुर, उस्ताद अमीर खाँ, श्रीमती हीरा बाई बड़ोदेकर, श्रीमती मोगूबाई कुर्डीकर तथा श्री गजानन राव जोशी आदि सबने मिलकर बम्बई में एक 'भारतीय संगीत कलाकार मंडल' बनाया और जनसाधारण तक अपने मत का प्रचार किया। इन सब कलाकारों ने आकाशवाणी का पूर्ण बहिष्कार कर दिया। इस वजह से सरकार को 'मण्डल' के साथ समझौता कर एक मध्यमार्ग अपनाना पड़ा जिससे कि इन कलाकारों के आत्मसम्मान को ठेस न पहुँचे। इस 'बोर्ड' का भी पुनर्गठन किया गया। इसके बाद कुछ सुप्रसिद्ध कलाकारों को ऑडीशन से एक्ज़ैम्प्ट कर दिया गया। उस्ताद अमीर खाँ को भी एक्ज़ैम्प्ट (मुक्त) कर उच्चतम श्रेणी में रखा गया।

प्रतिष्ठित कलाकार का दायित्व

हिन्दुस्तान के एक अंतर्राष्ट्रीय ख्याति प्राप्त संगीतज्ञ से उस्ताद अमीर खाँ बोले कि ''भैया! अब ताली कब तक पिटवाते रहोगे? तुम्हारे पीछे तो नई पीढ़ी आ रही है। कुछ दिल की बात सुनाओ'', अर्थात् **संगीत के आदर्श मूल्यों को क़ायम रखने का कर्त्तव्य निभाओ। इसे केवल जन मन रंजन का साधन मात्र बनाकर अपने लिए प्रशंसा एकत्रित करना अच्छा नहीं।** नाम तो कमा ही लिया अब जनसाधारण में अच्छे संगीत के संस्कार जागृत करने का स्वार्थरहित एवं पवित्र कार्य करो।

वे हिन्दुस्तान से बाहर के मुल्कों में हिन्दुस्तानी संगीत को प्रचारित करने के कारण पं. रवि शंकर एवं उस्ताद अली अकबर की भूरि-भूरि प्रशंसा करते।

वे उभरते कलाकारों के उज्ज्वल भविष्य की भी कामना करते तथा उनसे यह आशा भी रखते कि आने वाले समय में वे बहुत प्रगति करेंगे। वे उस समय पं. जसराज, श्री नसीर अहमद खाँ, श्री अमरनाथ, श्री ग़ुलाम मुस्तफ़ा और बेग़म परवीन सुल्ताना की तारीफ़ करते थे।

एक बार उस्ताद अमीर खाँ को गुलबर्गा एवं पास के स्थानों में एक साथ chain में तीन कार्यक्रम नौ सो रुपए प्रति प्रोग्राम की फ़ीस में गाने का निमन्त्रण दिया गया। अमीर खाँ साहब की फ़ीस उन दिनों बहुत अधिक थी। उन्होंने कहा कि किसी और कलाकार को भी गाने का मौक़ा दो। हर जगह मैं ही गाता रहा तो उन्हें आगे आने का कब मौक़ा मिलेगा? जब उन्होंने ज़ोर डाला तो आयोजकों ने वैसा ही किया।

गवैयों वाली भैरवी

खाँ साहब संगीत की उपशास्त्रीय विधा का प्रस्तुतिकरण नहीं करते थे यद्यपि वे उन्हें अतीव दक्षतापूर्वक गा सकते थे। उनके अनुसार वे केवल श्रोताओं को प्रसन्न करने के लिए ही शुद्ध शास्त्रीयता के साथ कभी समझौता नहीं करना चाहते थे। अनेक अवसरों पर कार्यक्रम प्रस्तुत करते समय श्रोताओं के निरन्तर आग्रह करने के बावजूद वे केवल ख़्याल ही गाते। एक बार इसी तरह जब श्रोतागण हठ कर उन्हें भैरवी गाने का आग्रह कर रहे थे तो खाँ साहब ने कहा कि मैं ठुमरी अंदाज़ की भैरवी नहीं सुनाऊँगा, पर हाँ, गवैयों वाली भैरवी सुना सकता हूँ। इसके पश्चात् उन्होंने भैरवी गाई।

एक बार खाँ साहब जब कुछ मित्रों के साथ 'मूड' में बैठे थे तो वे उस अनौपचारिक वातावरण में कई ठुमरियाँ एक के बाद एक सुनाते चले गए। उन्हें लगभग प्रत्येक बोल पर बहुत दाद भी मिल रही थी।

हम Range नहीं, गायकी सुनने आए हैं

एक बार दक्षिण भारत में वे गा रहे थे। उन्होंने श्रोताओं से कहा कि मैं क्या सुनाऊँ? मेरी तो आवाज़ केवल प ध तक ही जा रही है पर उन्होंने आग्रह किया कि खाँ साहब हम आपके गायन की range देखने को नहीं बैठे, हमने तो आपके गायन का आनंद लेना है, भले ही वह

केवल मंद्र सप्तक और मध्य सप्तक तक ही हो। आप गाइए। आपके गायन की विधि ही बुद्धि को इतनी चकित करने वाली है और मन को छू लेने वाली है कि हम तो वह सुनने को लालायित हैं कि सुरों को आप कितने अनोखे प्रकार से प्रयोग में ला रहे हैं। इस प्रकार खाँ साहब के भावुक गायन से श्रोताओं के जड़ हुए हृदय भी द्रवित हो जाते तथा कभी-कभी तो ये भाव श्रोताओं की आँखों से अश्रु बन कर उमड़ पड़ते।

बाला सरस्वती अमीर खाँ साहब को शीर्षस्थ कलाकार मानती थीं। खाँ साहब ने स्वयं यह बताया कि एक बार मैं दक्षिण भारत गया हुआ था और रियाज़ कर रहा था–कोमल रिषभ आसावरी राग। बाला सरस्वती अपनी माँ के साथ आकर बैठ गईं और मेरा गायन सुनने लगीं। खाँ साहब तो अपने लिए गा रहे थे पर वे दोनों विरह अथवा वैराग्य के भाव में इतनी विह्वल हुईं कि उनके आँसू छलछला कर बह निकले।

अरुज के बाद ज़वाल लाज़मी है

उस्ताद अमीर खाँ साहब के ही समय के एक शीर्षस्थ एवं सुविख्यात कलाकार लकवाग्रस्त होने के कारण उच्चतम श्रेणी का गायन न कर पाते तो कुछ लोगों ने आकर अमीर खाँ साहब से कहा कि खाँ साहब–'हमें तो उनका गाना सुन कर बहुत दुख हुआ।' यह सुन उस्ताद अमीर खाँ गहरी सोच में डूब गए। वे इतने भावुक व्यक्ति थे कि उनके माथे पर कुछ शिकन सी आ गई और कुछ क्षण मौन रहने के बाद वह रुँधी आवाज़ में बोले कि "ये तो अल्लाह की रज़ा है, अरुज के बाद ज़वाल का भी सामना करना पड़ता है और फिर स्वास्थ्य पर किसका बस है," इसके बाद वे चुप हो गए। उन्होंने बड़े ज्ञान की बात कही।

ब्रह्म पुराण में भी तो यही लिखा है कि "जो जन्म ले चुका है, उसकी मृत्यु निश्चित है। जो ऊँचा चढ़ चुका है, उसका नीचे गिरना भी अवश्यम्भावी है। संयोग का अवसान वियोग में ही होता है और संग्रह हो जाने के बाद उसका क्षय होना भी निश्चित है। यही समझ कर विद्वान पुरुष हर्ष और शोक के वशीभूत नहीं होते।" देखा जाए तो सृष्टि की उत्पत्ति और प्रलय भी तो महासंगीत का होना एवं समाप्त होने के जैसा ही है।

काव्य व साहित्य में रुचि

जैसा कि अब हम जान ही चुके हैं कि खाँ साहब को बचपन ही से साहित्य एवं काव्य में रुचि थी तथा उनके मित्रगण भी अतीव बुद्धिमान एवं अन्वेषी प्रकृति के ही थे। खाँ साहब फ़ारसी के शेर व रुबाइयों का प्रयोग तो अपने तराना गायन में करते ही थे परन्तु कई बार बातचीत के दौरान उर्दू के शेर भी कहा करते।

किसी भी कार्य को आजीवन अनवरत रूप से करते रहने के लिए निरन्तर प्रेरणा का होना अत्यावश्यक है। जब भीतर का गुरु जागृत हो जाए तब शायद किसी और बाहरी गुरु की आवश्यकता भी नहीं रहती। देखा जाय तो स्वयं को संगीत की कठिन राह पर लगातार चलाते रहने के लिए भी अमीर खाँ साहब निम्नलिखित शेर कहा करते–

बुलबुलें ख़ुद चमन में आईं, हुआ जो गुल में जमाल पैदा
कमी नहीं क़द्रदाँ की अक्बर, करे जो कोई कमाल पैदा।

वे यह भी बहुत बोलते थे—

मिटा दे अपनी हस्ती को, अगर कुछ मर्तबा चाहिए
कि दाना ख़ाक में मिलकर, गुलो गुलज़ार होता है।

कभी-कभी वे कहते—

जब सोना आग में जलता है
तो कुन्दन होकर चलता है

शुरू में वे शायर शेख़ सादी, हाफ़िज़ तथा हज़रत अमीर ख़ुसरो की शायरी भी बहुत पसंद करते थे। मौलाना अल्ताफ़ हुसैन 'हाली' का शेर भी उनके मन को छूता था—

है जुस्तजू कि ख़ूब से है ख़ूबतर कहाँ
अब जा के देखिए कि है रुकती नज़र कहाँ।

उनका सर्वाधिक पसंदीदा शेर था—

हज़ारों साल नरगिस अपनी बेनूरी पर रोती है
बड़ी मुश्किल से होता है चमन में दीदावर पैदा।

शायर जोश का एक शेर जो खाँ साहब कहा करते थे इस प्रकार है—

'ग़ुंचे, तेरी ज़िंदगी पे दिल हिलता है
सिर्फ़ एक तबस्सुम के लिए खिलता है'
ग़ुंचे ने कहा—इस दुनियां में बाबा!
ये तबस्सुम भी किसे मिलता है?

इस शेर के साथ-साथ Films Division के वृत्तचित्र में उन्होंने एक और शेर भी फ़रमाया—

रंज से ख़ूगर हुआ इंसाँ तो, मिट जाता है रंज
मुश्किलें मुझ पर पड़ीं इतनी के आसां हो गईं।

इस प्रकार खाँ साहब को ऐसी ही चीज़ें पसन्द आती थीं जिनमें कोई 'दर्शन' हो और 'सबक़' भी हो।

खाँ साहब का ऐसा महान एवं बहुमुखी व्यक्तित्व था।

संगीत-ध्यान में निमग्न - उस्ताद अमीर खाँ
(सौजन्य - कु. अमरजीत)

उ.अमीर ख़ाँ अपनी पत्नी श्रीमती मुन्नी बेग़म के साथ

हमारी अम्मा - मुन्नी बेग़म

कैनेडा में (दाएँ से बाएँ) ख़ाँ साहब के बड़े पुत्र इकराम, ख़ाँ साहब और प्रसिद्ध सितार वादक पं. उमा शंकर मिश्र। (सौजन्य-श्री मदन शंकर मिश्र)

उस्ताद अमीर ख़ाँ अपनी पत्नी श्रीमती रईसा बेग़म (छोटी अम्मा) और अपने छोटे पुत्र हैदर के साथ

उ.अमीर खाँ के छोटे भाई - उ.बशीर खाँ, सारंगी वादक

बम्बई के निवास स्थान-पैडर रोड, वसंत बिल्डिंग में संगीतज्ञ अतिथियों के साथ। (दाएँ से बाएँ)
उ.लताफ़त हुसैन खाँ (आगरा घराना), उ.मुश्ताक़ अली खाँ (सेनिया घराना - सितार),
श्री नवल मेहता, सादे पहनावे में उस्ताद अमीर खाँ
(सौजन्य - पं. देवव्रत चौधरी)

सन् १९४८ में आकाशवाणी दिल्ली में एक कार्यक्रम प्रस्तुत करते हुए-उ.अमीर खाँ - (बाएँ से दाएँ)
श्री साबरी खाँ (सारंगी), श्री जमालुद्दीन भारतीय (तानपूरा), उ.अमीर खाँ,
श्री अमरनाथ (तानपूरा), तबले पर श्री गुलाम अहमद।
(सौजन्य - उ.साबरी खाँ)

जनवरी १९६४ में जालंधर में गायन प्रस्तुत करते हुए, हारमोनियम पर
शंकर लाल मिश्र तथा तानपूरे पर तेजपाल सिंह
(सौजन्य - पं शंकर लाल मिश्र)

सन् १९६३ - हरिवल्लभ संगीत सम्मेलन - जालंधर । खाँ साहब के साथ तबले पर संगत कर रहे हैं सुप्रसिद्ध तबला-वादक पं. शामता प्रसाद, तानपूरे पर हैं-तेजपाल सिंह और महेन्द्र शर्मा।

एक संगीत सम्मेलन में गायन प्रस्तुत करने के पश्चात् उ.अमीर खाँ श्रोताओं के मध्य। (सौजन्य-मनीष त्रिखा)

बाएँ से दाएँ :-उ.अमीर ख़ाँ, उ.अल्लाह रखा (प्रसिद्ध तबला वादक), विश्वविख्यात सितार वादक पं. रविशंकर और ख़ाँ साहब की शिष्या गायिका कंकना बैनर्जी
(सौजन्य - कंकना बैनर्जी)

उ.अमीर ख़ाँ-विश्व विख्यात सितार वादक उ.विलायत ख़ाँ के साथ

'झनक-झनक पायल बाजे' फ़िल्म की रिकॉर्डिंग के अवसर पर-(बाएँ से दाएँ) सुप्रसिद्ध पार्श्व गायिका लता मंगेशकर, उ.अमीर ख़ाँ एवं संगीत निदेशक श्री वसंत देसाई।
(सौजन्य-श्री वी. के. रांगड़ा)

कैनेडा में - (दाएँ से बाएँ) उ.अमीर खाँ, श्रीमती रोज़ैट (संयोजिका),
पं. उमा शंकर मिश्र एवं श्री इस्माइल दद्द् (तबला-वादक)
(सौजन्य - सितार-वादक मदन शंकर मिश्र)

कलकत्ता के एक संगीत सम्मेलन में गायन प्रस्तुत करते हुए उ.अमीर खाँ साहब
(सौजन्य - अनिता वैसले)

दिल्ली के एक संगीत सम्मेलन में गायन प्रस्तुत करते हुए उ.अमीर खाँ।
तानपूरे पर खाँ साहब के शिष्य सारंगी-वादक मुनीर खाँ।
(सौजन्य - सीमा उनियाल)

सन् १९७१ में बम्बई के स्वामी हरिदास सम्मेलन में गायन प्रस्तुत करते हुए।
(बाएँ से दाएँ) सुरिन्दर सिंह, अमीर खाँ साहब और तानपूरे पर हैं - तेजपाल सिंह।
(सौजन्य - पं. मदन लाल व्यास, बम्बई)

अध्याय-9

गुरु के रूप में अमीर खाँ साहब

गुकारस्त्वन्धकारश्च रुकारस्तेज उच्यते
अज्ञान ग्रासकं ब्रह्म गुरुरेव न संशयः।

'गु' अन्धकार (अज्ञान) है तथा 'रु' प्रकाश (ज्ञान) कहा जाता है। अज्ञान का हरण करने वाला ब्रह्म गुरु ही है, इसमें संदेह नहीं।

तैत्तिरीय उपनिषद् के अनुसार–

असतो मा सद्गमय, तमसो मा ज्योतिर्गमय
मृत्योर्मा अमृतम् गमय।

अर्थात् 'हे ईश्वर! मुझे असत् से सत् की ओर, अन्धकार से प्रकाश की ओर तथा मृत्यु से अमरत्व की ओर ले चलो।' ऐसा करने में सहायक व मार्गदर्शक होते हैं–गुरु।

किसी लौकिक ज्ञान प्राप्ति (उदाहरणार्थ संगीत) हेतु अथवा परमात्म तत्त्व की प्राप्ति के लिए भी सही दिशा में चलाने वाले गुरु की अत्यन्त आवश्यकता है।

ईश्वर की दया से गुरु की कृपा प्राप्त होती है। गुरु के द्वारा सही मार्ग पता चलता है और कुछ समय के बाद यह सामर्थ्य पैदा हो जाती है कि साधक अपनी त्रुटियों को स्वयं ही तटस्थता से देख पाए और उन्हें सुधारने का तरीक़ा भी स्वयं ही सुझाई देने लगे। कहने का तात्पर्य यह है कि वह भौतिक गुरु, साधक के अंतर्मन में सूक्ष्मरूप से त्रुटियों को दूर करने की क्षमता के रूप में अवस्थित हो जाता है और उसे साधना के मार्ग पर अग्रसर कर लक्ष्य तक सहज ही पहुँचा देता है।

दीक्षा तथा गंडा बंधन

दीक्षा गुरु शिष्य सम्बन्ध का एक महत्त्वपूर्ण हिस्सा है जिससे गुरु शिष्य सम्बन्ध का शुभारम्भ होता है। दीक्षा, गुरु शिष्य सम्बन्ध की नींव है। दीक्षा संस्कार से ही गुरु, शिष्य को स्वीकार करता है अतः यह परम शाश्वत बंधन का शुभारम्भ है।

दद्यात् से 'द' और क्षयम् से 'क्ष' लेकर ही दीक्षा शब्द बना है। कुछ देने वाले और कुछ

लेने के कारण त्रुटियों का क्षय (नष्ट) करने वाले विशेष कर्मों का नाम ही दीक्षा है।

भारतीय संस्कृति की यह विशेषता है कि हमारी सांगीतिक परम्परा में दीक्षा के समय अनेक गुणीजनों एवं अन्य शिष्यों आदि की उपस्थिति में गुरु के द्वारा शिष्य को 'गंडा' बांधने की रस्म की जाती है। **गंडा शब्द गंढा, गंढ, गँठ, गाँठ आदि का ही अपभ्रंश है जिसका अर्थ है गिरह अथवा बन्धन जिसके फलस्वरूप गुरु व शिष्य दोनों एक सूत्र में गाँठे अर्थात् बंध जाते हैं।** इस प्रकार उस घराने की परम्परारूपी शृंखला में एक और कड़ी जुड़ जाती है जिससे कि वह गायकी-विशेष अथवा अमुक विचारधारा-विशेष के और आगे बढ़ने की भूमि तैयार हो जाती है।

अतः गाँठ (गंडा) बंधन का महत्त्व यही है कि इससे यह प्रण और विचार किया जाता है कि अब से शिष्य भी उसी धारा में गुरु के साथ संगीत साधना में अंतर्निहित सांगीतिक गुणों को उभारने तथा सांगीतिक मूल्यों के पालन हेतु जुट गया। अब गुरु और शिष्य के बीच कोई अज्ञान रूपी आवरण न रहा।

इस रस्म में गुरु, शिष्य की कलाई पर पवित्र लाल धागा–'मौली' बाँधते हैं जो कि पहले सभी उपस्थित व्यक्तियों के हाथों से छुआया जाता है जिसका अभिप्राय है कि उनकी भी शुभकामनाएं, दुआएं एवं आशीर्वाद उस बन्धन को प्राप्त हों। जिस प्रकार इस पवित्र धागे को बाँध कर रक्षा बन्धन में भाई अपनी बहन की रक्षा का दायित्व तथा विवाह के समय पति अपनी पत्नी के जीवन संवहन का दायित्व अपने कंधों पर लेता है उसी प्रकार गंडा बांधने पर शिष्य की ज्ञानपथ पर प्रगति का दायित्व गुरु अपने सिर पर लेते हैं।

गुरु शिष्य को चना एवं गुड़ खिलाते हैं। सम्भवतया यह इस बात का प्रतीक है कि सादा, स्वच्छ एवं शक्तिदायक आहार ग्रहण कर गुरु के द्वारा निर्दिष्ट मार्ग पर चलने अर्थात् अभ्यास करने के लिए शिष्य तत्पर हो जाए। इसका एक अन्य अर्थ भी लिया जाता है कि शिष्य भले ही कितनी भी कठिनाइयों का सामना करते हुए, किसी भी परिस्थिति में हो, उसे रियाज़ नहीं छोड़ना और चने खा कर भी प्रगति करते रहना चाहिए क्योंकि गुरु कृपा से ज्ञान प्राप्त करने के पश्चात् कर्म न करना भी पाप है। चना व गुड़ खिलाने का अभिप्राय यह भी कहा जाता है कि अब शिष्य ऐसी मेहनत और सूझबूझ से काम ले कि उसके गायन में चने सी पुख़्तगी और गुड़ सी मिठास दोनों हों।

इस समय मंत्रोच्चारण किया जाता है अथवा दुआ पढ़ी जाती है और ईश्वर से कृपा हेतु प्रार्थना की जाती है। यह हमारे संगीत की अनूठी, अप्रतिम, धर्मनिरपेक्ष प्रथा है कि भले ही गुरु अथवा शिष्य में से कोई भी किसी भी धर्म अथवा जाति के हों सभी इस रस्म में आस्था रख, इसका निर्वाह करते हैं। यह इस बात का ठोस प्रमाण है कि **संगीतज्ञ का केवल एक धर्म होता है–संगीत।**

इस रस्म में शिष्य अपने गुरु एवं उनके परिवारजनों को सामर्थ्य अनुसार वस्त्र एवं मिष्टान्न इत्यादि अर्पित करता है तथा वहाँ उपस्थित गुणी व बुजुर्ग कलाकारों को नज़राना भेंट करता है। तदनन्तर शिष्य का स्तर दिखाने के लिए उसका गायन होता है ताकि इस स्तर से आगे की प्रगति

का दायित्व गुरु उठाएंगे। शिष्य पूर्ण समर्पण करता है व गुरु शपथ लेते हैं कि वे अब उससे कुछ ज्ञान नहीं छुपाएंगे। सब गुणी जनों के समक्ष एवं अपने गुरु के संरक्षण में गुरु-गृह के अनौपचारिक वातावरण में प्रस्तुतिकरण के द्वारा शिष्य का ढाढ़स बंधता है और प्रोत्साहन भी मिलता है।

मेरी शागिर्दी

संगीत की शुरूआती तालीम मैंने अपने बड़े भाई आदरणीय श्री जी.एस. सरदार साहब से ली। कई वर्ष तक मैं नियमित रूप से निर्धारित समय पर उनके पास जा कर सीखता रहा। वे एक खुले दिमाग़ के इंसान हैं। उन्होंने बहुत लगन से सिखा कर मेरी सांगीतिक नींव पक्की कर दी। इस प्रकार संगीत के संस्कार तो भीतर थे ही। भाई साहब कहा करते थे कि हमारे युग के श्रेष्ठतम संगीतज्ञ उस्ताद अमीर ख़ाँ हैं।

बड़े होने पर जब मैंने B.Sc. और M.A. (Maths) के लिए हिन्दू कॉलेज में दाख़िला लिया तो मेरी मुलाक़ात डॉ. एस.के. सक्सेना से हुई जो वहीं पर दर्शनशास्त्र के प्राध्यापक थे तथा कॉलेज की संगीत सभा के मुखिया थे। उनके पास बैठना भी एक अनुभव होता था क्योंकि वे संगीत समीक्षक भी थे और विचारक भी। आज भी मेरा उनसे बहुत गहरा सम्बन्ध है। हिन्दू कॉलेज में 6 वर्ष पढ़ने के दौरान वहाँ सक्सेना साहब द्वारा आयोजित संगीत-कार्यक्रमों में उस समय के अनेक प्रतिभाशाली एवं स्थापित गायकों को सुनकर मेरे मन में भी सांगीतिक प्रेरणा का संचार हुआ। यह बात सन् 1951 से 57 की है। वहाँ मुझे समझ आई कि दरअसल गाना कैसा होना चाहिए। तब मुझे ज्ञात हुआ कि मैं अंधेरे में हूँ और प्रकाश कहीं और है। अब मुझे अपनी आगे की राह और उसके मार्गदर्शक की तलाश थी। मैं सभी सांगीतिक कार्यक्रमों में अवश्य उपस्थित रहता। उस ज़माने में नेशनल प्रोग्रामों का सीधा प्रसारण हुआ करता था। उन्हें सुनने रेडियो स्टेशन के स्टूडियो नं. 1 में तथा अन्य रेडियो कार्यक्रमों को सुनने अपने भाई साहब के राजेन्द्र नगर, दिल्ली स्थित मकान में जाकर रेडियो सुनकर पैदल ही चलता जाता और आनंदित होता। धीरे-धीरे मेरी दृष्टि ही संगीत के प्रति परिवर्तित हो गई। मैंने अमीर ख़ाँ साहब को बारम्बार सुना और मन में ठान लिया कि मैंने आगे की संगीत यात्रा ख़ाँ साहब की शरणागति होकर उन्हीं के निर्देशानुसार करनी है। **मेरे अंतर्भाव अमीर ख़ाँ साहब से जुड़ गए थे।** मैंने उन्हें संदेश भेजने शुरू किए। 1959 में ख़ाँ साहब अधिकतर बम्बई में रह रहे थे। मेरे परिवार के एक घनिष्ठ मित्र भारतीय सेना में थे। उनका नाम था—श्री गुरबक्श सिंह। वे मेरी प्रार्थना लेकर पूना से बम्बई 4–5 बार गए और उस्ताद अमीर ख़ाँ से बोलते थे कि मैं तेजपाल की ओर से विनती करने आया हूँ, उसे स्वीकार कीजिए। ख़ाँ साहब जल्दी ही किसी को अपना शिष्य स्वीकार नहीं करते थे। कई संगीत सीखने के इच्छुक उनसे आग्रह करते पर ख़ाँ साहब उन्हें आराम से यही उत्तर देते कि वे अधिकतर शहर से बाहर रहते हैं। अधिक व्यस्तता के कारण लम्बे समय तक लगातार शिक्षा दे पाने में असमर्थ हैं।

मुझसे भी उन्होंने यही कहा कि तुम दिल्ली में ही अपनी रुचि के हिसाब से सीख लो, किन्तु मैं नहीं माना। यह सिलसिला तीन-साढ़े तीन वर्ष तक चलता रहा। उन्हीं से शिक्षा ग्रहण

करने की इच्छा इतनी बलवती थी कि मैंने विनती की यह प्रक्रिया जारी रखी। यद्यपि उन दिनों मैंने रेडियो पर भी गाना शुरू कर दिया था, स्वर लगाना, आलाप-तान कहना आदि सभी कुछ करते हुए भी मुझे उन्हें राज़ी करने में वक़्त लगा।

खाँ साहब जब दिल्ली आते तो मैं उनका प्रोग्राम सुनने पहुँच जाता। एक बार सन् 1962 में दिल्ली रेडियो में नेशनल प्रोग्राम गाकर वे स्टूडियो नं. 1 से बाहर निकले। रात के ग्यारह बजे थे। आते ही मैंने उनके स्लेटी रंग के जूते उनके पाँव में डाल अपने को कृत्कृत्य महसूस किया। उन्होंने मेरे कन्धे पर हाथ रखा और कहा कि 'तुम्हारा गुरबक्श सिंह बहुत कह रहा है तुम्हें सिखाने के लिए।' **खाँ साहब का हाथ और उनकी आवाज़-मेरे तन मन में झनझनाहट सी उत्पन्न हुई**–मैं इंतज़ार में था कि आगे वे क्या कहेंगे। जाते-जाते बोले कि 'कलकत्ता जाता हूँ, आकर बात करता हूँ।'

एक बार खाँ साहब दिल्ली में अमरनाथ जी के घर आए हुए थे। मैं उन दिनों खाँ साहब को मनाने की पुरज़ोर कोशिश कर रहा था। सुबह के वक़्त वे हज़रत निज़ामुद्दीन औलिया की दरगाह पर गए। मैं भी महेन्द्र शर्मा को लेकर वहाँ पहुँच गया। वापस आकर शाम को कु. उमा वासुदेव 'Illustrated Weekly' के लिए खाँ साहब का इंटरव्यू लेने अमरनाथ जी के घर आईं थीं। मैंने खाँ साहब की पहली इंटरव्यू वहीं सुनी। मैं खाँ साहब का सान्निध्य पाने की लालसा में शाम को फिर अपनी साइकिल पर वहीं पहुँच गया।

शागिर्दी की बात तो चल ही रही है, ऐसे मौक़े पर मैं मुन्नी बेग़म को भी बहुत याद करता हूँ। खाँ साहब तब एन. आचार्या के घर, जो कि पूसा रोड–दिल्ली पर स्थित है, ठहरे हुए थे। उस दिन मेरा रेडियो प्रोग्राम था। उस ज़माने में रेडियो पर 'Live Programmes' हुआ करते थे। अम्मा ने खाँ साहब को सुनवाया और उनके आगे मेरी बहुत तारीफ़ भी की। वहाँ पर खाँ साहब ने मेरी शागिर्दी की स्वीकृति दे दी। **मुझे लगा कि जैसे मेरी तपस्या का फल मिलने वाला हो।**

यह मेरा सौभाग्य था कि उस्ताद अमीर खाँ साहब ने मुझे गंडा-बंध शागिर्द बनाना स्वीकार किया। मेरी शागिर्दी सन् 1963 में 19 मई के दिन दिल्ली स्थित फ़राशख़ाना में ख़लीफ़ा चंदू के घर पर हुई। खाँ साहब ने अर्से बाद दिल्ली में किसी को शार्गिद बनाया। इससे पहले भाई अमरनाथ जी को 1948 में रेडियो स्टेशन में शार्गिद बनाया था। मेरी शागिर्दी पर दिल्ली के बहुत से संगीतज्ञ लोग आए थे। उल्लेखनीय विशिष्ट कलाकारों में आगरा घराने के श्री यूनुस हुसैन खाँ, दिल्ली घराने के श्री हिलाल अहमद एवं मुन्नू खाँ (तबलावादक) थे। अन्य अनेक कलाकार जैसे श्री ओमप्रकाश (हारमोनियमवादक), श्री महेन्द्र शर्मा तथा खाँ साहब के शागिर्दों में श्री अमरनाथ और श्री मुनीर खाँ (सारंगीवादक) थे। रेडियो स्टेशन से भी कई कलाकार वहाँ उपस्थित थे। जम्मू से विशेष रूप से सुरिन्दर सिंह भी आए थे।

मेरी शागिर्दी पर दिल्ली के उस्ताद चांद खाँ साहब ने दुआ पढ़ी। खाँ साहब ने मेरी शागिर्दी के समय मुझे कहा कि ''बेटा! सिर्फ भाई चांद खाँ और एक बुज़ुर्ग महिला को ही 'नज़र' देनी है, सभी को नहीं। यह कोई ऐसी-वैसी शागिर्दी नहीं कि हमारे चचेरे-ममेरे भाई और भतीजे और

फलां-फलां के पोते वगैरह के लिए पैसे बाँटते रहो।'' खाँ साहब के ऐसा ध्यान रखने पर मैं बहुत प्रभावित हुआ। खाँ साहब की उदारता, स्नेह, शिष्य की आर्थिक स्थिति से वाक़िफ़ होना, त्याग की भावना और प्रतिदान न चाहना ये सब गुण मुझे सहसा छू गए। उस्ताद चांद खाँ साहब ने अपनी डायरी में भी यह लिख रखा है कि आज तेजपाल की शागिर्दी हुई और उसने मुझे नज़र दी।

खाँ साहब ने उन सब कलाकारों व कला मर्मज्ञों के समक्ष मुझे गाने का आदेश दिया। मैंने राग यमन गाया–विलम्बित ख़्याल–'कहो सखी कैसे करिए' तथा द्रुत ख़्याल 'ए री आली पिया बिन'। तत्पश्चात् आशीर्वाद एवं प्रसाद के रूप में अमीर खाँ साहब राग पूरिया–कल्याण और हंसध्वनि गाए।

उस्ताद अमीर खाँ को जानना और उनका शिष्यत्व ग्रहण कर उनसे मार्गदर्शन प्राप्त करना ही मेरे जीवन की सर्वाधिक महत्वपूर्ण घटना है। मेरे लिए यह एक आध्यात्मिक अनुभव था।

उन दिनों सुरिन्दर जम्मू रेडियो में 'ट्रांसमिशन एक्ज़ेक्यूटिव' के पद पर काम करते थे। अगले साल वे 'मिनिस्ट्री' में नौकरी हेतु दिल्ली आ गये। मुझे शागिर्द हुए एक साल हो चुका था। खाँ साहब मेरे घर आकर रुका करते थे। सुरिन्दर की बुद्धि बहुत तीव्र थी। खाँ साहब से मैं अपनी संगीत विषयक जिज्ञासा को शांत करने हेतु बैठता। मैंने एक बार सुरिन्दर से कहा कि तुम भी पास क्यों नहीं बैठते? उसने शंका की 'कहीं ऐसा न हो कि मेरी मौजूदगी से खाँ साहब तुम्हें भी खुलकर न बताएं।' मैंने कहा यदि तुम्हें उचित लगता है तो तुम भी खाँ साहब के शागिर्द हो जाओ। खाँ साहब से भी मैंने निवेदन किया कि 'हजूर! हम तो बचपन से ही इकट्ठे गा रहे हैं, जो मुझे आता है वह सुरिन्दर को आता है और जो सुरिन्दर को आता है, वह मुझे आता है।' खाँ साहब ने स्वीकार कर लिया और सन् 1964 दिसम्बर में हमारे पारिवारिक स्थान करोल बाग, दिल्ली वाले घर में सुरिन्दर की शागिर्दी हुई जिसमें रेडियो के एसिस्टैंट स्टेशन डायरेक्टर खाँ साहब के परमभक्त एवं मित्र श्री आर.एन. दास और मुनीर खाँ सारंगीवादक भी उपस्थित थे।

गुरु शिष्य की यही परम्परा जारी रखते हुए मैंने भी यही कोशिश की और आज मेरे कई प्रबुद्ध शिष्यों में से एक इस पुस्तक की सहलेखिका प्रेरणा भी है जिसे इसी रीति के अनुसार मैंने अपनी शिष्या बनाया। कहने का तात्पर्य यह है कि आज भी इसी परम्परा का निर्वाह हो रहा है और हिन्दुस्तानी शास्त्रीय संगीत के पथ पर चलने वाला प्रत्येक पथिक इसका निर्वाह भलीभाँति करता रहेगा।

जब मैं सौभाग्य से खाँ साहब का शागिर्द हुआ तो उसके बाद कई बार उन्हें अपने यहाँ तशरीफ़ लाने के लिए आग्रह करता रहा–'खाँ साहब! मेरे ग़रीबख़ाने में चलिए।' जब वे पहली बार मेरे घर पधारे तो मैं फूला न समाया। मैंने अपने बड़े भाई साहब (जिनसे मैंने अब तक संगीत सीखा था) को भी न्योता दिया। मैंनें खाँ साहब से निवेदन किया कि वे मुझे कुछ ज्ञान प्रदान करें तो वे बोले–'उठा तानपूरा।' फिर उन्होंने 'मियां की मल्हार' राग गाया और उसके सूक्ष्म तत्त्वों

की ओर इशारा करते रहे।

वे मुझसे कहा करते कि 'तू तो साज़गिरी और मालीगौरा की बातें करता है, संगीत प्रवीण बना फिरता है।' बहुत दिनों मेरा गाना सुनने के पश्चात् वे एक दिन मुस्कुरा कर समझाते हुए बोले **'अरे!–तेरा शिव तो नंगा है, इसको सजा-संवार, गहने डाल–कुछ बाज़ू में, गले में हार और कलाई में कोई कंगन डाल!'** यह बात मेरे अन्दर तक छू गई। मैं उनका तात्पर्य समझ गया कि मुझे अपने गाने में अलंकरणों का सौंदर्यात्मक प्रयोग कर राग रूपी देवमूर्ति को आभूषणों से सजाना होगा। कभी-कभी तो वे ऐसा भी कहते कि 'यार-तेरी तो साफ़ ज़रब ही नहीं लगती।' उनके द्वारा इस तरह मेरे गायन के विकास के लिए कुछ कहा जाना मुझे अच्छा लगता। आख़िर एक पिता अपने पुत्र के लिए भला ही तो चाहता है, वह पुत्र की कमियों की ओर इंगित कर उसे त्रुटिहीन व पारंगत ही तो बनाना चाहता है।

ख़ाँ साहब समय-समय पर शागिर्दों का प्रस्तुतिकरण सुनकर दिशा-निर्देश देते रहते थे। यह उन दिनों की बात है जब वे दिल्ली में कैलाश कालोनी–कालका जी में कु. अमरजीत के घर ठहरे हुए थे। मैंने उन्हें बताया कि 'मैं कल रेडियो में गा रहा हूँ।' उन्होंने मेरा प्रोग्राम सुना। सुबह 8.30 बजे जौनपुरी राग में विलम्बित ख़्याल 'कैसे के धरूँ' और द्रुत ख़्याल 'पायल की झंकार बैरनिया' गाया। शाम को 5.30 बजे मारवा राग में 'रे जग बावरे' और ख़ाँ साहब की द्रुत बंदिश 'गुरु बिन ज्ञान न पावे' गाई। अगले दिन जब मैं उनके पास गया तो उन्होंने कहा, ''अब ये ठीक गाने लगा है।'' आर्शीवचनों को सुनकर मेरी बहुत हौसला अफ़ज़ाई हुई और मेरा आत्मविश्वास बढ़ गया कि मैं सही साधना कर रहा हूँ। इससे पहले भी एक बार रेडियो में मेरा विभास राग सुनकर उन्होंने मुझे हिदायत दी थी कि अमुक स्वर-संगति नहीं लेनी चाहिए।

दिल्ली में ख़ाँ साहब हमारे घर तो अक्सर रुकते ही थे परन्तु इसके अतिरिक्त और भी जहाँ कहीं ठहरते (विशेषतया ख़लीफ़ा चन्दू और कु. अमरजीत के घर) मैं वहाँ गुरुकुल समझ हक़ से सीखने चला जाया करता। एक बार कु. अमरजीत के घर पर ख़ाँ साहब लम्बे समय तक रुके हुए थे। मैं भी शाम को गुड़गांव कॉलेज (जहाँ मैं Lecturer था) से सीधा वहाँ चला जाया करता था। अमरजीत की बड़ी कोठी थी। बाहर घास और पेड़ भी थे। एक दिन ख़ाँ साहब वहीं घर के आँगन में चारपाई पर लुंगी बनियान पहन पेट के बल लेटे हुए थे। मैं वहाँ पहुँचा और उनके चरणों की तरफ़ बैठ गया। मेरी तरफ़ देख ख़ाँ साहब राग केदार की स्वर संगतियाँ लेकर समझाने लगे कि यदि गले से ज़्यादा हरकत नहीं भी निकलती तो निराश नहीं होना चाहिए बल्कि गाने में गोलाई की तरफ़ ज़्यादा ध्यान देना चाहिए क्योंकि उसमें भी वाह-वाह उतनी ही मिलती है।' उनके अनुसार अपने गले की सीमाओं और ख़ूबियों को पहचान कर उसी के अनुरूप अपने गायन को विभिन्न अलंकरणों से सुसज्जित करना चाहिए। इसके बाद मैंने इन्हीं अलंकरणों की तरफ़ अधिक ध्यान देकर ख़ाँ साहब के कहे अनुसार रियाज़ कर उन्हें अपने संगीत में सम्मिलित करने का यथासम्भव प्रयास भी किया। इसके साथ-साथ गला घुमाने वाली सांगीतिक क्रियाओं का रियाज़ भी विशेष रूप से करता रहा ताकि गायन में विविधता बढ़ जाए।

वे एक दिन समझाते हुए बोले कि रागों के प्रस्तुतिकरण का आधार अर्थात् स्वर तो वही

होते हैं परन्तु कुछ राग वाचक स्वरसंगतियों के अलावा (राग के नियमानुसार ही) हर बार स्वरों के नवीन क्रमों में पुनर्व्यवस्था अलग-अलग होती है। कलाकार की क्षमता एवं प्रस्तुति के समय मन:स्थिति भी भिन्न-भिन्न होती है। इसी कारण हमारे रागों में नवीनता रहती है। एक ही गुरु से सीखे हुए शिष्यों का प्रभाव भी अलग-अलग होता है—भले ही वही राग, वही बंदिश और वही अंदाज़ हो—तो भी।

गाना वही सफल गाना है जब कि हर बार उसमें कुछ नया दिखाई दे। कभी भी काई जमा हुआ पानी स्वच्छ नहीं होता। यदि वही चीज़ बार-बार गाई जाए तो ऐसा लगता है कि जैसे कोई पहाड़ा गिन रहा हो, इसीलिए खाँ साहब ने सदैव अपने गायन में ताज़गी बनाई रखी और शिष्यों को भी गायन में नवीनता बनाए रखने के लिए प्रेरित करते रहे।

हृदय में नित्य निरंतर उत्साह का बने रहना ही तो जीवन है। उत्साहहीन व्यक्ति एक जड़ पदार्थ के समान है। गुरु का एक दायित्व यह भी होता है कि वह शिष्य के मन में उत्साह बनाए रखे। ऐसा तभी संभव है जब गुरु के भीतर 'उत्साह का भंडार' हो जिससे वह स्वयं भी प्रेरित हो और शिष्य का प्रोत्साहन भी करता रहे। खाँ साहब का व्यक्तित्व ऐसा ही था। कई बार तो वे उदाहरणों, शेरों, दोहों, कहावतों और कई बार तो कहानियों तक से भी शिष्यों के भीतर निरंतर साधना करने की भावना का संचार करते रहते।

खाँ साहब अकसर इस कहानी का उदाहरण देते थे। एक शहज़ादी को एक राक्षस ने बंदी बना रखा था। वह राक्षस बड़ा भयानक था। उसकी जान एक तोते में थी। वह तोता बहुत घने जंगल में एक पिंजरे में था। राक्षस के चंगुल से शहज़ादी को छुड़ाने का एक ही उपाय था कि उस राक्षस को मार दिया जाए। राक्षस को मारने के लिए उस तोते को मारना ज़रूरी था। बहुत सारे शहज़ादे जंगल में जाने की कोशिश करते। वहाँ उन्हें बहुत भयावह आवाज़ें आतीं। वे ज्यों ही पीछे मुड़कर देखते, तो पत्थर के बन जाते। तोते तक केवल वही पहुँच सकता था जो पीछे मुड़कर न देखे। एक बहादुर और समझदार राजकुमार वहाँ गया। उसे भी बहुत डरावनी सी चीख़ पुकार सुनाई दी परन्तु वह पीछे न मुड़ा और अपने गन्तव्य तक जा पहुँचा। खाँ साहब कहते थे कि ये आवाज़ें दुनियाँ के आकर्षण तो हैं ही, हमारे मन की आवाज़ें भी हैं जो कि कभी डराती हैं, कभी खिंचाव उत्पन्न करती हैं और कभी प्यार से फुसला देती हैं परन्तु हमें अडिग रहना चाहिए और अपने लक्ष्य को न भूलते हुए लगातार चलते रहना चाहिए। खाँ साहब ऐसी प्रेरणाप्रद कहानियों से हमारा उत्साह बढ़ा कर गायन के लिए रियाज़ में लगे रहने को उत्साहित करते थे। खाँ साहब मुझसे कहते कि **'तू घर से निकलता है तो ढाई-तीन घंटे गाकर निकला कर।'**

वे कहते थे कि **पहाड़ पर चढ़ने वाला तो एक बार चढ़ कर हमेशा सम्मानित होता है लेकिन हम गवैयों को तो हर दफ़ा पहाड़ चढ़ना पड़ता है।** हर दफ़ा हथेली पर सरसों जमानी पड़ती है। हर दफ़ा शून्य से अनन्तता की यात्रा करनी होती है।

खाँ साहब के अनुसार **मानसिक रियाज़ का भी बहुत महत्त्व है।** खाँ साहब ने भाई अमरनाथ के शिष्य सुरिन्दर गिरधर के घर हमें यह बताया—'सन् 1960-61 के पिछले 8-9 महीनों में,

मैं मकान बनवाने में व्यस्त था। इसी कारण विधिवत् अभ्यास नहीं कर पाता था परन्तु प्रतिदिन शाम को एक घंटा बैठकर संगीत विषयक चिन्तन और मनन अवश्य कर लेता था। दिमाग़ में ही सुरों को सोच लेता था और कई चीज़ें दोहरा लेता था।'

एक बार उस्ताद अमीर खाँ साहब ने कहा कि **'उस्ताद के गाने में जो भी गुण नज़र आएं उन्हें (अपनी क्षमतानुसार) अपना लो।'** भगवान राम के गुरु वशिष्ठ जी ने भी उन्हें दीक्षा देते समय कहा कि मेरी शिक्षा में जो भी बात तुम्हें अच्छी लगे, उसे तुम अपने भीतर ढाल लो। तैत्तिरीय श्रुति की शिक्षावली (1.10.3) में गुरु की महान शिक्षा इस प्रकार दी गई है–

'यानि अस्माकं सुचरितानि, तानि त्वया उपास्यानि, नो इतराणि।'

अर्थात् जो हमारे सुचरित (अच्छे गुण, आचरण अथवा चरित्र) हैं, वही तुम्हारे द्वारा अपनाए जाने चाहिए अन्य (हेय) नहीं।

अतः गुरु की जो भी बात अच्छी लगे उसे ग्रहण करते जाना चाहिए, उसी से उद्धार हो जाता है।

संगीत के क्षेत्र में गुरु की गायकी में जो भी गुण हों उनको अपने में ढालते जाना चाहिए परन्तु यदि कोई लक्षण गुरु द्वारा प्रदत्त दृष्टि के द्वारा ही देखने पर ऐसा लगे जो अपनाने योग्य नहीं हो, तो उसे छोड़ देने का साहस होना चाहिए।

गुरु शिष्य का सम्बन्ध शिक्षक और शिक्षार्थी की अपेक्षा बहुत गहरा होता है। इसमें गुरु भाषण नहीं करता अपितु शिष्य की सांगीतिक समस्याओं का समाधान करता है तथा उसकी जिज्ञासा को शांत करता है। शिष्य के सामने यदि कोई उलझन या संशय हो तो उसका निवारण गुरु ही करता है।

उस्ताद अमीर खाँ की विशालहृदयता का उदाहरण मुझे इस बात से मिला कि सन् 1962 में दिल्ली दूरदर्शन का उद्‌घाटन समारोह था। वहाँ खाँ साहब का कार्यक्रम आयोजित किया गया था। खाँ साहब ने राग मेघ का प्रस्तुतिकरण किया और उसमें कोमल गंधार का प्रयोग कर दिया जो कि वे केवल तराने में किया करते थे। शागिर्दी के बाद 1964 में मैंने एक दिन उनसे निवेदन किया और गुस्ताख़ी भी, कि आप 'मेघ' राग के विलम्बित में तो ग॒ मरेसा स्वर संगति नहीं लेते किंतु द्रुत की बंदिश शुरू होते ही या 'दीम त दीम त दे रे न' तराने में ग कोमल अचानक आने से एक झटका सा महसूस होता है क्योंकि आपने ही हमें समझाया है कि राग का स्वरूप विलम्बित ख़्याल के दो-तीन आवर्तनों में ही स्पष्ट हो जाना चाहिए। तब उन्होंने मुझे बस ध्यान से एक दो सेकंड देखा और मेरी बात सुनी पर वे उस समय कुछ बोले नहीं कि 'तूने मुझसे यह कहने की जुर्रत कैसे की' या फिर 'तूने तो यह बहुत अच्छा सोचा', वगैरह, परन्तु उस दिन के बाद से उन्होंने ऐसा करना बंद कर दिया। यह उनकी उदारता व बड़प्पन का ही परिचायक है कि उन्होंने इतने महान कलाकार होते हुए भी अपने से कम उम्र, कम अनुभवी नाचीज़ शागिर्द की बात सुनी, उस पर ग़ौर फ़रमाया और उसे अपना कर स्वयं में बदलाव भी लाए। उन्होंने एल. पी. में भी ग कोमल का प्रयोग बिल्कुल नहीं किया। मुझे इससे यह सबक़ मिला कि **कलाकार कितने ही ऊँचे शिखर तक पहुँच चुका हो, उसे अपने मन-बुद्धि का लचीलापन नहीं छोड़ना चाहिए।**

यद्यपि खाँ साहब अपने शिष्यों के प्रति लगाव रखते तथा उनकी प्रगति से प्रसन्न होते परन्तु उन्होंने कभी भी **किसी शिष्य को 'पकड़-पकड़ कर नहीं सिखाया'** अर्थात् शिष्य को स्वयं ही अपनी रुचि दर्शा कर खाँ साहब से विनयपूर्वक ज्ञान लेना होता था वरना उन्हें इससे कुछ अंतर न पड़ता कि कोई सीखे अथवा न सीखे। हाँ, **संगीत ज्ञान पिपासु, धैर्यवान व निष्ठावान शिष्य तो उनसे लेकर ही जाता।** मैंने भी इसी प्रकार उनसे ज्ञानार्जन करने का प्रयास किया। शिष्य को गुरु के द्वारा उपदिष्ट होने के लिए आतुर रहना चाहिए। मैं 'चिपकू' तो था ही क्योंकि संगीत सीखने की आग का शमन और होता भी किस प्रकार? मैं सदैव कोशिश में रहता कि खाँ साहब से बंदिशें अर्थ सहित सीख लूँ। यदि एक से अधिक अंतरे होते तो वे सभी सीखे बग़ैर मैं दम न लेता। अगर किसी दिन उनका बताने का मन न भी हो, तो भी थोड़ी सी बात करने के बाद फिर उसी बात की दूसरे ढंग से विनम्र प्रार्थना कर देता। इसी प्रकार मैंने उनसे रागों के बारे में भी मन का अन्धकार दूर करवाया।

खाँ साहब की हर बात मेरे लिए एक अनुभव थी। मेरी शागिर्दी के बाद वे गा रहे थे और तबला- वादक बहुत अजीब सा झूमरा बजा रहे थे। मैंने खाँ साहब से पूछा कि यह कैसा झूमरा हुआ? वे बोले कि 'कोई पुराना झूमरा ले आया होगा, पर गवैया कोई ऐसे थोड़ा ही होता है, मैंने बंदिश गाई और देखा, फिर जब दूसरी बार स्थाई गाई तो समझ आ गई कि क्या है–बस फिर।'

खाँ साहब की शिष्य परंपरा में एक व्यक्ति ने कहा कि हर बार गाते समय मैं सोचता हूँ कि खाँ साहब होते तो इस राग में इस आवर्तन में, इस पड़ाव पर क्या गाते तो मैं भी वही गाने की कोशिश करता हूँ। उन्होंने रामकली में मध्यम स्वर चौथे आवर्तन में लगाया तो मैंने भी चौथे में लगाया। यह सुन मैंने सोचा कि इसका मतलब तो यह हुआ कि इन सज्जन की समझ वहीं रुक गई। क्षमताएँ तो शिष्य में भी होती हैं। यदि गुरु के द्वारा शिष्य का दीया जला तो वह भी दीया ही तो हो गया। यदि गुरु को सदा याद रखे तो हो सकता है कि उसकी अपनी रोशनी और भी बढ़ निकले, पर शिष्य को खुली दृष्टि रखकर सदा चलते रहना चाहिए क्योंकि राग की अभिव्यक्ति तो अपने भाव के अनुसार होती है। **अन्धानुकरण को गुरुभक्ति का जामा पहनाना उचित नहीं।**

गुरु-शिष्य का आपसी विश्वास एवं अधिकार

यह केवल भारतीय संस्कृति, विशेषतया कलाओं के क्षेत्र में ही दृष्टिगोचर होता है कि हम पिता से भी अधिक सम्मान गुरु को और पुत्र से भी बढ़कर दर्जा शिष्य को देते हैं। इसी तरह इस सम्बन्ध में आदर-स्नेह, अधिकार-कर्त्तव्य और सेवा-प्रतिफल का अनकहा परन्तु स्वत:ज्ञात अटूट रिश्ता. बन जाता है। दोनों का एक दूसरे पर हक़ होता है।

सन् 1963 की बात है। खाँ साहब ख़लीफ़ा चंदू के यहाँ चार-पाँच महीने तक ठहरे हुए थे। उन दिनों लड़ाई छिड़ी हुई थी और प्रोग्राम वगैरह भी आयोजित कम ही हो पा रहे थे। मेरे लिए खाँ साहब से सम्पर्क बनाए रखने और ज्ञानार्जन करने का अच्छा अवसर था जिसका मैंने बहुत लाभ लिया। ख़लीफ़ा चंदू का कोयले और लकड़ी का टाल था। गर्मियों में खाँ साहब वहाँ सोते थे। ख़लीफ़ा चंदू का परिवार तो ऊपर की मंजिल में रहता था परन्तु खाँ साहब से मिलने

मैं नीचे के कमरे में जाया करता था।

एक बार खाँ साहब के कुछ भाई-बंधु मेरठ से ख़लीफ़ा चंदू के यहाँ तशरीफ़ लाए। मैं भी खाँ साहब के पास बैठा था। खाँ साहब ने कहा ''इनकी ख़ातिरदारी करनी है, तुम भी चलो मेरे साथ।'' मैं उनके साथ हो लिया। पुरानी दिल्ली की गलियों से निकलते हुए हम उन मेहमानों के साथ जामा मस्जिद के पास जा निकले। वहीं पीछे के बाज़ार में खाँ साहब ने उनसे पूछा ''कुल्फ़ी खाओगे?'' उनके हाँ कहने पर एक दुकान से मटके वाली कुल्फ़ी फ़लूदा सबने बड़े मज़े से खाई। तब खाँ साहब ने हक़ से मेरी ओर देख सबके सामने ही कहा, ''अब पैसे दे दे।'' मैं तो सहर्ष तैयार ही था, यद्यपि यह बहुत छोटी सी बात थी परन्तु मुझे इस बात पर गर्व महसूस हो रहा था कि खाँ साहब मुझ पर पिता-पुत्र के जैसा अधिकार समझते हैं। इसी प्रकार एक बार उनके एक मित्र उसी घर में आए तो रात को उन्होंने मुझसे कहा कि 'टिफ़न ले जा और करीम होटल से दो प्लेट कोरमा ले आ।' एक बार अम्मा (मुन्नी बेग़म) ने मुझसे कहा कि 'मुझे उर्दू का लुग़ात (शब्दकोश) चाहिए जिसमें उर्दू से अंग्रेज़ी में अर्थ लिखे हों।' मैं उसको खोजने पुरानी दिल्ली में जामा मस्जिद के पास की सभी बड़ी-छोटी किताब की दुकानों पर चक्कर मारता रहा और आख़िर मुझे वह मिल ही गई। अम्मा वह 'डिक्शनरी' पाकर बहुत प्रसन्न हुईं। यद्यपि वित्तीय दृष्टि से ये सब बहुत छोटी बातें हैं परंतु चूंकि ये मेरी शागिर्दी होने के प्रारम्भिक दिनों की ही घटनाएँ हैं इसलिए मुझे इनमें अपनेपन की झलक आज भी नज़र आती है।

दिसम्बर 1963 में हरिवल्लभ संगीत सम्मेलन जालंधर में होना था। खाँ साहब सुबह डीलक्स गाड़ी में दिल्ली स्टेशन पर पहुँचे। मैं घर से तैयारी कर स्टेशन पहुँचा ताकि यदि वे इजाज़त दें तो मैं भी उसी गाड़ी में उनके साथ चला जाऊँ। मैंने देखा कि खाँ साहब के साथ रईस भी था और उन दोनों की टिकट दिल्ली तक ही थी। मैंने ए.सी. चेयर कार की तीन टिकटें लीं और उन्हीं के साथ जालन्धर जा पहुँचा। हमें शंकर लाल मिश्रा जी अपने घर ले गए। खाँ साहब के कहने पर मेरा बिस्तर भी उन्हीं के कमरे में लगा दिया गया। नौ-दस दिन मैं उन्हीं के साथ इस प्रकार रहा कि जैसे मैं उन्हीं का एक हिस्सा हूँ। वहीं पर खाँ साहब के विषय में मैं अधिक जान पाया–उनका रहन-सहन, उठना-बैठना, गाना, बोलना आदि। वे सुबह-सुबह लेटे-लेटे ही मंद्र सप्तक में आवाज़ लगाते थे और मुझसे कहते थे ''अरे भई! अब उठ भी। सोता ही रहता है।''

रात को देर तक जाग कर संगीत की बातें होती रहती थीं। उन दिनों कुछ रागों के बारे में तथा कुछ बंदिशें सीखने का अवसर प्राप्त हो गया। एक दिन सुबह-सुबह अच्छे मूड में थे तो राग 'अहीर भैरव' की बंदिश 'पिया परवीन परम सुख चतुर' मुझसे गवाई। वहीं एक दिन राग 'देसी' के विलम्बित ख़्याल 'तें मोरा मन हर लीनो' की भिन्न-भिन्न प्रकार की स्वर संगतियाँ एवं लय के कटाव से विभिन्न मुखड़े समझाए। पूछने पर 'तें' का अर्थ 'तुमने' बताया।

मेरे सामने ही शंकर लाल मिश्रा, सुरेन्द्र शंकर अवस्थी और भीमसेन शर्मा उनके शागिर्द हुए। शागिर्द करने से पहले मुझसे कहने लगे कि–'ये मेरे शागिर्द बनना चाहते हैं। शंकर लाल तो मेरा पुराना भक्त है लेकिन सुरेन्द्र शंकर अवस्थी भी सही रास्ते पर चल कर आगे बढ़ सकता है।' उस प्रोग्राम के बाद जालंधर से वापिस आते हुए मैं खाँ साहब को अपने घर ले आया।

जनवरी 1964 में महीना भर वे मेरे यहाँ ही रहे। मैं रोज़ शाम को तानपूरा लेकर उनके समक्ष बैठ ही जाता था। वे संगीत की कोई पुस्तक लेकर चारपाई पर बैठ जाते और मैं दरी पर बैठ गाता। बीच-बीच में वे मुझे हिदायत देते रहते। जब उन्होंने गाकर बताना होता या मुझे कुछ लम्बी बात समझानी होती तो वे पुस्तक को एक किनारे रख समझाते।

ख़ाँ साहब के मित्र श्री आर.एन. दास का उनके साथ काफ़ी मेल-मिलाप था। वे अकसर ख़ाँ साहब को मिलने हमारे घर तशरीफ़ लाया करते थे। इसी प्रकार अन्य कई लोग ख़ाँ साहब से मिलने हमारे यहाँ आया करते थे। हम भी मन लगाकर ख़ाँ साहब एवं उनके मित्रजनों की सेवा किया करते। उसमें एक विलक्षण आनन्द की अनुभूति होती। इन बातों को याद कर मैं गदगद हो उठता हूँ।

एक दिन बम्बई में उनके निवास स्थान पर बातचीत के दौरान मैंने उनसे किसी शिष्य के विषय में पूछा तो ख़ाँ साहब कुछ समय चुप रहे, फिर कुछ देर में बोले के कुछ शागिर्द तो केवल गंडा बंधवा कर ही सन्तुष्ट हो जाते हैं और बाद में कभी शक्ल तक भी नहीं दिखाते।

एक बार मेरे आदरणीय उस्ताद अमीर ख़ाँ साहब और मेरे बीच एक ग़लतफ़हमी या यूँ कहें कि मन मुटाव सा हो गया। आख़िर जिसके प्रति हम अनन्य प्रेम एवं अधिकार रखते हैं, उसी से कुछ अपेक्षाएँ भी होती हैं। उस 'अपेक्षा' की जाने-अनजाने 'उपेक्षा' हो जाने पर थोड़ा दिल टूटना स्वाभाविक है परन्तु कुछ व्यक्तियों ने आग में घी डालने का काम किया और मुझे भड़काने की कोशिश की। मैंने कहा कि इस विषय में मैं ख़ाँ साहब से ख़ुद ही बात करूँगा क्योंकि यह बाप बेटे के बीच की बात है, आप लोग हमारे बीच दख़लंदाजी न करें तो अच्छा। फिर कुछ समय पश्चात् जब दोपहर को बैठे-बैठे मेरे मन में विचार उठा तो मैं स्वयं ही चुपके से घर से निकला और ख़ाँ साहब के पास उनके बम्बई स्थित मकान में जा पहुँचा। आख़िर छोटे को बड़े के आगे झुकने में क्या शर्म? दोपहर का समय था। ख़ाँ साहब उस समय राग श्री गा रहे थे। उन्होंने हल्की सी मुस्कान के साथ नज़रें मुझ पर डालीं जैसे कह रहे हों–"आ गए? आओ, बैठो।" बस! सब कुछ सामान्य हो गया।

जब किसी व्यक्ति को अपने समय के प्रश्नों, समस्याओं एवं दायित्वों का सामना करना पड़ता है, उनके साथ संघर्ष की स्थिति आ पड़ने पर वह अपने अतीत के उत्तराधिकारों में उन प्रेरणाओं, उत्तरों एवं समाधानों को ढूंढ़ने की कोशिश करता है। इसी माध्यम से कुछ उत्तर एवं प्रेरणाएँ वह निश्चित रूप से प्राप्त कर सकता है। इसी के अनुरूप ही आज भी जब मैं रियाज़ करता हूँ तो मुझे उस्ताद अमीर ख़ाँ की आवाज़ कानों में गूँजती सुनाई पड़ती है। ऐसा प्रतीत होता है कि मेरे मनस्पटल पर अंकित मेरे उस्ताद मूर्तरूप हो मेरे समक्ष आ उपस्थित होते हैं और गायन में आगे की राह की ओर प्रेरित करते हैं। मैं उनके बताए रास्ते पर चल अगले मील पत्थर पर पहुँचता हुआ संगीत यात्रा तय करता रहता हूँ। न केवल यही परंतु कभी-कभी तो मेरे गायन में परिष्करण व परिवर्तनीय सम्भावनाओं की ओर भी इंगित कर मार्गदर्शन करते हैं। हाँ, मेरे अन्दर जो रोशनी उन्होंने दी है, वह तो सदा मेरा मार्ग प्रशस्त करती ही रहती है, इसलिए मुझे लगता है कि ख़ाँ साहब कहीं गए नहीं, वे मेरे पास ही हैं, मेरे साथ ही हैं।

अध्याय-10

कुछ गायन कार्यक्रम एवं सम्मान

उस्ताद अमीर खाँ एक अनूठे, बेजोड़ और अतिविशिष्ट संगीतज्ञ थे और ऐसा प्रमाणित करने की आवश्यकता उन्होंने कभी महसूस नहीं की। अपनी प्रतिभा और योग्यता को सिद्ध करने की चेष्टा तो वे करते हैं जिन्हें अपनी विशिष्टता पर विश्वास नहीं। ऐसे व्यक्ति अहंकार के वशीभूत हो जाते हैं। खाँ साहब ने स्वयं को श्रेष्ठ सिद्ध करने का प्रयास नहीं किया यद्यपि भीतर से वे जानते थे कि वे एक असाधारण कलाकार हैं। प्रत्येक संगीत सम्मेलन उनकी महानता का प्रमाण था।

आज़ादी के आसपास से लेकर 1974 में देह त्यागने तक खाँ साहब शास्त्रीय संगीत के जगत में छाए रहे। उन्हें हिन्दुस्तान के हर हिस्से में होने वाले संगीत सम्मेलनों में आमन्त्रित किया जाता था। उनके बग़ैर शायद कोई भी बड़ा समारोह पूर्ण नहीं समझा जाता था।

खाँ साहब के बारे में विभिन्न पत्रिकाओं व अख़बारों में लेख एवं उनके गायन की प्रशंसा लगभग रोज़ ही कहीं न कहीं छपते रहते थे। जब कलकत्ता में उनका सम्मान किया गया जिनमें अन्य संस्थाओं के अतिरिक्त 'Journalists Guild' भी था, वहाँ उन्हें **'Musician's musician'** कहा गया। इससे पूर्व भी उन्हें अनेक समाचार पत्रों एवं पत्रिकाओं में **'गवैयों के गवैये'** कहा जाता था। उन्होंने कभी उनकी 'कटिंग' संभाल कर नहीं रखी चूंकि उन्हें यह सब व्यर्थ लगता था। सच्चाई की बात तो यह है कि उनके किसी शिष्य अथवा परिवार के सदस्यों ने भी इसकी ओर ध्यान नहीं दिया।

खाँ साहब के सभी कार्यक्रमों का ब्यौरा देना तो सम्भव नहीं परन्तु कुछ चुने हुए कार्यक्रम अथवा ऐसे कार्यक्रम जहाँ मैं उपस्थित था या फिर कुछ ऐसे प्रोग्राम भी जिसकी रिकॉर्डिंग या चर्चा मैंने विस्तारपूर्वक ऐसे व्यक्ति से सुनी जो कि संगीत का पारखी हो, देने का प्रयत्न किया जा रहा है।

वे सन् 1953 में आकाशवाणी के 'अखिल भारतीय कार्यक्रम' में रात्रि में 9.45 से 11.00 बजे तक राग 'दरबारी' और फिर 'अड़ाना' राग गाए। संगीत के 'दरबार' में दरबारी राग के बाद अड़ाना और फिर भी 'जमा' परन्तु 'अड़ा ना' यह तो अमीर खाँ साहब जैसे महान् संगीतज्ञ का ही कार्य था।

छठे दशक के प्रारम्भ में रेडियो में 'Sunday Morning Recital' कार्यक्रम प्रारम्भ हुए जो

दक्षिण भारतीय स्टेशनों को छोड़कर अन्य सभी स्टेशन Relay करते थे। सबसे पहला प्रोग्राम उस्ताद अमीर खाँ साहब का ही था जो कि सुबह 10 बजे से 11 बजे तक था। उसमें खाँ साहब ने राग 'गुर्जरी तोड़ी' और 'बैरागी' गाए।

सन् 1954 की बात है कि अफ़गानिस्तान में उस्ताद अमीर खाँ साहब को कार्यक्रम प्रस्तुत करने के लिए निमंत्रित किया गया। वहाँ के राजा की तरफ़ से हमारे खाँ साहब को 'उस्ताद-ए-मशरिक' का ख़िताब दिया गया। मशरिक का अर्थ है–पूर्व दिशा अर्थात् पूर्व देशों के उस्ताद। संयोग की बात है कि सुरिन्द्र सिंह भी उस समय अपने स्कूल की ओर से एक विद्यार्थी दल में वहाँ गया हुआ था। उसने मुझे बताया कि अफ़गानिस्तान में हर कार्यक्रम में उन्हें इसी उपाधि से सम्बोधित किया गया। कमाल की बात तो यह है कि खाँ साहब ने भारत वापिस आकर इस पद्वी के विषय में किसी से चर्चा तक भी नहीं की।

कलकत्ता में 'डोबर लेन संगीत सम्मेलन' में जब खाँ साहब ने राग सूहा गाया तब सुप्रसिद्ध वायलिन वादक श्री वी.जी. जोग ने वायलिन पर संगत की, तबले पर थे उस्ताद करामत खाँ। सूहा में खाँ साहब की तानों की उड़ान अद्वितीय थी।

डोबर लेन कान्फ्रेंस में ही सन् 1956 में खाँ साहब का राग मारवा में एक घंटे से भी अधिक गाया हुआ विलम्बित एवं द्रुतख़्याल स्मरणीय कार्यक्रमों में से एक है। जितनी बार भी इस रिकॉर्डिंग को सुना जाय, नवीन ही रंग नज़र आता है।

खाँ साहब इतने बड़े गायक कलाकार थे कि उनकी साख संगीत जगत में अलग ही थी। यह सन् 1958 की बात है कि रेडियो में स्टूडियो नं. 1 में खाँ साहब का नेशनल प्रोग्राम चल रहा था। ग्यारह बजे कार्यक्रम समाप्त होना था और उसके बाद उस दिन का अंतिम News Bulletin प्रसारित किया जाना था। ग्यारह बज गए और खाँ साहब अपनी धुन में गाए जा रहे थे। उन्हें उस समय स्थान और वक़्त का कोई अंदाज़ा नहीं लग रहा था। रेडियो वाले सज्जन Booth की Light को बार-बार बंद कर इशारा कर रहे थे। खाँ साहब की समाधि भंग हुई और उन्होंने राग को परिणति पर पहुँचाने के लिए धीरे-धीरे समापन करने की ओर प्रयास किया। इतने में डेढ़-दो मिनट ऊपर हो गए। उस दिन समाचार का प्रसारण ग्यारह बजे की अपेक्षा ग्यारह बजकर दो मिनट पर हुआ वरना तो ग्यारह बजने से कुछ क्षण पहले घड़ी की 'beep' भी प्रसारित की जाती है पर खाँ साहब की आवाज़ को fade out करने का दुस्साहस किसी ने न किया। यह उनके प्रति आदर व प्रेम का ही प्रतीक है।

एक बार सुप्रसिद्ध ठुमरी गायिका नैना देवी के घर पर 'रागरंग संस्था' की ओर से एक महफ़िल में उस्ताद अमीर खाँ के गायन का आयोजन किया गया। कमरा खचाखच भरा था। उस्ताद अब्दुल वहीद खाँ के शिष्य पं. जीवन लाल मट्टू सहित दिल्ली के लगभग सभी गुणीजन वहाँ उपस्थित थे। अमीर खाँ साहब ने राग यमन प्रस्तुत किया। उस दिन तो उनका गायन असाधारण था। उन्होंने अपनी कोई ऐसी ताकत इकट्ठी करके गाया कि बस ऐसा लगा जैसे मंद्र में शेर की गर्जना हो रही हो। हर इरादे पर वाह-वाह से कमरा गूंज रहा था।

एक बार 1963 में उस्ताद चाँद खाँ के निवास स्थान सुई वालान, दिल्ली में रात भर संगीत की महफ़िल जमी जिसमें बहुत से कलाकारों ने भाग लिया। अंत में उस्ताद लताफ़त हुसैन खाँ

(आगरा घराना) के गायन के पश्चात् कार्यक्रम का समापन उस्ताद अमीर खाँ साहब के कला प्रदर्शन से हुआ। उन्होंने वहाँ बहुत से राग गाए। राग देशकार में द्रुत ख़्याल की तीनताल निबद्ध पारम्परिक रचना 'हूँ तो तोरे कारण जागी, जागी मोरे बलमा, जागत भई भोर' गाई।

पंजाब के सुप्रसिद्ध हरिवल्लभ संगीत सम्मेलन में सन् 1963 में उन्होंने दो कार्यक्रम प्रस्तुत किये। पहला कार्यक्रम रात्रिकालीन था और उसके अगले दिन शाम को दूसरा। पहले दिन वे एक घंटे तक केवल राग दरबारी ही गाए। तानपूरे पर एक तरफ़ महेन्द्र शर्मा था और दूसरी तरफ़ मैं था। उस दिन तानपूरे बिखर गए। महेन्द्र शर्मा ने मेरी ओर इशारे से कहा कि मैं तानपूरे को जाँचू। मैंने अपना तानपूरा ध्यान से सुना और उसे वापिस इशारा किया कि वह अपने तानपूरे को देखे। ऐसा होने पर भी स्थितप्रज्ञ खाँ साहब ने अपने मन का संतुलन नहीं खोया और उस समय श्रोताओं को 'तराना' के विषय में अपना मत समझाने लगे। उन्होंने कार्यक्रम के पश्चात् भी हमसे कुछ न कहा पर मैं स्वयं को कसूरवार मानता रहा और अगले ही दिन से और चौकन्ना हो गया।

अगले दिन वहीं पर उनका एक और कार्यक्रम होना निर्धारित था। उससे पहले वे शेरवानी और टोपी पहने बरामदे में चल रहे थे। मैं उनके पीछे-पीछे चल रहा था। वे मनन कर रहे थे। उनके चेहरे पर संजीदगी थी। एक बुजुर्ग व्यक्ति ने उन्हें 'नज़र' (भेंट) देनी चाही पर उन्होंने नहीं ली। खाँ साहब के गायन से पहले वहाँ उस्ताद नज़ाकत अली–उस्ताद सलामत अली का कार्यक्रम था। जब हम वहाँ पहुँचे तो वे राग 'पूर्वी' में तानों की बौछार लगा रहे थे। गर्मागर्म माहौल था। उसके बाद वे राग 'पहाड़ी' में कहरवा ताल में ठुमरी गाए 'सैंया बिना घर सूना'। एक व्यक्ति खाँ साहब के पास जाकर कहने लगा–'खाँ साहब वहाँ तो कमाल हो रही है, लोग तो मस्त हुए जा रहे हैं।' खाँ साहब ने यह सुना, फिर अपने चिन्तन-मनन में लग गए व अपने सुर सागर में गोते लगाते रहे। पिछला कार्यक्रम ख़त्म होने के बाद जब वे मंच पर आए तो उस समय पंडाल में बहुत हड़बड़ाहट सी थी। कुछ लोग उठ कर जा रहे थे। कुछ लोग उस्ताद नज़ाकत-सलामत के साथ फोटो खिंचवा रहे थे। खाँ साहब के साथ तबला संगत करने वाला कलाकार भी नहीं पहुँचा था। खाँ साहब मंच पर बैठ गए। आयोजकों में से एक कहने लगे कि तबले के लिए 'फलां को बैठा दीजिए।' एक व्यक्ति बहुत मामूली वादक था। मैंने खाँ साहब से कहा कि इसको मत लीजिए। पांडाल में सामने ही ज़मीन पर बिछे ग़लीचे पर सुप्रसिद्ध तबलावादक बनारस के पं. सामता प्रसाद बैठे थे। खाँ साहब ने उन्हें मंच पर आने का इशारा किया। वे तत्काल आ गए। तबला हाथ में लेकर मिलाते हुए बोले कि 'खाँ साहब! मुझे आप वाली ताल और लय की आदत नहीं है। तो खाँ साहब ने सहजता से कहा कि 'भैया! तीनताल विलम्बित लगाओ।' खाँ साहब ने योगी की भांति केन्द्रित विचारों से 'सा' लगाकर रॉग मारवा के संक्षिप्त आलाप के पश्चात् जब बंदिश 'रे जग बावरे' शुरू की तो शांति की लहरें वातावरण में वितरित होने लगीं। जो लोग उठ रहे थे, वे बैठना शुरू हो गए। पौने दो घंटे में खाँ साहब ने राग 'मारवा' और राग 'यमन कल्याण' ऐसे जमाए तथा पं. सामता प्रसाद भी ऐसा जमकर ठेका लगाए कि श्रोतागण हतप्रभ रह गए। इससे मुझे यही सीख मिली कि कलाकार को किसी प्रतिकूल परिस्थिति में भी मानसिक संतुलन नहीं खोना चाहिए।

जिन दिनों खाँ साहब 'हरिवल्लभ संगीत सम्मेलन' के लिए जालंधर रुके हुए थे, तब उन्होंने

आकाशवाणी के निदेशक के आग्रह करने पर रिकॉर्डिंग स्वीकार की। उसमें उन्होंने राग मुल्तानी की झूमरा ताल में निबद्ध बंदिश 'जाको मन अल्लाह संग रहत' गाई। उसके पश्चात् राग 'मालकौंस' में तीनताल निबद्ध 'लागी ला मनवा तुम्हीं संग, मोरे मितवा सुरजनवा राजे' तत्पश्चात् राग 'चंद्रकौंस' में तराना गाए जो कि बाद में भी बार-बार जालंधर रेडियो से बजाया जाता रहा। यह एक घंटे का प्रोग्राम था।

भारत सरकार द्वारा फरवरी सन् 1964 में **ईस्ट वेस्ट कान्फ्रेन्स** का आयोजन आज़ाद भवन, दिल्ली में किया गया। जहाँ विश्व के अनेक देशों के प्रतिनिधि कलाकारों ने हिस्सा लिया। उसमें अमीर खाँ साहब ने भारतीय संगीत गायन का प्रतिनिधित्व किया। उन्होंने पहले 'कोमल रिषभ आसावरी' राग में झूमरा ताल में 'जगत सपना का पर करत गुमान बावरे' गाया तथा द्रुत तीनताल में 'ए री अब तो सेली गर में' उसके बाद 'गुर्जरी तोड़ी' राग शुरू किया जिसमें रिषभ स्वर की श्रुति (shade) अलग है। श्रोताओं में पं. बी.आर. देवधर बैठे थे। उन्हें देखकर खाँ साहब बोले कि "देवधर! ज़रा ऊपर आ जाओ! जो मैं कह रहा हूँ इनको अंग्रेजी में समझाओ। कल से यहाँ श्रुतियों के विषय में चर्चा हो रही है। इन्हें बताओ कि दोनों रागों में कोमल रिषभ स्वर का कैसा स्पष्ट अंतर है।"

इसी उपलक्ष्य में दुनियाँ के महानतम कलाकारों में से एक सुप्रसिद्ध वायलिनवादक **यहूदी मैनुइन** भी यहाँ आए हुए थे। उन्होंने एक मंत्री जी के आवास-स्थान पर आयोजित सांगीतिक-बैठक में उस्ताद अमीर खाँ साहब का गायन सुना और **स्वदेश लौट कर खाँ साहब को यादगार के रूप में अपनी एक फ़ोटो भेजी जिसके पीछे लिखा था "While I was listening to you, I was transported to the seventh heaven."** खाँ साहब कुछ शरमाते हुए से मुझसे बोले कि "देखो! पता नहीं क्या लिख दिया इसमें।" खाँ साहब इतने सादे थे कि उन्होंने उस प्रशंसा का कभी कहीं ज़िक्र तक नहीं किया और उनकी फोटो उन्होंने फ्रेम में लगा दी। कोई साधारण गायक होता तो इस बात को जगह-जगह कह कर अपनी बड़ाई का ढिंढोरा पीटता परन्तु खाँ साहब एक असली सूफ़ी की भाँति अपना गाना संसार के मालिक एवं उसके प्रेमियों को सुनाते रहे।

सन् 1966 में रेडियो में 'गुरु-शिष्य परम्परा' नामक धारावाहिक कार्यक्रम के अंतर्गत उस्ताद अमीर खाँ साहब और उनके दो शिष्यों का गायन प्रसारित हुआ। अमीर खाँ साहब ने एक घंटा गाया। खाँ साहब के गायन से पूर्व 15-15 मिनट भाई अमरनाथ ने राग 'गौड़मल्हार' और उसके बाद श्रीकांत बाकरे ने राग 'मारु बिहाग' गाया। प्रोग्राम से कुछ दिन पहले अमीर खाँ साहब ने भाई श्रीकांत बाकरे को 'मारु बिहाग' का अंतरा सिखाया 'मन चिंता मति भई बावरी भाऊँ जोगनिया भेस।' उन्होंने बताया कि यह बहुत पुरानी बंदिश है।' मुझे यह प्रोग्राम बहुत अच्छी तरह से याद है कि मैं डलहौज़ी में था और मैंने यह सुनने के लिए किराए पर रेडियो लेकर सुना। आख़िर यह मेरे उस्ताद का नेशनल प्रोग्राम था।

एक बार मालचा मार्ग नई दिल्ली में श्री विनयभरत राम के यहाँ खाँ साहब का कार्यक्रम था। मुझे यह भी बहुत अच्छी तरह से याद है कि उन्होंने इतना बढ़िया गायन किया कि आज तक वे श्रोता याद करते हैं। कमाल की बात तो यह है कि विश्व प्रसिद्ध सरोदवादक उस्ताद अली अकबर

खाँ पूरे कार्यक्रम में बैठे रहे और उनके संगीत का आनंद उठाते रहे।

एक दफ़ा संगीत नाटक अकादमी के संग्रहालय के लिए खाँ साहब की रिकॉर्डिंग की जानी निश्चित हुई। तबले के लिए श्री गफ्फ़ार हैदर को बुलाया गया। श्री बी.सी. देवा उस समय अकादमी के उप-सचिव थे। श्री देवा ने गायन की रिकॉर्डिंग से पूर्व खाँ साहब का संक्षिप्त 'इन्टरव्यू' लिया। स्टूडियो में सुरिन्दर सिंह भी थे। मैं तानपूरे पर था। साक्षात्कार के दौरान श्री देवा ने सुरिन्दर को भी इशारा किया कि वह भी उनसे प्रश्न पूछे। बाद में खाँ साहब ने आधे-आधे घंटे के तीन राग प्रस्तुत किए–'गुर्जरी तोड़ी', 'शुद्ध कल्याण' एवं 'जोग'।

सन् 1972 में भारतवर्ष की स्वतंत्रता की 25वीं वर्षगांठ पर 'रजत जयन्ती समारोह' में लाल किले पर गायन के लिए उस्ताद अमीर खाँ साहब को आमंत्रित किया गया। खाँ साहब ने यह बताया कि उन्हें अभी तक की सभी स्वतंत्रता दिवस की वर्षगांठों पर कहीं न कहीं गाने का सुअवसर प्रदान किया गया है। वास्तव में यह थी भी बहुत सम्मानजनक बात।

वहाँ उन्होंने कर्नाटक संगीत का एक मेल जिसका नाम रामप्रिय मेल है, गाया। इसमें रे और नि स्वर कोमल तथा मध्यम तीव्र प्रयुक्त होता है। हिन्दुस्तानी पद्धति में कर्नाटक राग गाकर खाँ साहब ने यह दर्शाया कि दोनों पद्धतियों का मिलन हो रहा है क्योंकि जड़ें दोनों की एक ही हैं। रामप्रिय मेल के विलम्बित ख्याल के लिए उन्होंने सूफ़ी शायर सरमद शहीद की एक रूबाई की पहली दो पंक्तियों को स्थाई के रूप में गाया–

'सरमद' ग़म-ए-इश्क़ कस रा न दहेम
सोज़-ए-दिल-ए परवाना मगसरा न दहेम

अर्थ : 'सरमद' हर किसी को इश्क़ का ग़म नहीं देते।
परवाने के दिल की करुणा मक्खी को नहीं देते।

भावार्थ यह है कि 'सरमद' सूफ़ी कह रहे हैं कि हर किसी व्यक्ति को इश्क़ का ग़म (ईश्वर के प्रति प्रेम) प्राप्त नहीं होता। परमात्मा के प्रेम में तड़प कर प्राण न्योछावर केवल भक्त ही कर सकता है, एक साधारण इन्सान नहीं।

एक बार सन् 1972 में दादर माटुंगा सर्कल, बम्बई के कार्यक्रम में सायंकालीन बैठक में खाँ साहब ने राग 'श्री' से अपना गायन प्रारम्भ किया। झपताल में निबद्ध बंदिश 'प्रभु के चरन कमल' गाई। उन्होंने गाते-गाते ही 'मारवा' राग की मध्यलय बंदिश 'गुरु बिन ज्ञान न पावे' गानी शुरू कर दी। भारतीय बैठक की तरह ज़मीन पर बैठे सभी श्रोता जिनमें अधिकतर गुणीजन थे, वाह-वाह करने लगे। यह कार्यक्रम तीन घंटे तक चला जहाँ मेरे साथ सुरिन्दर भी उपस्थित थे।

सन् 1973 का रेडियो संगीत सम्मेलन विशेषतया विज्ञान भवन में आयोजित किया गया था। अधिकतर कलाकारों के लिए संगीत सम्मेलन में प्रस्तुतिकरण की निर्दिष्ट अवधि एक घंटा ही थी परन्तु किसी-किसी विरले व अति विशिष्ट कलाकार को शनिवार के दिन डेढ़ घंटा दिया जाता था। 'आकाशवाणी' के इतिहास में ऐसा एक ही बार हुआ कि कुछ चुनीदा कलाकारों को दो घंटे का समय दिया गया। उन चार-पाँच कलाकारों में से एक उस्ताद अमीर खाँ साहब थे। वे पहले सवा घंटा 'कोमल रिषभ आसावरी' गाए :–'जगत सपना'। उसके बाद वे आधा घंटा राग 'गुर्जरी तोड़ी'

गाए जिसमें उन्होंने विलम्बित ख़्याल, द्रुत ख़्याल तथा तराना सभी गाए और बोले कि जल्दी इसलिए कर रहा हूँ कि अभी और राग भी गाने हैं। अंत में 15 मिनट राग 'बैरागी' गाए। मध्यलय ख़्याल के बोल थे 'मन सुमिरत निसदिन तुमरो नाम।' तबले पर संगत श्री फ़ैयाज़ ख़ां कर रहे थे।

उस दिन लगा कि जैसे कोई योगी बैठा हो। मुझे तो उनके चेहरे का जलाल ही कुछ अलग लग रहा था। वह तेजस्वी रूप मेरे अंतःकरण में बसा हुआ है। वह उनका दिल्ली शहर में अंतिम कार्यक्रम था। आकाशवाणी के सभी केन्द्रों से सीधा प्रसारण तो था ही, साथ ही साथ दिल्ली में आयोजित होने के कारण वह दूरदर्शन के द्वारा भी उसी समय प्रसारित किया गया।

3 मार्च 1973 को महाशिवरात्रि का पावन पर्व था। इंदौर में भूतेश्वर महादेव के मंदिर में संगीत निशा का आयोजन किया गया। उस रात्रि दस हज़ार से भी अधिक संगीत प्रेमियों का अद्‌भुत जमाव हुआ। उस रात्रि को खाँ साहब ने कहा था "आज मैं जो कुछ हूँ वो भगवान् भूतेश्वर की ही देन है।" खाँ साहब को सभी जगह वही मालिक नज़र आता था।

ध्यान से देखा जाए तो खाँ साहब के जीवनकाल में ही उन्हें संगीत जगत एवं भारत सरकार ने हृदय से अत्युच्च सम्मान एवं प्रेम न्योछावर किया है।

- **जब देश में केवल एक कलाकार को गायन का प्रतिनिधित्व करने हेतु चयन किया जाना था तो उनकी नज़र 1964 में ईस्ट वेस्ट कान्फ्रेंस के लिए निर्विवाद रूप से खाँ साहब पर ही पड़ी।**
- **भारत की स्वतंत्रता की रजत जयंती के अवसर पर लाल किले में उनका ही शास्त्रीय गायन आयोजित किया गया।**
- **रेडियो के ऑडीशन बोर्ड ने उन्हें 'ऑडीशन' से सहर्ष मुक्त कर आदरपूर्वक उच्चत्तम श्रेणी में रखा।**
- **फ़िल्म संगीत जगत में उनका योगदान एवं मान्यता तो सर्वविदित ही है।**
- **आकाशवाणी ने 'रविवारीय प्रातःकालीन सभा' में गाने के लिए जो कि लगभग सम्पूर्ण भारत में प्रसारित की जानी थी, सर्वप्रथम इन्हें ही आमन्त्रित किया।**
- **दिल्ली दूरदर्शन के ऑडीटोरियम के उद्‌घाटन के लिए भी 15 अगस्त 1962 को अमीर खाँ साहब का ही गायन आयोजित किया गया।**
- **'रेडियो संगीत सम्मेलन' के लिए भी वे उन चंद कलाकारों में थे जिन्हें बारम्बार आमन्त्रित करने के साथ-साथ दो घंटे के प्रसारण के लिए चुना गया।**
- **कई सम्मेलन तो प्रत्येक वर्ष उनके बग़ैर अधूरे ही माने जाते थे। उदाहरण के तौर पर दिल्ली का 'शंकर लाल फैस्टीवल', बम्बई का 'स्वामी हरिदास संगीत सम्मेलन', कलकत्ते का 'तानसेन संगीत समारोह' एवं कलकत्ते का ही 'डोबर लेन कान्फ्रेंस' आदि।**
- **'ओडियन' तथा फ्रांस की कम्पनी 'ज़ोनोफ़ोन' ने सन् 1940-41 में ही खाँ साहब के रिकॉर्ड निकाले।**
- **H.M.V. Recording Company के अधिकारी श्री जी. एन. जोशी स्वयं अनेक बार**

उनके घर एल.पी. रिकॉर्ड बनाने का आग्रह करने जाते रहे। उन्होंने बहुत कठिनाई से खाँ साहब को राज़ी किया। Down Melody Lane नामक पुस्तक में पृष्ठ 94 पर वे लिखते हैं: "I visited him often...Amir Khan went on cancelling dates and again postponing the recording...Ultimately...I said to him, 'If I had approached God Almighty as many times as I have come to you, he would have blessed me...'

- **उनके द्वारा गाई गई घरेलू बैठक के गायन (साधारण तबलावादक और हारमोनियम के साथ) की रिकॉर्डिंग भी चार कैसेट की एलबम के रूप में H.M.V. द्वारा मार्किट में निकाली गई, जो बहुत बिकी। उनकी मृत्यु के 30 वर्ष उपरान्त आज भी उनके रिकॉर्ड, सी. डी., ऑडियो टेप आदि उपलब्ध हैं।**

पुरस्कार एवं सम्मान

उस्ताद अमीर खाँ की अमरकला साधना के स्वरों से फूलों की भाँति उनकी ख्याति का सौरभ दूर-दूर तक सुगन्ध फैला चुका था। उन्हें अनेक राष्ट्रीय व अन्तर्राष्ट्रीय सम्मान मिले तथा अनेक पुरस्कारों एवं उपाधियों से सम्मानित किया गया–परंतु इससे खाँ साहब में 'अहं-भाव' बिल्कुल भी जागृत नहीं हुआ। वे सच्चे साधक की भाँति इन सबसे अप्रभावित रहे। ख्याति तो उन्हें स्वाभाविक रूप से ही मिली।

अमीर खाँ साहब ने न केवल भारतीय जनजीवन को ही अपने संगीत से परम आह्लादित किया वरन् इंग्लैंड, अमरीका तथा अफ़गानिस्तान जैसे देशों में भी अपनी कला का श्रेष्ठतम प्रदर्शन करके भारतीय संगीत की उज्ज्वलता एवं उत्कृष्टता को स्वर्णाक्षरों में अंकित किया।

जहाँ तक राष्ट्रीय व अंतर्राष्ट्रीय सम्मानों व पुरस्कारों का प्रश्न है, वे विभिन्न क्षेत्रों में किसी भी विशिष्ट योगदान के लिए विभिन्न व्यक्तियों को प्रदान किए जाते हैं। इस प्रकार अपने-अपने कार्यों में पूरी निष्ठा से रत हुए व्यक्तियों की प्रशंसा एवं समाज को उनकी देन के लिए आभार व्यक्त किया जाता है। इसे हम हौसला अफ़ज़ाई नहीं कह सकते क्योंकि वह तो कार्य आरम्भ करते समय और उसमें आने वाली बाधाओं को पार करते समय आवश्यक होती है। अथक परिश्रम एवं अपने अस्तित्व तक को उस कार्य में समर्पित कर सम्पूर्ण जीवन उसी में लगा देने वाले व्यक्ति के लिए समाज या सरकार से इनाम पाना लक्ष्य नहीं होता। वह तो अपने कार्य के लिए ही जीता है और उसी कार्य को करते-करते ही प्राण त्याग देता है। संगीत के क्षेत्र में भी उस्ताद अमीर खाँ सरीखे कलाकार केवल अपनी कला के प्रति समर्पित रहते हैं।

बिहार 'नृत्य, नाटक व संगीत अकादमी' फैलोशिप

1957 में बिहार संगीत नाटक अकादमी के द्वारा आपको **'तराना' गायन शैली पर अनुसंधान करने हेतु ज़ाकिर हुसैन 'फैलोशिप'** प्रदान की गई। ऐसा शोध केवल उस्ताद अमीर खाँ के जैसा विद्वान एवं एकनिष्ठ चिन्तक ही कर सकता था।

वृत्तचित्र

सन् 1970 में भारत सरकार के **'फिल्म्स डिवीज़न'** विभाग ने खाँ साहब पर एक वृत्तचित्र (Documentary) बनाने का निर्णय लिया। इसके निर्देशन तथा फोटोग्राफी के लिए श्री एस.एन.एस. शास्त्री को नियुक्त किया गया। इस Documentary में खाँ साहब का व्यक्तिगत जीवन, संगीत जगत को देन एवं उपलब्धियों को दर्शाया जाना था। इसके लिए खाँ साहब को एक स्थान पर अपने शिष्यों को दिखाना था। मुझे उस दृश्य में उपस्थित होने के लिए बम्बई जाना था। टिकट का आरक्षण न हो पाने के कारण मैं Unreserved Compartment में ही घुस गया। आधा रास्ता तो मैं ज़मीन पर ही बैठा रहा। उसके बाद रतलाम से मुझे सीट पर बैठने की थोड़ी सी जगह मिली। शाम को 4. 30 बजे पहुँचा और 5.30 बजे ही रिकॉर्डिंग शुरू होनी थी। खाँ साहब ने मुझे देखा, मुस्कुराए और तानपूरा लेने का इशारा किया। मुझे ऐसा लगा कि मेरी सारी मेहनत सार्थक हो गई। उस दृश्य में राग मारवा में 'गुरु बिन ज्ञान न पावे' बंदिश सिखाते हुए दर्शाया गया है। बाद में कलकत्ते के शागिर्दों को भी यही बंदिश (इसी स्वर से) सीखते हुए दिखाकर दोनों दृश्यों को जोड़ा गया है। एक Live Concert दिखाने के लिए 'बड़े-मंदिर' में ही एक संगीत संध्या का आयोजन किया गया है।

इसी के लिए जब बंबई स्थित घर में उनके अभ्यास का दृश्य फ़िल्माया जाना था तो वे बनियान तथा लुंगी पहन कर राग तोड़ी में 'अल्लाह जाने अल्लाह जाने' बंदिश गा रहे थे। क्या तानें लगाईं उन्होंने उस दिन! मुझे तो वह कमरा भी याद है जहाँ एक दीवार में खिड़की थी जिसके आगे वे बैठे थे।

यह वृत्तचित्र बहुत ख़ूबसूरत बना जो कि 5 मार्च सन् 1971 के दिन से हमारे देश के सिनेमाघरों में दिखाया जाने लगा।

सन् 1971 में **'सुर सिंगार संसद'** संस्था के द्वारा उस्ताद अमीर खाँ को **'स्वर विलास'** की उपाधि से विभूषित किया। वह सुबह की महफ़िल थी। उस दिन केवल उस्ताद बिस्मिल्लाह खाँ का शहनाई वादन एवं उस्ताद अमीर खाँ का गायन था। मैं तानपूरे पर था। खाँ साहब ने राग चारुकेशी से अपना गायन प्रारम्भ किया और श्रोताओं को मंत्रमुग्ध कर दिया।

सिंह बंधुओं को भी उसी कार्यक्रम में अपनी कला प्रदर्शन का अवसर मिला। यह हमारा सौभाग्य था कि अपने गुरु के हाथों ही से हमें 'सुरमणी अवार्ड' प्राप्त हुआ। यह हमारे लिए आशीर्वाद था। वहाँ सुप्रसिद्ध गायिका बेग़म अख़्तर भी मौजूद थीं। आज भी वह क्षण याद कर मुझे रोमांच हो आता है।

संगीत नाटक अकादमी 'अवार्ड'

1967-68 के अवार्ड के लिए 'संगीत नाटक अकादमी' ने उस्ताद अमीर खाँ साहब को चुना। यह सम्मान उन्हें देश के राष्ट्रपति डॉ. ज़ाकिर हुसैन द्वारा प्रदान किया गया। उस समय अकादमी की अध्यक्षा श्रीमती इंदिरा गाँधी थीं। उन्होंने भी खाँ साहब को निजी रूप से बधाई दी। उसी के संदर्भ में रवीन्द्र भवन के प्रांगण में खाँ साहब का गायन आयोजित किया गया। इस कार्यक्रम में खाँ साहब के एक तरफ़ तानपूरे पर मुनीर खाँ तथा दायीं ओर मुझे बैठने का आदेश मिला। उन्होंने वहाँ राग

मारवा, यमन कल्याण तथा हंसध्वनि प्रस्तुत किए।

पद्मभूषण

सन् 1971 की बात है कि एक बार मैं और मेरा भाई सुरिन्दर, बम्बई में पैडर रोड पर खाँ साहब के घर गए। अभी हम उनके कमरे के पास पहुँचे ही थे कि खाँ साहब की तानों की फुलझड़ियाँ सी सुनाई पड़ीं। बैठक में खिड़की के पास एक तख़्तपोश पड़ा होता था जिस पर दरी चादर बिछा रहता, वे उसी पर गाते थे। उन्होंने हमें देखा तो इशारा किया कि बैठ जाओ। हम उन्हीं के पास ज़मीन पर बैठ गए। उनका सारा कमरा स्वर लहरियों से गुञ्जायमान हो रहा था। कुछ देर बाद उन्होंने कहा–'अभी सरकार के लोग आए थे, कुछ अवार्ड दे रहे हैं 26 तारीख़ को।' हमने उत्साहपूर्वक पूछा कि पद्मश्री मिल रहा है या पद्मभूषण? उन्होंने कहा 'मैंने नहीं पूछा। अरे! कोई एज़ाज़ ही दे रहे हैं न।' उस समय उनके चेहरे पर प्रसन्नता की एक हल्की मुस्कान भी थी। इस उपाधि के मिलने के उपलक्ष्य में बम्बई-संगीत एवं नृत्य समीक्षक क्लब और संगीत कला संदेश-इंदौर के द्वारा अमीर खाँ साहब का अभिनंदन किया गया।

कुछ महान कलाकारों के हृदयोद्गार

जब अन्य दिग्गज संगीतज्ञ व गुणीजन किसी कलाकार विशेष की मुक्तकंठ से सहृदय प्रशंसा करते हैं तो वह भी किसी बड़े सम्मान से कम नहीं है। जब हीरे की तारीफ़ जौहरी ही करे तो उसके क्या कहने।

विश्व प्रसिद्ध सितारवादक एवं भारत रत्न से सम्मानित पूज्य पं. रवि शंकर जी के अनुसार :–"मैं यह बार–बार कहूँगा कि अमीर खाँ ही वह गायक थे, जो मुझे प्रिय थे। कंठ संगीत के विषय में उनकी गायकी ही मेरे लिए आदर्श थी। उसकी समग्रता ही संगीत को महान बनाती है।...."

खाँ साहब एक साधारण संगीत शिक्षार्थी से लेकर अच्छे-अच्छे कलाकारों तक को प्रभावित करने वाले थे। एक बार कलकत्ते में पं. भीमसेन जोशी जैसे दिग्गज एवं मशहूर कलाकार ने चार वर्षों के अन्तराल के उपरान्त गायन प्रस्तुत करने से पहले कहा कि 'सुबह से सेमिनार तो चल ही रहा है। मैं कोई वक्ता तो नहीं हूँ पर यह ज़रूर कहूँगा कि अपने गुरुजनों के अलावा मैं दो कलाकारों से प्रभावित हुआ हूँ, जिन्होंने मेरे मन को छुआ है–एक श्रीमती केसर बाई केरकर और दूसरे उस्ताद अमीर खाँ।' अगले दिन कलकत्ते के 'Telegraph' अख़बार में यह रिपोर्ट छपी।

सुप्रसिद्ध गायक पं. जसराज ने इंदौर रेडियो के साक्षात्कार में कहा–"उनके बारे में बोलना कोई साधारण बात नहीं है क्योंकि उनका गाना तो स्वयं में इतनी बड़ी एक Novel थी जिसको पढ़ते चले जाइए, कभी ख़त्म न हो। मैंने उनका गाना बहुत बचपन से सुनना शुरू किया और मुझे हमेशा से उनका गाना बहुत पसन्द था, हमेशा मुझे प्रभावित करता रहता था, आज भी प्रभावित करता है। दो चार बातें जो कि गाने बजाने के नाते कहना चाहूँगा कि भारत में ऐसे बहुत कम कलाकार हुए हैं, यूँ कहिए कि शताब्दियों में एक-आध ही ऐसा कलाकार पैदा होता है जिनका कि असर उनके हर Contemporary (संगीसाथी) आर्टिस्ट पर प्रभाव झलकता है। उच्च स्तर पर अपना स्थान रखते

थे। मैंने दो ही कलाकार आज तक देखे जिनका प्रभाव उनके Contemporary artists पर रहा, पहले थे–उस्ताद फैयाज़ खाँ साहब जिन्होंने अपनी गायकी से किसी भी कलाकार को अछूता नहीं छोड़ा–इतना प्रभावशाली उनका व्यक्तित्व एवं गाना था कि बिना सोचे, अनजाने उनकी गायकी हर एक कलाकार के गले से निकलनी शुरू हो गई। उसके बाद में उस्ताद अमीर खाँ साहब आए और उन्होंने ऐसा काम कुछ कर दिखाया कि आज भी लोग उनको गाते हैं और बजाते हैं भले ही वो किसी भी घराने से हों। मैं भी उनके गाने से बहुत प्रभावित हूँ, अछूता नहीं हूँ।''

सुप्रसिद्ध सितार वादक पं. देवव्रत चौधरी के अनुसार–''उस्ताद अमीर खाँ के गायन में पहला षड्ज लगते ही सुनने वालों के रौंगटे खड़े हो जाते थे। उनके गायन में धैर्य, सौम्यता, शांति और इबादत के कारण ऐसा लगता था कि आँख मूंद कर डूब जाएं और आनंद लें। उनके गायन में शुरू से अंत तक यही गुण विराजमान रहता था। उनकी गायकी सुनकर ऐसा प्रतीत होता था कि मानो हम संगीत समुद्र की गहराई में चले गए जिसका अन्त न मिलता है, न दिखता है। मेरे साथ उनका ऐसा गहरा सम्बन्ध था जो एक पिता और पुत्र में होता है।''

किराना घराने की जानी-मानी गायिका सुश्री प्रभा अत्रे भी खाँ साहब की गायकी की क़ायल हैं। अपनी पुस्तक 'स्वरमयी' में वे लिखती हैं–''जिस काल में हम रहते हैं, उस के साथ बहते रहना भी बहुत लोगों को नहीं आता किन्तु अमीर खाँ साहब जैसे गायक भविष्य का अंदाज़ा लेते हुए कला को आकार देते रहते हैं। अपने बाद की ही नहीं, उसके बाद की भी पीढ़ियों का मार्गदर्शन करते रहते हैं। उनकी कला समय का बंधन नहीं मानती।''

प्रसिद्ध शास्त्रकार एवं ध्रुपद गायिका डॉ. सुमति मुटाटकर के अनुसार उस्ताद अमीर खाँ की गायकी इतनी प्रचलित हो गई थी और उनकी मान्यता उनके जीवनकाल में ही इतनी हो गई थी कि नई पीढ़ी के संगीत साधक उन्हीं का शिष्यत्व ग्रहण कर उन्हीं की राह पर चलना चाहते थे।

दिल्ली विश्वविद्यालय के संगीत संकाय की डीन, विदुषी प्रो. (श्रीमती) कृष्णा बिष्ट के अनुसार–''इंदौर घराने के संस्थापक मूर्धन्य कलाकार उ. अमीर खाँ साहब को मुझे बहुत निकट से देखने, समझने और सुनने का गौरव प्राप्त है। मेरा मानना है कि उ. अमीर खाँ साहब की गायकी उनके अंतर्निहित व्यक्तित्व–सुसंस्कृत, धीर-गंभीर स्वभाव, परिमार्जित रुचि आदि–की ही अभिव्यक्ति थी। असाधारण कल्पना-शक्ति, सृजनात्मक प्रतिभा तथा सौंदर्यबोध के धनी खाँ साहब ने पारम्परिक गरिमा एवं मूल्यों को अक्षुण्ण रखते हुए रागदारी संगीत में नवीन जीवन का संचार किया। लोकरंजन तथा प्रदर्शन की लालसा से दूर उ. अमीर खाँ साहब मंच पर शांत योगमुद्रा में धयानस्थ साधक जैसे दिखते थे। ऐसे युग पुरुष कलाकार का अवतरण हिन्दुस्तानी संगीत के लिए परम सौभाग्य की बात है।''

सुप्रसिद्ध सारंगी-वादक उस्ताद साबरी खाँ ने कहा कि अल्लाह जानता है जब उस्ताद अमीर खाँ गाते थे तो ऐसा मालूम देता था कि मानो दर-ओ-दीवार से सदाएँ आ रही हों। ऐसा नहीं लगता था कि कोई गा रहा है, बस चारों तरफ़ से सदाएँ सी आ रही हैं।

इनके अतिरिक्त अनेक कलाकार खाँ साहब की गायकी के विषय में इसी प्रकार के भाव रखते हैं।

अध्याय-11

चित्रपट में पार्श्वगायन

उस्ताद अमीर खाँ आज के बदलते दौर में शास्त्रीय संगीत की स्थिति के विषय में कुछ ऐसा विचार रखते थे कि अब संगीत को मंदिरों का आश्रय और राज्याश्रय भी प्राप्त नहीं। आज का युवा फ़िल्मी और विदेशी संगीत की ओर अधिक आकृष्ट हो रहा है। ऐसे में शास्त्रीय संगीत के कलाकारों का यह कर्त्तव्य है कि वे अपने गायन-वादन को सुरीला, रससिक्त एवं माधुर्यपूर्ण बनाएं। वे ऐसा भी मानते थे कि शास्त्रीय संगीत का प्रचार एवं प्रसार करने हेतु फ़िल्मों का आश्रय भी लिया जा सकता है।

उस्ताद अमीर खाँ ने कई फ़िल्मों में विशुद्ध शास्त्रीय संगीत गाया। जिस प्रकार पहले तीन-साढ़े तीन मिनट के शास्त्रीय संगीत के रिकॉर्ड्स मिलते थे ठीक उसी प्रकार के उन्होंने फ़िल्मों में भी गाए जिसमें किसी विशेष राग की बंदिश व आलाप-तानों आदि को ख़्याल गायकी के अंतर्गत शुद्धतम स्वरूप में प्रस्तुत किया गया।

अमीर खाँ साहब ऐसे प्रथम गवैये थे जिन्होंने अपने से पहले समय के उस्तादों के विपरीत शास्त्रीय संगीत के प्रति कट्टरता का रवैया नहीं रखा बल्कि उसे अधिक प्रचलित करने के लिए फ़िल्मों की मदद लेने से भी नहीं हिचकिचाए। हाँ, उन्होंने अपने गायन का स्तर हल्का नहीं पड़ने दिया। संगीत के शास्त्रीय पक्ष का पूर्णतया निर्वाह करते हुए पार्श्वसंगीत गायन के द्वारा उन्होंने अपना संगीत जन साधारण तक पहुँचाया और शास्त्रीय संगीत को लोकप्रिय बनाने के इस माध्यम का भी लाभ उठाया। यह उनका बहुत बड़ा योगदान है।

जब उस्ताद अमीर खाँ चालीस वर्ष के थे तो पहली बार उन्होंने फ़िल्म में गाया। उन दिनों वे कलकत्ता अक्सर जाते रहते थे। सन् 1952 ई. में बांगला फ़िल्म 'क्षुधित पाषाण' में पार्श्वगायन किया। 'क्षुधित पाषाण' का अर्थ है 'भूखा पत्थर।' इसमें खाँ साहब राग बागेश्री की बंदिश और राग मेघ का वह तराना जो कि वे अक्सर अपने कार्यक्रमों में प्रस्तुत किया करते थे, गाए। राग बागेश्री की बंदिश के बोल थे–

कैसे कटे अब रजनी सजनी,
नैना मोरे दरस के प्यासे,

आशा झूठी याद दिलाती,
मन का पंछी रोवत तरपत,
मानत नहीं मन हमरो।

विशेष ध्यान देने योग्य बात यह है कि उन्होंने एक ठुमरी भी गाई जो कि वे मंच पर कभी नहीं गाया करते थे। ठुमरी 'खमाज' राग में थी–'पिया के आवन की मैं सुनी रे खबरिया, अंग-अंग में उमंग उठत है।' तबले पर श्री राधा कान्त नंदी थे। इस फ़िल्म का निर्देशन किया था तपन सिन्हा ने तथा संगीत निर्देशन किया था उस्ताद अली अकबर खाँ साहब जैसे दिग्गज कलाकार ने जो कि जग प्रसिद्ध सरोदवादक उस्ताद अलाउद्दीन खाँ साहब के सुपुत्र है। अली अकबर खाँ साहब ने काफ़ी समय से अपनी कर्मभूमि अमरीका बना रखी है और इनके दस हज़ार से भी अधिक शागिर्द हैं।

अमीर खाँ साहब की यह रिकॉर्डिंग न्यू थियेटर्स स्टूडियो के स्टूडियो नं. 1 में रात ग्यारह बजे से शुरू होकर सुबह 5 बजे समाप्त हुई। यह घटना मेरे मित्र प्रसिद्ध सितारवादक पं. देबू चौधरी ने बताई।

हिन्दी फ़िल्म संगीत में पहले भी शास्त्रीय संगीत का प्रयोग कर किसी राग के आधार पर गाने तो बनाए गए और गाए भी गए किन्तु पहली बार राग का प्रयोग राग के विशुद्ध रूप में तथा उसमें भी ख़्याल पूर्णतया ख़्याल गायकी के अंदाज़ से ही इस्तेमाल हुआ–सन् 1952 की फ़िल्म 'बैजू बावरा' में। 'बैजू बावरा' के 'टाइटल सौंग' के रूप में खाँ साहब ने राग 'पूरिया धनाश्री' गाया। वे सर्वप्रथम ऐसे शास्त्रीय गायक थे जिन्होंने फ़िल्म संगीत में ख़्याल गायकी का ऐसा प्रयोग किया। इस फ़िल्म का संगीत निर्देशन किया था–फ़िल्म संगीत जगत के जाने माने संगीत निर्देशक श्री नौशाद अली ने। नौशाद साहब स्वयं भी शास्त्रीय संगीत की समझ रखते हैं क्योंकि उन्होंने विधिवत् संगीत शिक्षा उस्ताद यूसुफ़, बब्बन खाँ साहब तथा पटियाला के उस्ताद झंडे खाँ से ली।

नौशाद जी की बुद्धिमत्ता और दूरदर्शिता देखिए कि उन्होंने जब शास्त्रीय संगीत पर आधारित इस फ़िल्म को बनाने का विचार किया तो उन्हें अमीर खाँ साहब का ही ध्यान आया। फ़िल्म में तानसेन जैसे दिग्गज उस्ताद को दर्शाया जाना था। इस फ़िल्म की माँग यही थी, अत: नौशाद ने उस्ताद अमीर खाँ से आग्रह किया कि 'आपके गायन में इतनी गहराई है और इतनी उस्तादाना आवाज़ है कि तानसेन सरीखे 'मियाँ मल्हार', 'दरबारी कान्हड़ा' और 'मियाँ की तोड़ी' आदि गहरे राग आविष्कृत कर प्रस्तुत करने वाले लाजवाब गायक को केवल आप ही अपने गायन के द्वारा दर्शा सकते हैं।' नौशाद को इस बात का पूर्ण विश्वास था कि उनकी आवाज़ परदे पर जब आएगी तो पूरे सिनेमा हॉल को भर देगी और श्रोताओं के दिलो-दिमाग़ पर इस क़दर छा जाएगी कि उनके मन में उच्चकोटि का संगीत गहरे उतर जाएगा।

आम शास्त्रीय संगीत गायक शब्दोच्चार पर इतना ग़ौर नहीं करते जिससे कि बिगड़े हुए शब्द ज़्यादातर श्रोताओं को समझ नहीं आते। खाँ साहब यह विशेष ध्यान रखते थे कि 'शिव' कहना है तो शिव ही कहा जाए, शीव नहीं, इसी प्रकार शुद्ध कहना है तो शुद्ध ही उच्चारण हो, शूद्ध नहीं। यदि उच्चारण ही सही नहीं होगा तो कंठ संगीत में काव्य व साहित्य का होना सार्थक किस प्रकार होगा? फ़िल्म में तो परिस्थिति एवं दृश्य पर आधारित संगीत होता है जिसमें कि शब्दों का बहुत

महत्त्वपूर्ण स्थान है। अमीर खाँ साहब के निम्नलिखित गुणों के कारण उनका गायन चित्रपट संगीत में भी अत्यधिक प्रचलित हुआ जिसे कि दुनियाँ ने भी स्वीकारा–

- आवाज़ की सफ़ाई
- तान की लपक
- भावपूर्ण गायन
- स्पष्ट शब्द-उच्चारण
- आकार की सच्चाई
- गायन की गहराई
- गायन का आकर्षण
- माधुर्य एवं सुरीलापन

इन सब गुणों से युक्त उस्ताद अमीर खाँ से ही नौशाद साहब ने पूछा कि बैजू-बावरा के लिए कौन सी आवाज़ उपयुक्त रहेगी? फ़िल्म में बैजू बावरा का चरित्र एक नौजवान का है जिसके लिए एक जवान और ताज़ा आवाज़ चाहिए। खाँ साहब ने सलाह दी कि पं. डी.वी. पलुस्कर को ले लीजिए। नौशाद साहब ने कहा कि आपकी पहचान के अन्य भी कई बड़े-बड़े गायक हैं, पं. डी. वी. पलुस्कर का ही नाम आपने क्यों सुझाया? खाँ साहब ने कहा कि मैंने संगीत की बहुत सी बैठकें सुनी हैं, साधारण व असाधारण हर प्रकार के गायकों को मैंने बहुत ध्यानपूर्वक सुना है, इसीलिए मैं लगभग सभी गायकों के गुणों से भलीभाँति परिचित हूँ। वे स्वयं भी उच्चकोटि के कलाकार हैं, उनको छोटे रिकॉर्ड बनाने का तजुर्बा हासिल है और उनका उच्चारण भी स्पष्ट है। पार्श्वगायन एक विशेष प्रकार के 'हुनर' की माँग रखता है। मुझे यकीन है कि वे किसी राग की बंदिश को बड़े सुन्दर ढंग से गा सकेंगे अतः वे हर प्रकार से पार्श्वगीत गाने के लिए योग्य साबित होंगे। इस तरह बैजू बावरा की आवाज़ के लिए उन्हें चुन लिया गया तथा उनका संगीत भी बहुत पसंद किया गया।

बाद में किसी ने पूछा भी कि खाँ साहब आपने अपने मुक़ाबले में इतनी कम उम्र वाले पं. डी.वी. पलुस्कर को चुन कर और बैजू बावरा के रूप में उससे अपनी हार स्वीकार क्यों की? बुद्धि एवं हृदय से अमीर–खाँ साहब ने कहा–''नाटक-सिनेमा की हार-जीत का ज़िन्दगी पर क्या असर? और फिर वह तो विष्णु दिगंबर का–शेर का बच्चा है। एक दिन श्री नारायण राव के भाई साहब के यहाँ मैंने उसका गाना सुना था।''

शीर्षक गीत (टाइटल्स) के समय उस्ताद अमीर खाँ राग पूरिया धनाश्री में एकताल में निबद्ध रचना गा रहे हैं–'तोरी जय जय करतार'। प्रारम्भिक आलाप करते ही माहौल बन गया। रचना की समाप्ति पर पिक्चर के आरम्भ में ही महाराजा अकबर के दरबार में मियाँ तानसेन को तानपूरे के साथ गाता हुआ दिखाया गया है। इस दृश्य से यह प्रदर्शित किया गया है कि वे अकबर के दरबारी गायक हैं। सांगीतिक पिक्चर होने के कारण मुझे उसका एक-एक दृश्य याद है।

एक अन्य दृश्य में बैजू बावरा तानसेन से बदला लेने जाता है। तानसेन को शांतिपूर्वक बैठे हुए राग दरबारी के आलाप गाते दर्शाया गया है। ज्यों-ज्यों राग का विस्तार मंद्र से मध्य व तार सप्तक की ओर बढ़ता है, त्यों-त्यों बैजू बावरा महल की सीढ़ियाँ चढ़ता हुआ तानसेन के कमरे तक पहुँच

जाता है। महल की दीवारों से भी आवाज़ की गूँज होते हुए बहुत कलात्मक ढंग से दर्शाया गया है। अंत में तानसेन और बैजू बावरा की जुगलबंदी है जिसमें दोनों की प्रतियोगिता राग देसी में दर्शाई गई है। उस्ताद अमीर खाँ की, किसी भी अन्य कलाकार के साथ की गई जुगलबंदी का, केवल यही एक उदाहरण है।

इस फ़िल्म के लिए राग मेघ की तीनताल निबद्ध बंदिश 'घनन घनन घन गरजो रे' का रिकॉर्ड भी बना पर अंतत: उसे पिक्चर में शायद इसलिए सम्मिलित नहीं किया गया कि कहीं उसमें शास्त्रीय संगीत की अधिकता न हो जाए, आख़िर सिनेमा दर्शकों के समक्ष यह पहला विशुद्ध शास्त्रीय संगीत का 'प्रयोग' था।

फ़िल्म बैजू बावरा मध्यकालीन गायकों–मियाँ तानसेन तथा बैजू बावरा–पर आधारित थी और उस समय ध्रुपद गायन प्रचलन में था अत: ये दोनों ध्रुपद के ही गवैये थे पर आम फ़िल्म दर्शक के लिए नौशाद जी ने ख़्याल गायकी ही गवाई। ध्रुपद की अपेक्षा ख़्याल समझना जनता के लिए कुछ हद तक आसान व रुचिकर हो जाता है। दूसरा–समय की भी सीमा है अत: बड़े-बड़े नोम-तोम के आलाप के लिए अधिक समय भी चाहिए जिसमें कि संभवत: लोगों की रुचि न हो।

ऐसा कहने में अतिशयोक्ति न होगी कि बैजू बावरा को आशातीत सफलता मिली। इस पिक्चर ने यह रास्ता दिखाया कि फ़िल्मों में भी शास्त्रीय संगीत का प्रयोग भलीभांति किया जा सकता है और अन्य कई फ़िल्मों में तथा अन्य कई संगीत निर्देशकों व कई अन्य बड़े-बड़े शास्त्रीय गायकों को लेकर यह प्रयोग सफलतापूर्वक किया गया।

मैंने जब बैजू बावरा का संगीत सुना तो बहुत प्रभावित हुआ। गागर में सागर था। खाँ साहब ने साढ़े तीन मिनट में लयकारी और अतिद्रुत तानों समेत सब कुछ कर दिखाया।

बैजू बावरा की अत्यधिक सफलता के दो वर्ष बाद सन् 1954 में नौशाद साहब ने एक और फ़िल्म में संगीत दिया जिसका नाम था–'शबाब' तथा अमीर खाँ साहब से फिर गाने का आग्रह किया। इस फ़िल्म के गीतकार शकील बदायुंनी हैं। एक भक्ति रस की तीनताल निबद्ध रचना 'दया करो हे गिरिधर गोपाल' को बिल्कुल उपयुक्त राग 'मुल्तानी' में गाया गया है। करुणानिधि के प्रति करुणामयी रचना को करुणामय ढंग से अमीर खाँ साहब ने ऐसा गाया है कि सुनते ही मन करुणा से ओतप्रोत हो जाए।

मैं तय नहीं कर पा रहा कि यह बात मुझे लिखनी भी चाहिए कि नहीं परन्तु चूँकि खाँ साहब ने स्वयं यह बात मुझसे कही इसीलिए यह बताने जा रहा हूँ। एक बार खाँ साहब बोले 'यार। नौशाद ने तो शबाब .फ़िल्म के पैसे ही नहीं दिए।' इसका उन्हें काफ़ी देर तक अफ़सोस रहा।

अगले वर्ष सन् 1955 में एक मराठी फ़िल्म 'येरे माझ्या मागल्या' बनी जिसका संगीत निर्देशन श्री वसन्त देसाई ने किया। उस्ताद अमीर खाँ ने राग ललित की तीनताल निबद्ध बंदिश 'जोगिया मेरे घर आए' गाई।

खाँ साहब ने यही बंदिश फ़िल्म 'रागिनी' में भी गाई। इस फ़िल्म के संगीत निर्देशक थे श्री ओ.पी. नैयर। शीर्षक संगीत के तौर पर इसका प्रयोग किया गया जिसमें मंदिर से आते हुए एक दृश्य

दिखाया जा रहा है। लगभग दो मिनट की बंदिश है। खाँ साहब ने मुझे बताया कि "मुझे रिकॉर्डिंग के लिए बुलाया। वहाँ जाकर जितनी देर तानपूरा मिलाने में लगी उतनी ही देर यानि दो मिनट में रिकॉर्डिंग पूरी हो गई। अरे भई, अगर वे थोड़ा और सोचते तथा एक या डेढ़ मिनट अधिक रिकॉर्ड कर लेते तो उनका एक अच्छा ख़ासा रिकॉर्ड बन जाता पर दो ही मिनट के बाद रिकॉर्डिंग बंद कर दी।"

सन् 1955 में ही मुख्यतया संगीत-नृत्य पर ही आधारित एक फ़िल्म बनी 'झनक झनक पायल बाजे'। इसमें भी श्री वसंत देसाई ही संगीत निर्देशक थे। इस फ़िल्म का भी शीर्षक संगीत उस्ताद अमीर खाँ ने गाया। राग अड़ाना में द्रुत तीनताल में निबद्ध रचना 'झकन झनक पायल बाजे' बहुत ख़ूबसूरत है जिसमें उन्होंने द्रुत तानें बहुत महारत से गाई हैं। तबलावादक हैं–सुप्रसिद्ध पं. शामता प्रसाद। इस फ़िल्म में मुख्य नृत्यकार की भूमिका पं. गोपी कृष्ण ने निभाई है।

सन् 1959 में निर्मित फ़िल्म 'गूंज उठी शहनाई' का भी संगीत निर्देशन श्री वसंत देसाई ने किया। इस फ़िल्म में शागिर्द एक शहनाई वादक है जो कि अपने गुरु से तालीम हासिल करता है। गुरु की आवाज़ उस्ताद अमीर खाँ साहब की ली गई है और शिष्य द्वारा शहनाई वादन उस्ताद बिस्मिल्लाह खाँ का लिया गया है। दोनों दिग्गज कलाकारों की प्रस्तुति का आनंद ही कुछ और है। शिक्षा प्राप्ति को दर्शाने के लिए कई सारे रागों की लड़ी सी दिखाई गई है। यद्यपि सुनने में रागमाला सी प्रतीत होती है किन्तु यह दिखाने का तात्पर्य है कि इस प्रकार से शिष्य को प्रशिक्षित किया जा रहा है कि गुरु ज्ञान दे रहे हैं कि बेटा–यह देखो–यह राग रामकली है, यह राग देशी है; शुद्ध सारंग इस प्रकार गाते-बजाते हैं, इसका नाम है मुल्तानी, इसी प्रकार यमनकल्याण, सूर–मल्हार, बागेश्री व चंद्रकौंस इत्यादि रागों का ऐसा-ऐसा स्वरूप होता है। इस तरह विभिन्न रागों की समझ शागिर्द के भीतर आती रहती है। अंत में जब उस्ताद अमीर खाँ राग भटियार की बंदिश 'निसदिन न बिसरत' गाना प्रारम्भ करते हैं तो समापन उस्ताद बिस्मिल्लाह खाँ के शहनाई वादन से दिखाया गया है जिसका अर्थ है कि अब शिष्य पूर्ण रूप से तैयार हो गया और गुरु प्रसन्न हो रहे हैं कि मैंने इतना सिखा दिया। इस प्रकार फ़िल्म में बहुत सी पारम्परिक रचनाओं का भी प्रयोग कर लिया गया है जो कि खाँ साहब पहले से ही गाया करते थे। फ़िल्मों में शास्त्रीय गायन तथा वादन का एक साथ इस प्रकार से प्रयोग किया जाना अपने आप में एक अप्रतिम उदाहरण है।

खाँ साहब के बम्बई में रहने वाले शिष्य–श्री मुकुंद गोस्वामी ने दो धार्मिक फ़िल्में बनाईं जिनमें उन्होंने खाँ साहब से आग्रह कर दोनों बंदिशें राग दरबारी में गवाई हैं जो कि खाँ साहब ने अतीव प्रभावशाली ढंग से गाईं। पहली फ़िल्म 'जय श्री कृष्ण' में रचना 'ए मोरी आली, जब से भनक परी' तथा दूसरी फ़िल्म 'राधा पिय प्यारी' में भी झपताल निबद्ध 'ए मोरी आली' में आवाज़ की सफाई के साथ-साथ उनकी भावपूर्ण प्रस्तुति सहज ही मन मोह लेती है।

भारत सरकार के द्वारा मिर्ज़ा ग़ालिब नामक एक वृत्तचित्र बनाया गया जिसके संगीत निर्देशन का कार्य पं. अमरनाथ को सौंपा गया। अमरनाथ जी ने अपने गुरु उस्ताद अमीर खाँ साहब पर हक़ जताते हुए यह विनय की कि 'आपको इसमें गाना पड़ेगा।' खाँ साहब कभी ग़ज़ल नहीं गाते थे परन्तु

अपने प्रिय शिष्य का प्यार भरा आग्रह वे टाल नहीं सके। इसके शीर्षक गीत में उन्होंने ग़ालिब की सुप्रसिद्ध ग़ज़ल 'रहिए अब ऐसी जगह चलकर, जहाँ कोई न हो' गाई।

इस प्रकार हम देखते हैं कि खाँ साहब चहुँमुखी प्रतिभा के धनी थे और न केवल ख़्याल बल्कि ठुमरी एवं ग़ज़ल भी उतनी ही महारत से गाते थे। मंच पर वे ऐसा इसलिए नहीं करते थे क्योंकि उनका रुझान इन शैलियों में नहीं था। उनका अपने ऊपर इतना संयम था कि केवल विशुद्ध ख़्याल गायकी की सेवा में अपना जीवन समर्पित करना चाहते थे। धन्य हैं खाँ साहब सरीखे गायक।

अध्याय-12

बंदिशें

हिन्दुस्तानी शास्त्रीय संगीत में बंदिश का बहुत महत्त्व है। यही बंदिशें गुरु को शिष्य के साथ तथा शिष्य को परम्परा के साथ जोड़ती हैं। बंदिश ही राग का स्वरूप दर्शाती है तथा उसकी सीमाएँ भी निर्धारित करती है। समय-समय पर विभिन्न संगीतज्ञ अनेक बंदिशें रचते आए हैं, जिनका स्वरूप एवं विकास अगली पीढ़ी तक हस्तांतरित होता रहा है। एक-एक राग में अनेक बंदिशें सिखाए जाने का भी यही महत्त्व है कि इस प्रकार राग के विभिन्न उठाव एवं अन्य भावात्मक सम्भावनाएँ शिष्य के भीतर समाहित हो जाते हैं, अत: बंदिश एक ऐसा माध्यम है जिसके द्वारा परम्परा का संरक्षण सम्भव है।

उस्ताद अमीर खाँ साहब के पास रागों और विविध परम्परागत बंदिशों का अमूल्य संग्रह था। वे स्वयं ही एक कुशल रचनाकार थे। उनके द्वारा अनेक बंदिशें रची गईं जिनमें उनकी बुद्धि की प्रखरता, गूढ़ वैचारिक प्रतिभा, सांगीतिक साहित्य के प्रयोग की प्रवीणता तथा हृदय के कोमल भावों को अभिव्यक्त करने की क्षमता की स्पष्ट झलक मिलती है। बंदिश की रचना करते समय वे संगीत का शास्त्रीय व कलात्मक पक्ष तथा उसमें प्रयोग किए जाने वाले काव्य की गहराई, दोनों को ध्यान में रखते हुए अपनी सूझबूझ के द्वारा एक अनूठी सांगीतिक रचना का निर्माण कर लेते।

उनका यह विश्वास था कि किसी भी भाव को अभिव्यक्त करने के लिए संगीत के स्वरों के साथ उसकी बंदिश के काव्य का भी काफ़ी योगदान रहता है। उन्होंने स्वयं अपने फ़िल्म्स डिवीज़न के वृत्तचित्र में कहा है, ''जब तक Poetry का sense नहीं होगा तब तक गवैये में भाव नहीं आएगा, वो emotionless होगा।''

साधारण काव्य रचनाएँ एवं सांगीतिक काव्य रचनाएँ अपने स्वरूप में कुछ भिन्नता रखती हैं। जिस प्रकार ॠग्वेद के सभी मंत्र गाए नहीं जा सकते, लेकिन जो गाने योग्य हैं उनका संकलन सामवेद में किया गया है। उसी प्रकार सभी कविताएँ भी गाई नहीं जा सकतीं। यह पहले भी बताया जा चुका है कि अमीर खाँ साहब ने गुरु नानक, रामकृष्ण परमहंस, विवेकानन्द तथा सूफ़ी काव्य आदि के विषय में भी अध्ययन किया हुआ था।

संगीत में प्रयोग की जाने वाली बंदिशों के शब्दों का चयन इस प्रकार की मांग रखता है कि

वे भावात्मक, सहज एवं सरलतापूर्वक उच्चारण किए जाने योग्य तो हों ही, साथ ही उनमें गाया जा सकने वाला गुण भी अवश्य हो। यदि बंदिश में उपयोग की जाने वाली शब्दावली भी राग-रस के अनुकूल ही प्रयोग की जाए तो सोने पर सुहागा हो जाता है। ऐसी रचनाएँ वही रच सकता है जो साहित्य एवं संगीत दोनों में निपुण हो। संगीत व साहित्य का समन्वय कर बंदिश में ढालना खाँ साहब का अद्वितीय कार्य था। उनका साहित्य उत्तम था एवं संगीत अत्युत्तम।

मुख्यतया उनकी बंदिशों में अध्यात्म दृष्टिगोचर होता है। भारतीय संस्कृति में संगीत का मुख्य उद्देश्य ही आध्यात्मिकता का संचार कर परमात्म-प्राप्ति माना गया है। उस्ताद अमीर खाँ का संगीत एवं उनके द्वारा गाई गई कई बंदिशों का सार भगवद्-प्रेम ही है। उनकी सोच धार्मिक संकीर्णताओं से बहुत ऊपर थी। एक मुस्लिम परिवार में जन्म लेने के बावजूद उन्होंने यही माना कि राम और रहीम, कृष्ण और करीम, हरि और अल्लाह एक हैं। उन्होंने मालिक के स्वरूपों की प्रत्येक संज्ञा को समान श्रद्धाभाव से नमन किया और अपने विशाल हृदय का परिचय देते हुए भगवान के विभिन्न नामों का प्रयोग अपनी बंदिशों में भी किया। उदाहरण के लिए राग 'अहीर-भैरव' में **'पिया परवीन परम सुख चतुर, मोहनी मूरत नट-नागर'**, राग 'मालकौंस' में **'जिनके मन राम विराजे'**, राग 'शुद्ध-कल्याण' में **'करम करो कृपाल दयाल'** आदि।

उन्होंने अध्यात्मपरक बंदिशों के अलावा अन्य भी कई बंदिशें रचीं। संगीत की ऊँची गरिमा को अक्षुण्ण रखते हुए उन्होंने ऐसी बंदिशों की रचना की जो सभ्य एवं रसपूर्ण थीं। उन्होंने सदैव ऐसे शब्दों का चयन किया जो कि रक्तिदायक एवं अश्लीलता से कोसों दूर थे। ऐसा नहीं था कि खाँ साहब को शृंगारिक रचनाएँ सर्वथा नापसंद हों। वे स्वयं भी शृंगारिक रचनाएँ रचते एवं गाते थे लेकिन वे सब मर्यादा की सीमाओं में सिमटी थीं, उदाहरणार्थ राग जनसम्मोहिनी की 'कौन जतन सों पिया को मनाऊँ'।

इस प्रकार यदि शृंगार रस का प्रयोग बंदिशों में किया भी तो खाँ साहब ने सदैव इस बात का ख़ासतौर पर ख़्याल रखा कि शब्द अश्लील न हों, उदाहरण के लिए राग 'नंद' की बंदिश–'मन बेर-बेर चाहत है, तुम्हरे दरस देखन को' तथा राग 'मुल्तानी' की बंदिश 'बलमा मोरी तुमसों लाग ली प्रीत।' अपनी रचनाओं में खाँ साहब ने शृंगार रस का प्रयोग अधिकांश रूप से वियोग शृंगार के रूप में किया है। उनके काव्य में ऐसा प्रतीत होता है जैसे कि कोई मिलन को आतुर है। अमीर खाँ साहब के प्रियतम (एक सूफ़ी की भाँति) ईश्वर थे–ऐसा ईश्वरीय प्रेम 'इश्क़-ए-हक़ीक़ी' कहलाता है जहाँ भक्त कवि या गायक स्वयं को प्रेयसी की भाँति तथा प्रभु को ही प्रियतम मानकर तड़पता है। यह व्याकुलता उनकी अधिकांश बंदिशों एवं तरानों के फ़ारसी शेरों में भी झलकती है। **साधारण दृष्टि से भले ही ऐसा लगे कि उनकी काव्य रचनाएँ एक प्रेयसी के द्वारा प्रियतम को किया गया निवेदन हैं किन्तु उनमें तो एक भक्त द्वारा अपने इष्ट-प्रभु के प्रति समर्पण है।**

अब निम्नलिखित बंदिश देखिए–

राग जोग (ताल रूपक)

स्थाई : हो बलमा कब घर आवेंगे
तुम्हरे बिना मोहे, कल न परत है

अंतरा : मग जोवत मोहे दिनवा बीतत हैं
बेगी दरस दिखावो रे।।

इस प्रकार खाँ साहब यदि श्रृंगारिक बंदिश गाते तो वह माधुर्ययुक्त तथा मृदुभाव लिए तो होती परन्तु अश्लील कदापि नहीं। राग 'शुद्ध कल्याण' की बंदिश 'रस भीनी भीनी आए' उन्हें बिल्कुल नापसंद थी। वे कहते यह भी भला कोई श्रृंगार है? बस अश्लीलता है।

एक बार अमीर खाँ साहब का गायन कार्यक्रम था जिससे पहले नवोदित महिला कलाकार संध्या मुखर्जी मंच पर गाने हेतु जाने वाली थीं। जब खाँ साहब ने 'ग्रीनरूम' में उनकी बंदिश सुनी–'गोरी तोरी अंगिया में फुल-फुल बास रे' तो ठाकुर जयदेव सिंह से बोले कि 'उसे मना करो भई, ये क्या गा रही है? कैसी बंदिश चुनी है गाने को? बिटिया से कहो कि यह बंदिश बदल ले।' उस गायिका ने कहा कि 'क्या करूँ, मुझे तो बस यही बंदिश आती है' ऐसा सुन खाँ साहब चुप हो गए। फिर वहीं किसी से बोले कि ''हम लोगों को ऐसी बंदिशें नहीं गानी चाहिएं, आखिर हम बहू-बेटियों में बैठते हैं–यह सब शोभा नहीं देता। ठीक है–विरह भी हो, संयोग भी हो, पर कुछ पर्दा भी होना चाहिए।'' एक बार मुझसे बोले कि ''तुम भी कैसी बंदिशें गाते हो? (इससे पहले 5 जून 1963 की सुबह 8.00 बजे मेरा रेडियो प्रोग्राम था, मैंने विभास गाया जिसे सुनकर वे कहने लगे) 'पिया तुम वहीं जाओ जहां सारी रैन गंवाई' मत गाया करो। विभास में 'मोरा रे मीत पियरवा' गाया करो।'' बाद में उनके कहने पर मैंने द्रुत ख़्याल की बंदिश 'प्यारी-प्यारी बतियाँ' गानी भी छोड़ दी और श्री डी.वी. पलुस्कर जी द्वारा गाई गई सदारंग की बंदिश गानी शुरू की–'कैसे कुमरवा जाइले हमरा।'

अमीर खाँ साहब कोई भी शब्द बिना सोचे समझे नहीं बोलते थे, भले ही वह कहने वाली बात हो या बंदिश के बोल। राग गुर्जरी तोड़ी के बारे में बात करते समय उन्होंने कहा कि इसमें एक बंदिश है ' जा जा रे पथिकवा' जो कि क्रमिक पुस्तक मालिका में भी अंकित है, उसके अंतरे के बोल कुछ ठीक नहीं लगते। क्रमिक पुस्तक में यह राग तोड़ी के अंतर्गत है।

स्थाई : जा जा रे पथिकवा
मोरे पिया सों कह देहो पतिया रे

खाँ साहब इस स्थाई में निम्नलिखित बोल कहते थे–

जा जा रे पथिकवा जा रे
मोरे पिया सों जा देहो पतियां

'क्रमिक पुस्तक मालिका' में इसके अंतरे के बोल इस प्रकार हैं–

'पहले मुख सों कहियो
तुमरो ख़ुदा हाफ़िज'

अमीर खाँ साहब ने मुझसे कहा कि जाते ही पहले मुँह से ख़ुदा हाफ़िज़ तो कभी नहीं कहा जाता। पहले तो ख़ैर-ख़ैरियत दुआ-सलाम होता है और अंत में रुख़सत (बिछुड़ने) के समय ख़ुदा हाफ़िज़ कहते हैं। देखो क्या कुफ़्र तोल दिया। उसके बाद खाँ साहब ने बताया कि इस अंतरे के बोल यूँ हैं–

तुम्हरो तो मन औरन संग लागो
हमरो ख़ुदा हाफ़िज़
सदारंग तुम बिन जरी जात छतियां।

इसका अर्थ उन्होंने बताया कि यह सदारंग की बंदिश है जिसमें प्रेयसी कह रही है कि हे प्रियतम! तुम्हारा मन तो किसी और के साथ लग गया है। तुम्हारे बिन मेरी छाती जल रही है अर्थात् मुझे तुम्हारे वियोग की अग्नि तपा रही है। अब तो हमारा भगवान ही मालिक है अर्थात् अब मेरी रक्षा केवल भगवान ही करें।

शब्दों के अर्थ ज्ञात करने के साथ-साथ उनका सही एवं स्पष्ट उच्चारण किस प्रकार हो तथा उस उच्चारण के साथ स्वरों में प्रयोग करते समय न्याय करना उनकी विशेषता थी। शब्दों के ह्रस्व एवं दीर्घ रूप को निबाहना उन्हें भली प्रकार आता था। उर्दू, फ़ारसी और तत्पश्चात् हिन्दी का अध्ययन कर उन्होंने स्वयं भिन्न-भिन्न प्रकार की पुस्तकें पढ़ कर भाषा ज्ञान बढ़ाया और सद्साहित्य से लाभान्वित हुए।

खाँ साहब ने बंदिश में हिन्दी की अनेक उपभाषाओं के शब्द (जिन्हें हम बोलियाँ कहते हैं) भी प्रयोग किए हैं। ऐसा करने में उनका ध्येय था–संगीत को मुलायम, मधुर एवं कर्णप्रिय बनाना। राग 'जनसम्मोहिनी' में 'कौन जतन सों पिया को मनाऊँ, मोरा पिया मोसों रूस रह्यो रे' बंदिश में 'रूस रह्यो' उपभाषा के शब्दों का प्रयोग है जिसका अर्थ है–'रूठ रहा है।' इसी प्रकार राग मारवा में 'गुरु बिन ज्ञान न पावे, मन मूरख सोंच सोंच काहे पछतावे।' इस बंदिश में मेरे द्वारा सोच-सोच कहने पर वे बोले कि सही शब्द सोंच सोंच है जो कि राजस्थानी भाषा में इस्तेमाल किया जाता है।

'अरे जग बावरे'–राग मारवा, 'जाग रे बंदे'–राग अहीर भैरव, 'बौरे! जिन अल्ला'–राग वृन्दावनी सारंग आदि गाकर हम भी तो समाज को ही मुख़ातिब होते हैं और जनसाधारण को सम्बोधित करते हैं। हमारा क्षेत्र संगीत है तो उसी के माध्यम से हम समाज के लिए अपनी सेवा दे रहे हैं।

एक बार खाँ साहब के हाथों में कुछ काग़ज़ थे उनमें से उन्होंने कुछ शब्द पसन्द आने पर ग्रहण कर लिए 'अनमानी पिया सों रहत है' और उन्हें राग कलावती के स्वरों में बाँध दिया। बाद में एक बार मैं कुछ संगीत सम्बन्धी पुस्तकों को देख रहा था और मुझे वे बोल ज्यों के त्यों कृष्णानंद व्यासदेव द्वारा संकलित 'राग कल्पद्रुम' में दिखाई दिए और तब समझ में आया कि यह मनरंग की पारम्परिक बंदिश है जिसे खाँ साहब ने 'कल्पद्रुम' से ही ग्रहण किया।

इसी प्रकार 'कल्पद्रुम' से ही राग बिलासख़ानी तोड़ी की 'बाजे नीकी घूंघरिया' द्रुत ख़्याल की बंदिश भी ली परन्तु उसके बोलों में ख़्याल गायकी के लिहाज़ से थोड़ा सा परिवर्तन कर दिया। यह बंदिश भी बहुत मशहूर हो गई है। इसी प्रकार 'कल्पद्रुम' के पृष्ठ 140 पर दी गई राग तोड़ी की

बंदिश 'यह बैरागी रूप धरे' को भी खाँ साहब ने प्रयोग किया। उनके पसंदीदा राग दरबारी में 'ए मोरी आली' बंदिश 'राग कल्पद्रुम' के ही पृष्ठ 84 पर अंकित है जिसे वे बहुत बार गाते थे।

उपरोक्त सभी बंदिशों को खाँ साहब ने पुरानी पुस्तक 'राग कल्पद्रुम' से लिए जाने के पश्चात् अपनी रुचि एवं गायकी के अनुसार स्वरबद्ध किया व अपने गायन में स्थान दिया। इस प्रकार खाँ साहब की प्रसिद्धि होने पर ये बंदिशें भी पुन: प्रसिद्ध हो गईं, अत: इन पुरानी बंदिशों को पुनर्जीवित करने का श्रेय खाँ साहब को ही जाता है। यह उनकी जागरूकता का परिचायक है कि उन्होंने लगभग 120 वर्ष पुरानी पुस्तक प्राप्त कर उन बंदिशों को अपने गायन के द्वारा प्रचलित किया। यह उनका परम्परा में विश्वास दर्शाता है। देखा जाए तो यह भी उनका बहुत बड़ा योगदान है। **अपनी रचनाओं में वे अपना उपनाम 'सुररंग' प्रयोग करते थे परन्तु अधिकांश बंदिशों में उन्होंने अपना उपनाम दिया ही नहीं।** राग चंद्रमधु, राग नंद और राग चारुकेशी की बंदिशों में 'सुररंग' प्रयोग किया है। उनके द्वारा रची गई कई बन्दिशें आज इतनी लोकप्रिय हो गई हैं कि अन्य घरानेदार दिग्गज गायक भी उन्हें अपना चुके हैं। उदाहरण के लिए राग 'मालकौंस' की बंदिश 'जिनके मन राम बिराजे' एवं राग 'दरबारी' की 'किन बैरन कान भरे' रचना का काव्य एवं स्वर रचना दोनों ही उन्हीं द्वारा की गई हैं।

बंदिशों के अंतरे

ऐसा ज़रूरी नहीं था कि खाँ साहब सदैव विलम्बित ख़्याल की बंदिश में अंतरा गायन करें ही।

इस विषय में कुछ लोगों की यह भ्रांति है कि उस्ताद अमीर खाँ अंतरा इसलिए नहीं गाते थे क्योंकि उन्हें अंतरे आते ही नहीं थे या फिर अप्रत्यक्ष रूप से यह कहते कि बंदिशें ही नहीं आती थीं। यह धारणा सर्वथा ग़लत है। उस्ताद अमीर खाँ ख़ानदानी कलाकार थे और जैसा कि पहले कहा जा चुका है कि हर जुम्मे उनके घर पर महफ़िल लगा करती थी। इसके अतिरिक्त उन्होंने इतने बड़े-बड़े संगीतज्ञों की गायकी को सुना और आत्मसात् किया। खाँ साहब तो स्वयं भी इतनी उच्चकोटि की रचनाएँ करते और अन्वेशी बुद्धि से कई सांगीतिक ग्रंथ एवं पुस्तकें भी पढ़ते रहते।

उन्हें ऐसे-ऐसे अंतरे (सम्पूर्ण बंदिशें यहाँ तक कि दो-दो अंतरों वाली भी) कंठस्थ थे कि जो विरले ही किसी गायक को आते हों।

भले ही ये पारम्परिक बंदिशें कुछ ख़ानदानी कलाकार गाया करते हैं पर अंतरे सहित बहुत कम व्यक्तियों को विदित होंगी और ये सभी उनके भीतर रची-बसी थीं। उदाहरण के लिए राग मारवा में 'रे जग बावरे' तथा राग दरबारी में 'ए री बीर री' तथा 'गुमानी जग तज गयो'। पाठकों की उत्सुकता समझते हुए ये सब तथा उन्हीं के द्वारा गाई गई अन्य कई क़ीमती बंदिशें दी जा रही हैं।

उस्ताद अमीर खाँ ने अपने पहले एल.पी. रिकार्ड में अंतरा गाया है परन्तु उसके बाद फिर कभी एल.पी. में अंतरा नहीं गाए। हाँ, जहाँ तक कार्यक्रमों में उनके अंतरे गाने का प्रश्न है, तो यह सर्वविदित है कि कई बार उन्होंने अंतरा-गायन नहीं भी किया। अब इसका कारण क्या रहा होगा यह तो शत-प्रतिशत सही वे ही बता सकते थे परन्तु उन्हीं के द्वारा दी गई सांगीतिक समझ के अनुसार कुछ अनुमान अवश्य लगाया जा सकता है :

- पहला एवं सर्वाधिक संभावित कारण यह हो सकता है कि उन्हें कभी ऐसी आवश्यकता ही महसूस न हुई हो या फिर उन्हें लगता हो कि गायन पूर्ण हो गया है तथा और विचार की ज़रूरत नहीं।
- संभवतः तार सप्तक के स्वरों की तारता उन्हें अपनी शांत प्रकृति के अनुरूप न लगती हो।
- वे मन्द्र में ही इतना अधिक गा चुके होते थे कि शायद तार सप्तक गाने में उनकी रुचि ही नहीं होती हो।
- **अपनी आवाज़ का गुण धर्म एवं सीमाएँ देखते हुए उन्होंने समझते-बूझते हुए अपने गायन का अंदाज़ ही ऐसा रखा हो क्योंकि उन्हें तार सप्तक के स्वरों में अधिक ठहरना उतना सहज न लगता हो (यद्यपि ऐसा कहकर गुस्ताख़ी ही हो रही है) परन्तु तानों में तो तीनों सप्तकों में फर्राटे से उनका गला घूमता था। सोचने की बात तो यह है कि गुणधर्म देखकर गाना समझदारी है या कमज़ोरी?**

पहले कारण में, यद्यपि देखा जाए तो स्थाई और अंतरे के गायन के अन्दाज़ में तो भिन्नता है क्योंकि प्रथमतः तो अन्तरे का उठाव ही गंधार, मध्यम अथवा पंचम (ग म प नि सां, ग म ध नि सां, प सां, म प नि सां, प नि सां आदि) से होता है परन्तु जहाँ तक शब्दों का प्रश्न है, स्थाई अपने आप में पूर्ण है और अंतरे में उसी विचार का विस्तार है। खाँ साहब ने प्रारम्भ में शब्दों का सहारा लिया और जब धीरे-धीरे राग की अवतारणा होती गई, तब और अधिक शब्दों के आसरे की ज़रूरत ही नहीं पड़ी। इस तरह उनके गायन में सांगीतिक भाषा (स्वर व लय) ही हावी रही। उनकी एक विशिष्ट दार्शनिक सोच थी। भाषा कोई भी हो, उद्देश्य है–विचारों की अभिव्यक्ति। संगीत भी एक भाषा ही है जिसे Universal Language कहा जाता है। खाँ साहब की सांगीतिक भाषा ही इतनी समृद्ध थी कि उन्हें अपने हृदयोद्‌गार व्यक्त करने को शब्दों की उतनी आवश्यकता महसूस नहीं होती थी और फिर हमारे शास्त्रीय संगीत में तो वस्तुतः यही बात सत्य है। **उपर्युक्त विचार का यह अर्थ कदापि नहीं कि अंतरे महत्वहीन हैं।**

आइए अब उनकी बंदिशों की ताल के विषय में चर्चा करें। उस्ताद अमीर खाँ कई बार परिस्थिति, वातावरण और कभी अपने मन के हिसाब से भी जो बंदिशें विलम्बित झूमरा ताल में गाते थे, कभी-कभी उन्हें तीनताल में भी गाते। उदाहरण के लिए–हरिवल्लभ संगीत सम्मेलन में गाई राग 'मारवा' की विलम्बित ख़्याल की बंदिश 'रे जग बावरे करम करे तोपे अल्लाह' और इंदौर रेडियो से गाई हुई राग 'मालकौंस' की 'जिनके मन राम बिराजे' आदि बंदिशें तीनताल में गाई हैं। इस प्रकार अन्य कई विलम्बित ख़्याल की बंदिशें और ख़ासतौर पर इन्दौर रेडियो से उन्होंने बहुत बार तीनताल में गाईं। मैंने स्वयं ये सब बंदिशें तीनताल में सुनी हैं। वे उन्हीं बोलों को तीनताल में इस सहजता और परिपक्वता से गाते कि ऐसा प्रतीत होता मानो यह बंदिश तीनताल की ही हो। वे बोलों का ताल के विभागों में इस प्रकार विभाजन करते कि अतीव कर्णप्रिय लगता और दूसरी बार भी गाने पर बंदिश में खाली भरी उसी हिसाब से आती जैसी कि पहले आवर्तन में थी। उन बोलों की रूपरेखा खाँ साहब सौन्दर्यात्मक रीति से चित्रण कर प्रस्तुत करते। उदाहरण के लिए राग 'ललित' में 'चरन तक आऊँ' बंदिश भी उन्होंने इसी प्रकार गाई।

यहाँ हम पाठकों का ध्यान इस ओर दिलाना चाहेंगे कि खाँ साहब द्वारा गाई गई झूमरा ताल की बंदिशों को साधक अपनी रुचि अनुसार अधिक प्रचलित ताल–'विलम्बित एकताल' में भी सुविधापूर्वक यही ढांचा रखते हुए, थोड़े से परिवर्तन के साथ गा सकते हैं।

बंदिशों की स्वरलिपि

खाँ साहब सरीखे गायक की सम्पूर्ण गायकी और यहाँ तक कि बंदिश के प्रस्तुतिकरण में महारत से विभिन्न अलंकरणों का प्रयोग होता है जो कि अतीव सूक्ष्म एवं अधिकतर जटिल भी होता है। उनकी बंदिशों की 'ज्यों-की-त्यों' स्वरलिपि करना तो एक तरह से असम्भव ही है परन्तु अपनी सामर्थ्यानुसार यह प्रयास किया जा रहा है। कई बार तो उनका विशिष्ट मौन विलम्बित ख़्याल की बंदिशों में स्पष्टतया अपनी उपस्थिति महसूस करवाता है। यद्यपि नम्रतापूर्वक कहा जाय तो यह बंदिशों का एक ढांचा अथवा ख़ाका ही है परन्तु फिर भी इनकी रूप-संरचना को स्पष्ट करने की कोशिश की गई है जिससे कि बंदिश को बताना एवं ग्रहण करना-दोनों कार्य सुविधापूर्वक किए जा सकें। यहाँ एक बात और स्पष्ट करनी आवश्यक है कि स्वरलिपि देते समय विलम्बित ख़्यालों में अतिविलम्बित लय होने के कारण प्रत्येक मात्रा को चार भागों में तो विभाजित किया ही गया है परन्तु उसके भी आगे प्रत्येक भाग के भी उपविभाग अनेक स्थानों पर किए गए हैं। प्रत्येक मात्रा को अलग-अलग दर्शाया गया है तथा उपयुक्त स्थानों पर ताली खाली के चिन्हों को भी अंकित कर दिया गया है। यह तो सर्वविदित है कि सभी व्यक्तियों में लालित्यपूर्ण अलंकरणों को ग्रहण एवं अनुरूपतया प्रस्तुत करने की क्षमता भिन्न-भिन्न है, अतएव बंदिश के प्रस्तुतिकरण में कुछ महीन परिवर्तन आने स्वाभाविक हैं।

अमीर खाँ साहब की गायकी के अनुयायियों, उनके भक्तों तथा यहाँ तक कि साधारण संगीत साधकों के लिए भी ये स्वरलिपियाँ अतीव लाभकारी होंगी। इस प्रकार ये बंदिशें सुरक्षित भी रहेंगी और इनका प्रचार भी होगा। इन सुंदर व अमूल्य रचनाओं रूपी पवित्र सोपानों पर चढ़ते हुए अन्ततः खां साहब की गायकी रूपी मंदिर तक पहुंचना आसान हो जाएगा। हमें विश्वास है कि हमारा यह कठोर परिश्रम सार्थक सिद्ध होगा।

राग ललित–झूमरा ताल (विलम्बित लय)

स्थाई : चरन तक आऊँ, एहूँ दरबार निज़ामी
अंतरा : सांचो पीर निज़ामुदीन औलिया
जो माँगूं सो पाऊँ

स्थाई

											स	नि़	रे॒	ग	म
											च	र	न	त	क
				म॑	–	म	–	म	–	–	–	ग	–म	म॑	(ग)म
				आ	ऽ	ऽ	ऽ	ऊँ	ऽ	ऽ	ऽ	ऽ	ऽऽ	ऽ	ऽ
				×											
ग	–	रे॒	स	म॑	–	ध॒	–म॑	म॑ध॒	निसं	–	–	सं	–	–	–
ऽ	ऽ	ऽ	ऽ	ए	ऽ	ऽ	ऽऽ	हूँऽ	ऽऽ	ऽ	ऽ	ऽ	ऽ	ऽ	ऽ
2															
				संनिध॒म॑	ध॒नि	रें॒	–	नि	–	ध॒	म॑	(म॑)ध॒	–म॑	म	–
				दऽऽऽ	ऽऽ	ऽ	ऽ	र	ऽ	ऽ	ऽ	बा	ऽऽ	र	ऽ
				0											
रे॒	ग	–	–	म॑	–	ग	–	रे॒	स	स,	स	नि़	रे॒	ग	म
नि	ऽ	ऽ	ऽ	ज़ा	ऽ	ऽ	ऽ	मी	ऽ	ऽ,	च	र	न	त	क
3															

अंतरा

												म॑	ध॒	म॑	ध॒
												सां	ऽ	चो	ऽ
				सं	–	–	–	सं	–	–	सं	नि	–	रें॒	–
				पी	ऽ	ऽ	ऽ	र	ऽ	ऽ	नि	ज़ा	ऽ	ऽ	ऽ
				×											
नि	–	ध॒	म॑	ध॒	म॑	म	–	ग	–म	म॑	(ग)म	ग	–	नि़	रे॒
मु	ऽ	ऽ	ऽ	दी	ऽ	न	ऽ	औ	ऽऽ	ऽ	लि	या	ऽ	जो	ऽ
2															
				म	–	म	–	म॑	–	ध॒	–	नि	(ध॒)नि	ध॒	म॑
				माँ	ऽ	गूं	ऽ	सो	ऽ	ऽ	ऽ	पा	ऽ	ऽ	ऽ
				0											
ध॒	–	म॑	–	म	–	रे॒	ग	म॑ग	रे॒	स	स	नि़	रे॒	ग	म
ऽ	ऽ	ऽ	ऽ	ऊँ	ऽ	ऽ	ऽ	ऽऽ	ऽ	ऽ,	च	र	न	त	क
3															

राग ललित—द्रुत ख़्याल (तीनताल)

स्थाई : जोगिया मोरे घर आये,
घर-घर अलख जगाये।

अंतरा : कानन कुण्डल गरे बिच सेली,
अंग भभूत रमाये।

बंदिश की स्वरलिपि—तीनताल (मध्य लय)

स्थाई

रे॒								सा							
ग	रे॒	ग	म॑	ग	रे॒	स	स	नि़	–ध॒	–	म॑	ध॒	म॑	म	–
जो	गि	या	ऽ	मो	रे	घ	र	आ	ऽऽ	ऽ	ऽ	ऽ	ऽ	ये	ऽ
0				3				×				2			
म॑	म॑	ध॒	ध॒	म॑ध॒	निसं	सं	सं	नि	(सं)रें॒	नि	–ध॒	म॑	ध॒	म॑	म
घ	र	घ	र	अऽ	लऽ	ख	ज	गा	ऽ	ऽ	ऽऽ	ऽ	ऽ	ये	ऽ
0				3				×				2			
ग	ग	म॑	ध॒	सं	सं	सं	सं	संनि	ध॒म॑	ध॒नि	रें॒	निध॒	म॑ध॒	म॑	म
घ	र	घ	र	अ	ल	ख	ज	गाऽ	ऽऽ	ऽऽ	ऽ	ऽऽ	ऽऽ	ये	ऽ
0				3				×				2			

अंतरा

म॑				ध॒								सं			
ध॒	–	(ध)म॑	ध॒	सं	–	सं	सं	(नि)सं	सं	सं	सं	संनि	रें॒	सं	–
का	ऽ	न	न	कुं	ऽ	ड	ल	ग	रे	बि	च	सेऽ	ऽ	ली	ऽ
0				3				×				2			
सं	–	सं	सं	नि	रें॒	नि	ध॒	म॑	–	ध॒	–	म॑	ध॒	म॑	म
अं	ऽ	ग	भ	भू	ऽ	त	र	मा	ऽ	ऽ	ऽ	ऽ	ऽ	ये	ऽ
0				3				×				2			

[सेली = वह माला जो योगी लोग गले में पहनते हैं]

राग ललित

खाँ साहब ने एल. पी. रिकॉर्ड में राग ललित में विलम्बित ख़्याल 'कहाँ जागे रात' प्रस्तुत किया है जिसका अंतरा नहीं गाया। इस बंदिश का प्रारूप लगभग 'चरन तक आऊँ' के समान ही है। अत: यहाँ ख़्याल के केवल बोल दिए जा रहे हैं।

स्थाई : कहाँ जागे रात
सो मोरा प्यारा रे
अंतरा : सब निश जागे तुम्हरे उमाहे
कंगन चुभ रह्यो गात रे

(उमाहे का अर्थ है–उमंग तथा गात का अर्थ है–शरीर, देह। गात शब्द संस्कृत के 'गात्र' शब्द से बना है।)

राग भैरव

'दारिद्रय दुख भंजन' राग भैरव में सादरा और राग ललित की 'सौ सौ बारी बलमा' ये बंदिशें मैंने और सुरिन्दर ने खां साहब से इकट्ठे ही सीखीं।

दारिद्रय शब्द ही सरल उच्चारण करने के लिए 'दारिद्र' कहा गया है जिसका अर्थ दरिद्रता है।

सदारंग की इस बंदिश में विद्या को रस की खान बताया गया है तथा यह दरिद्रता एवं दुख का नाश करने वाली कही गई है। विद्या की प्राप्ति महा ज्ञानवान गुरु की सेवा से ही होती है।

अंतरे में गायक के अभीष्ट गुणों का वर्णन है। वितत, वाद्यों में गज़ के द्वारा उत्पन्न नर्म आवाज़ की तरह गायक के गले से बे रोक-टोक आवाज़ का निकलना और मुद्रा दोष से रहित शुभ मुख से गान प्रस्तुतिकरण के साथ-साथ चित्त की एकाग्रता भी अनिवार्य है।

राग भैरव–(सादरा) झपताल

स्थाई : दारिद्र दुख भंजन, विद्या है रसखान
महाज्ञानी गुरु की सेवा, तू कर रे।

अंतरा : वितत सुर यंत्र बाजे,
गीत शुभ मुख गाये।
सदा रंग कहत नेक,
चित्त ध्यान धर रे।।

स्थाई

रे॒	–	स	–	स	म	मग	प	[म]ग	मपगम
दा	ऽ	रि	ऽ	द्र	दु	खऽ	भं	ज	नऽऽऽ
×		2			0		3		
रे॒	–	स	–	स	[स]म	मग	प	[म]ग	–म
दा	ऽ	रि	ऽ	द्र	दु	खऽ	भं	ज	ऽन
×		2			0		3		
ध॒	–	प	–	ध॒	नि	सरें॒निसं	ध॒	[नि]ध॒	प
वि	ऽ	द्या	ऽ	है	र	सऽऽऽ	खा	ऽ	न
×		2			0		3		
स	[प]ध॒	प	–	ध॒ध॒पम	म	[म]प	म	गम	रे॒स
म	हा	ज्ञा	ऽ	नीऽऽऽ	गु	रू	की	ऽऽ	ऽऽ
×		2			0		3		
रे॒	–	स	–	स	स	सप	पम	ग	ग(म)
से	ऽ	वा	ऽ	तू	क	रऽ	रेऽ	ऽ	ऽऽ
×		2			0		3		

अंतरा

म	म	म	[प]म	मग	प	प	ध॒	[प]ध॒	प
वि	त	त	सु	रऽ	यं	त्र	बा	ऽ	जे
×		2			0		3		
ध॒	–	ध॒	प	ध॒	नि	सरें॒निसं	ध॒	–	प
गी	ऽ	त	शु	भ	मु	खऽऽऽ	गा	ऽ	ये
×		2			0		3		
प	ध॒	नि	सं	रें॒	[सं]नि	सं	ध॒	–	प
स	दा	रं	ग	क	ह	त	ने	ऽ	क
×		2			0		3		
म	गम	रे॒	–	स	स	सप	पम	ग	ग(म)
चि	त्तऽ	ध्या	ऽ	न	ध	रऽ	रेऽ	ऽ	ऽऽ
×		2			0		3		

राग अहीर भैरव–तीनताल (मध्य लय)

स्थाई : पिया परवीन परम सुख चतुर
मोहनी मूरत नट नागर

अंतरा : रोम रोम चाहे बरनी न जाए मोसों
ऐसो श्याम सुंदर गुन सागर

स्थाई

			स	स	धप	ध	नि	ध	–प	म	पम	ग	ग	मग	पम
			पि	या	ऽऽ	प	र	वी	ऽऽ	न	प	र	म	सुऽ	खऽ
0				3				×				2			
रे	रे	स,	स	स	धप	ध	धनि	ध	–प	म	म	गमपध	नि–धप	ग	म
च	ऽतु	र,	पि	वी	ऽऽ	प	र	वी	ऽऽ	न	प	रऽऽऽ	ऽऽमऽ	सु	ख
0				3				×				2			
रे	रे	स	–	नि	स	ध	नि	ससं	–	नि	धप	म	ग	मग	पम
च	तु	र	ऽ	मो	ऽ	ह	नी	मूऽ	ऽ	र	तऽ	न	ट	नाऽ	ऽऽ
0				3				×				2			
ग															
रे	रे	स													
ग	ऽ	र,													

अंतरा

				ग	म	ध	धनि	सं	संनि	रें	सं	सं	रें	गं	रेंसां
				रो	ऽ	म	रोऽ	ऽ	मऽ	चा	हे	ब	र	नी	नाऽ
0				3				×				2			
नि	सं	नि	धप	म	–	ध	ध	निसं	सं	रें	सं	नि	नि	सं	सं
जा	ये	मो	सोंऽ	रो	ऽ	म	रो	ऽऽ	म	चा	हे	ब	र	नी	न
0				3				×				2			
निसं	सं	.नि	धप	म	पम	ध	धनि	सं	निध	पम	पम	ग	रे	मग	पम
जाऽ	ये	मो	सोंऽ	ऐ	ऽ	सो	श्याऽ	ऽ	मऽ	ऽऽ	सुं	द	र	गुऽ	नऽ
0				3				×				2			
गरे	रे	स,													
सा	ग	र,	पि	या	परवीन										

राग मेघ रंजनी—तीनताल

स्थाई : एक ऊंकार निरंकार
जा को सब जग में विस्तार

अंतरा : तू ही तार तू ही आधार
सुररंग कर नैया पार

स्थाई

			म	–	ग	ऩि	रे॒	म	–	–	म	म	ग	–	रे॒ग
			ए	ऽ	क	ऊं	ऽ	का	ऽ	ऽ	र	नि	रं	ऽ	ऽऽ
0				3				×				2			
रे॒	स	स	ग	म	सं	–	–	सं	सं	नि	निरें॒	नि	–	नि	मम
का	ऽ	र,	जा	ऽ	को	ऽ	ऽ	स	ब	ज	गऽ	में	ऽ	वि	–स्
0				3				×				2			
म	ग	ग,													
ता	ऽ	र,													
0				3				×				2			

अंतरा

			ग	–	म	नि	सं	रें॒	–	सं	रें॒	गं	रें॒	सं	सं
			तू	ऽ	ऽ	ही	ऽ	ता	ऽ	र	तू	ऽ	ही	ऽ	आ
0				3				×				2			
सं	म	म,	ग	–	म	नि	सं	रें॒	–	सं	–	रें॒	गं	रें॒	सं
धा	ऽ	र,	तू	ऽ	ऽ	ही	ऽ	ता	ऽ	र	ऽ	तू	ऽ	ही	आ
0				3				×				2			
सं	म	म	ग	रे॒	–	ग	म	म	–	ग	म	नि	–	म	–
धा	ऽ	र,	सु	र	ऽ	रं	ऽ	ग	–	क	र	नै	ऽ	या	ऽ
0				3				×				2			
रे॒ग	रे॒	स,													
पाऽ	ऽ	र,													
0															

राग गुर्जरी तोड़ी—तीनताल (मध्य लय)

स्थाई : मन के पंछी भये बावरे,
कैसी बीन बजाई सांवरे

अंतरा : तार तार की तान निराली,
झूम रही सब बन की डाली
पीर निजामी बीन बजाई,
ख़ुसरो सब मिल गावो रे

स्थाई

स	रे	गमं	ध	–मं	गरे	रे	स	स	स	–	स	सनि	रेस	ध	नि
म	न	केऽ	ऽ	ऽऽ	पंऽ	छी	ऽ	भ	ये	ऽ	बा	ऽऽ	वऽ	रे	ऽ
0				3				×				2			
स	रे	गमं	ध	मं	गरे	–रे	स	स	स	–	स	सनि	रेस	ध	–नि
म	न	केऽ	ऽ	ऽ	पंऽ	ऽछी	ऽ	भ	ये	ऽ	बा	ऽऽ	वऽ	रे	ऽऽ
0				3				×				2			
स	रे	ग	मं	ध	–	ध	ध	मंध	निसं	निध	ऽ	धनिनिध	मंग	रेस	स
कै	ऽ	सी	ऽ	बी	ऽ	न	ब	जाऽ	ऽऽ	ईऽ	ऽ	साँऽ	वऽ	रेऽ	ऽ
0				3				×				2			

अंतरा

मं	–	ध	मंग	मं	मं	ध	मंध	मंध	निसं	सं	सं	सं	–नि	रें	सं
ता	ऽ	र	ता	ऽ	र	की	ऽऽ	ताऽ	ऽऽ	न	नि	रा	ऽऽ	ली	ऽ
0				3				×				2			
मं	–	ध	मंग	मं	मं	ध	मंध	सं	–	सं	संनि	रें	–	सं	–
ता	ऽ	र	ता	ऽ	र	की	ऽऽ	ता	ऽ	न	निऽ	रा	ऽ	ली	ऽ
0				3				×				2			
–	ध	ध	ध	सं	–	सं	सं	सं	सरेंगं	–रें	सं	संनि	रेंसं	नि	ध
ऽ	झू	म	र	ही	ऽ	स	ब	ब	नऽऽ	ऽकी	ऽ	डाऽ	ऽऽ	ली	ऽ
0				3				×				2			
ध	–	ध	ध	नि	सं	सं	सं	सं	सरेंगं	–रें	सं	संनि	रेंसं	नि	ध
झू	ऽ	म	र	ही	ऽ	स	ब	ब	नऽऽ	ऽकी	ऽ	डाऽ	ऽऽ	ली	ऽ
0				3				×				2			
मं	–	ध	मंग	मं	–	ध	–	निध	मंधनिसं	सं	सं	सं	–नि	रें	सं
पी	ऽ	र	निऽ	जा	ऽ	मी	ऽ	बीऽ	ऽऽऽऽ	न	ब	जा	ऽऽ	ई	ऽ
0				3				×				2			
ध	ध	नि	–	सं	–	रेंगं	–	रेंसं	सं	निध	ध	धनिनिध	मंग	रेस	स
ख़ु	स	रो	ऽ	ऽ	ऽ	ऽऽ	ऽ	सऽ	ब	मिऽ	ल	गाऽ	वोऽ	रेऽ	ऽ
0				3				×				2			
स	रे	रेध	–	–मं	गरे	रे	स	स	स	–	स	सनि	रेस	ध	नि
म	न	के	ऽ	ऽऽ	पंऽ	छी	ऽ	भ	ए	ऽ	बा	ऽऽ	वऽ	रे	ऽ
0				3				×				2			

राग गुर्जरी तोड़ी तीनताल (मध्य लय)

स्थाई : बेगुन गुन गाये
अल्लाह के सामने, जब जायेंगे, पूछेंगे बात।

अंतरा I : नबि का कलमा हरदम जुबान पे रखना
हां जब जायेंगे पूछेंगे बात।

अंतरा II : आजिज़ के मौजूज़ तुम्हीं हो,
पैदा किये की लाज तुम्हीं हो, मन में अपने सदारंग गात।।

स्थाई

											नि	ध	म॑	ग	रेसा
											बे	गु	न	गु	नऽ
सा	–	–	–	रे	–	ग	–	म॑	–	ध,	नि	ध	म॑	ग	रेसा
गा	ऽ	ऽ	ऽ	ऽ	ऽ	ऽ	ऽ	ऽ	ऽ	ये,	बे	गु	न	गु	नऽ
×				2				0				3			
रे	–	सा	–	सा	–	निसा	रेसा	नि	ध	–,	–	सा	सा	रे	ग
गा	ऽ	ऽ	ऽ	ऽ	ऽ	ऽऽ	ऽऽ	ये	ऽ	ऽ,	ऽ	अ	ल्लाह	के	ऽ
×				2				0				3			
–	म॑रे	ग	रे	सा	–	सा	रे	ग	–	म॑	–	ध	–	म॑	ध
ऽ	साऽ	ऽ	म	ने	ऽ	ज	ब	जा	ऽ	यें	ऽ	गे	ऽ	पू	ऽ
×				2				0				3			
नि	–	सां	सां	सांनि	धनि	सरें	सनि	धनि	धम॑	गरे,	नि	ध	म॑	ग	रेसा
छें	ऽ	गे	ऽ	बाऽ	ऽऽ	ऽऽ	ऽऽ	ऽऽ	ऽऽ	तऽ,	बे	गु	न	गु	नऽ
×				2				0				3			

अंतरा I

स	–	–	–	रे	–	ग	–	मं	–	ध	–	–,	निनि	धमं	ध
गा	ऽ	ऽ	ऽ	ऽ	ऽ	ऽ	ऽ	ऽ	ऽ	ए	ऽ	ऽ,	नऽ	बिऽ	का
×				2				0				3			
सां	सां	सां	सां	ध	ध	सां	सां	सां	सारें	गं	रें	सां	निनि	धमं	ध
क	ल	मा	ऽ	ह	र	द	म	जु	बाऽ	ऽ	न	पे,	नऽ	बिऽ	का
×				2				0				3			
सां	सां	सां	सां	ध	ध	सां	सां	ध	रें	–	रें	सां	–	संनि	रेंसां
क	ल	मा	ऽ	ह	र	द	म	जु	बा	ऽ	न	पे	ऽ	रऽ	खऽ
×				2				0				3			
ध	–	–	–	मं	ग	रे	सा	सा	–	रे	–	ग	–	मं	ध
ना	ऽ	ऽ	ऽ	हां	ऽ	ज	ब	जा	ऽ	ऐं	ऽ	गे	ऽ	पू	ऽ
×				2				0				3			
नि	–	सां	–	संनि	धनि	सरें	संनि	धनि	धमं	ग रे,	–नि	ध	मं	ग	रेसा
छें	ऽ	गे	ऽ	बाऽ	ऽऽ	ऽऽ	ऽऽ	ऽऽ	ऽऽ	तऽ,	ऽबे	गु	न	गु	नऽ
×				2				0				3			

अंतरा II

								मं	–	ग	ग	मं	–	ध	–
								आ	ऽ	जि	ज़	के	ऽ	मौ	ऽ
								0				3			
मंध	निसं	सां	सां	सां	–	रें	सं	ध	–	निध	ध	नि	–	सां	–
जूऽ	ऽऽ	ज़	तु	म्हीं	ऽ	हो	ऽ	पै	ऽ	दा	कि	ये	ऽ	की	ऽ
×				2				0				3			
सारें	गं	गं	रें	गं	रें	सां	–	नि	ध	मं	ग	रे	ग	रे	सानि
लाऽ	ऽ	ज्ज	तु	म्हीं	ऽ	हो	ऽ	म	न	में	ऽ	अ	प	ने	सऽ
×				2				0				3			
रे	–	सा	सा	स	रे	ग	मं	ध	–	मंध,	नि	ध	मं	ग	रेसा
दा	ऽ	रं	ग	गा	ऽ	ऽ	ऽ	ऽ	ऽ	त,	बे	गु	न	गु	नऽ
×				2				0				3			

राग बिलासख़ानी तोड़ी तीनताल (मध्य लय)

स्थाई : बाजे नीकी घूंघरियां, चलत न चाल सहेली
अंतरा : अनुपम चाल चलत मतंग गति, मानो पग परत पहेली

स्थाई

															रेरे
															बाऽ
सनि	सरे	गप	धनि	ध	–	म	–	(ग)रे	–	ग	म	(ग)रे	रे	स,	रेरे
ऽऽ	जेऽ	ऽऽ	ऽऽ	नी	ऽ	ऽ	ऽ	की	ऽ	घूं	ऽ	घ	रि	यां,	बाऽ
3				×				2				0			
सानि	सारे	गप	धनि	ध	–	म	–	(ग)रे	–	ग	म	रे	ग	रेसा	रेरे
ऽऽ	जेऽ	ऽऽ	ऽऽ	नी	ऽ	ऽ	ऽ	की	ऽ	घूं	ऽ	घ	रि	याऽ	चऽ
3				×				2				0			
सनि	स	(नि)ध	–	धध	–	–	मग	रे	ग	प	म	(ग)रे	–	स	रे
लऽ	त	ना	ऽ	चाऽ	ऽ	ऽ	लऽ	ऽ	स	हे	ऽ	ली	ऽ	ऽ,	च
3				×				2				0			
सनि	स	ध	–	ध	ध	–	मग	रे	ग	ध	म	(ग)रे	ग	रे सा	
लऽ	त	ना	ऽ	चा	ऽ	ऽ	लऽ	ऽ	स	हे	ऽ	ली	ऽ	ऽ,	बाजे
3				×				2				0			

अंतरा

															ध
															अ
मग	रेग	प	ध	सं	–	सं	सं	(सं)नि	नि	सं	रें	नि	ध	सं	सं
नुऽ,	ऽऽ	प	म	चा	ऽ	ल	च	ल	त	म	तं	ऽ	ग	ग	ति
3				×				2				0			
मग	रेग	प	ध	सं	–	सं	सं	(सं)नि	नि	सं	रें	नि	धम	(ग)रे	(म)ग
अऽ	नुऽ	प	म	चा	ऽ	ल	च	ल	त	म	तं	ऽ	गऽ	ग	ति
3				×				2				0			
रे	–	स	–	रेरे	सनि	सा	निध	गंरें	निध	मग	रेग	रे	–	सा,	
मा	ऽ	नो	ऽ	पऽ	गऽ	ऽ	पऽ	रऽ	तऽ	ऽऽ	पऽ	हे	ऽ	ली,	बाजे
3				×				2				0			

राग कोमल रिषभ आसावरी–झूमरा ताल (विलम्बित लय)

स्थाई : जगत सुपना का पर करत गुमान, बावरे

अंतरा : (1) कहत सदारंग सब जग सोए
जो जागे सो चतुर सुजान
(2) रैन दिना बीते जात सदारंग
कैसे हो तुम चतुर सुजान

स्थाई

												सरेम–	(ग)रे	नि–सनि	सरे
												जऽऽऽ	ग	तऽऽऽऽ	सुप
				ध	–	–	निध	स	–	–	–	–	स	रे	–
				ना	ऽ	ऽ	ऽऽ	ऽ	ऽ	ऽ	ऽ	ऽ	का	ऽ	ऽ
3				×				2				0			
म	–	–	(रे)म	प	–	–	–	म	–	प	–	पम	धप	निध	–
प	ऽ	ऽ	ऽ	र	ऽ	ऽ	ऽ	क	ऽ	ऽ	ऽ	रऽ	ऽऽ	ऽऽ	ऽ
3				×				2				0			
				प	–	–	–	मपधप	(प)ध	–	प	म	प	–	–
				त	ऽ	ऽ	ऽ	गुऽऽऽ	ऽ	ऽ	ऽ	मा	ऽ	ऽ	ऽ
3				×				2				0			
(प)ध	–	म	गरे	स	–	नि	ध	स	–	स	–	सरेम–	(ग)रे	नि–सनि	सरे
ऽ	ऽ	न	ऽऽ	ऽ	ऽ	बा.	ऽ	व	ऽ	रे	ऽ,	जऽऽऽ	ग	तऽऽऽ	सुप
3				×				2				0			

अंतरा-I

												म	प	ध	–ध
												क	ह	त	ऽस
				सं	–	–	–	सं	–	सं	–	नि	–	सं	–
				दा	ऽ	ऽ	ऽ	रं	ऽ	ग	ऽ	स	ऽ	ब	ऽ
3				×				2				0			
निसरें	रें	नि	ध	ध	–	प	–	प	–	–	–	स	–	रे	–
जऽऽ	ऽ	ग	ऽ	सो	ऽ	ऽ	ऽ	ये	ऽ	ऽ	ऽ	जो	ऽ	ऽ	ऽ
3				×				2				0			
				म	–	(रे)म	–	प	–	–	–	म	प	प	–
				जा	ऽ	ऽ	ऽ	गे	ऽ	ऽ	ऽ	सो	ऽ	ऽ	ऽ
3				×				2				0			
मपधप	(प)ध	ध	प	पम	धप	निध		म	गरे	रे	स	सरेम–	(ग)रे	नि–सनि	सरे
चऽऽऽ	ऽ	तु	र	सुऽ	ऽऽ	ऽऽ		जा	ऽऽ	न	ऽ,	जऽऽऽ	ग	तऽऽऽ	सुप
3				×				2				0			

दूसरे प्रकार का अंतरा इस प्रकार है :

												म	प	ध	–ध
												रै	ऽ	न	ऽदि
				सं	–	–	–	ध	निध	सं	–	नि	–	सं	रें
				ना	ऽ	ऽ	ऽ	बी	ऽ	ते	ऽ	जा	ऽ	त	स
				×											
निध	–	ध	–	प	–	–	–	म	प	प	–	स	रे	म	–
दाऽ	ऽ	ऽ	ऽ	रं	ऽ	ऽ	ऽ	ग	ऽ	ऽ	ऽ	कै	ऽ	ऽ	ऽ
2															
				प	–	–	–	म	–	प	–	मप	प	–	–
				से	ऽ	ऽ	ऽ	हो	ऽ	ऽ	ऽ	तुऽ	म	ऽ	ऽ
				0											
मपधप	पध	ध	प	पम	धप	निध	–	म	गरे	रे	स	सरेम–	रे	नि–सनि	सरे
चऽऽऽ	ऽ	तु	र	सुऽ	ऽऽ	ऽऽ	ऽ	जा	ऽऽ	न	ऽ,	जऽऽऽ	ग	तऽऽऽ	सुप
3															

राग कोमल ऋषभ आसावरी–तीनताल (मध्य लय)

स्थाई : ए री अब तो सेली गर में, पिया के भए हैं भिखारी

अंतरा : कानन कुंडल माथे तिलक धरे, जोगी भए जीवन अत भारी

स्थाई

			सरे	म	–	पम	प	ध	–	प	–	पध	नि	ध	म
			एऽ	री	ऽ	अऽ	ब	तो	ऽ	ऽ	ऽ	सेऽ	ऽ	ली	ऽ
0				3				×				2			
गरे	रे	स,	सरे	म	–	पम	प	निध	–	प	–	पध	पधनि	ध	म
गऽ	र	में,	एऽ	री	ऽ	अऽ	ब	तो	ऽ	ऽ	ऽ	सेऽ	ऽऽऽ	ली	ऽ
0				3				×				2			
ग	रे	स,	ध	स	–	स	सरे	म	–	प	प	प	म	ध	प
ग	र	में,	पि	या	ऽ	के	भऽ	ए	ऽ	हैं	भि	खा	ऽ	ऽ	ऽ
0				3				×				2			
प	धनि	धप,													
ऽ	ऽऽ	रीऽ,													
0				3				×				2			

अंतरा

				म	प	ध	ध	सां	–	सां	सां	नि	–	सं	रें
				का	ऽ	न	न	कुं	ऽ	ड	ल	मा	ऽ	थे	ति
0				3				×				2			
नि	ध	सं	सं	ध	गं	रें	नि	नि	ध	म	–	प	प	ध	म
ल	क	ध	रे	जो	ऽ	गी	भ	ए	ऽ	जी	ऽ	व	न	अ	त
0				3				×				2			
ग	रे	सा,	–	ध	गं	रें	रें	नि	ध	–	म	प	प	ध	मग
भा	ऽ	री,	ऽ	जो	ऽ	गी	भ	ए	ऽ	ऽ	जी	व	न	अ	तऽ
0				3				×				2			
ग	रे	सा	–	ध	गं	रें	रें	नि	ध	–	म	प	प	पध	मप
भा	ऽ	री	ऽ	जो	ऽ	गी	भ	ए	ऽ	ऽ	जी	व	न	अऽ	तऽ
0				3				×				2			
ग	रे	सा,	सा–												
भा	ऽ	री,	एऽ												

राग बैरागी—तीनताल (मध्य लय)

स्थाई : मन सुमिरत निसदिन तुमरो नाम
अब तुम ही सँवारो सगरे काम।

अंतरा : हूँ अवगुण कछु गुन नाहीं मो में
तुम्हरी सरन अब लीनो विश्राम।।

स्थाई

														नि	स
														म	न
रे	म	प	नि	प	म	रे	स	स	(नि)प	नि	रे	स	सरे,	नि	स
सु	मि	र	त	नि	स	दि	न	तु	म	रो	ना	ऽ	म,	म	न
0				3				×				2			
(म)रे	(प)म	(नि)प	नि	प	म	रे	स	सस	(नि)प	नि	रे	स	स,	नि	स
सु	मि	र	त	नि	स	दि	न	तुऽ	म	रो	ना	ऽ	म,	अ	ब
0				3				×				2			
स	रे	म	म	प	–	(म)प	–	नि	प	म	रे	रे	स	नि	स
तु	म	ही	सँ	वा	ऽ	रो	ऽ	स	ग	रे	का	ऽ	म,	अ	ब
0				3				×				2			
स	रे	म	म	प	–	पनि	रें	निप	पम	म	रे	स	सरे,		
तु	म	ही	सँ	वा	ऽ	रोऽ	ऽ	सऽ	गऽ	रे	का	ऽ	म,	म	न
0				3				×				2			

अंतरा

म	–	(प)म	म	प	प	नि	नि	सं	सं	सं	सं	नि	सरें	सं	–
हूँ	ऽ	अ	व	गु	ण	क	छु	गु	न	ना	हीं	मो	ऽऽ	में	ऽ
0				3				×				2			
सरें	निसं	निप	नि	पम	म	म	म	रेम	पनि	प	म	रे	सरे,		
तुऽ	मऽ	रीऽ	श	रऽ	न	अ	ब	लीऽ	ऽऽ	नो	विश	रा	मऽ,	म	न
0				3				×				2			

राग चारूकेशी–तीनताल (मध्य लय)

स्थाई : लाज रखो तुम मोरी गुसैयाँ
ध्यान धरूँ और लागूँ पईयाँ।

अंतरा : तुमरी माया के ढंग न्यारे
दुखियन के इक तुम ही सहारे
सुररंग तुम् पर बल बल जईयाँ।

स्थाई

ग – (रे)ग (प)म	रे (स)निस निस रे	(नि)ध प प पध	नि ध निऽ स
ला ऽ ज र	खो ऽऽ ऽतु म	मो ऽ री गुऽ	ऽ ऽ सईं ऽ
0	3	×	2
स, ग –(रे)ग (प)म	रे निस निस रे	(नि)ध प प पध	नि धनि स स
याँ, ला ऽज र	खो ऽऽ ऽतु म	मो ऽ ऽ ऽऽ	ऽ ऽऽ ऽ री
0	3	×	2
ग म ध धनि	सं – सं सं	संनि धनि सरें सं	निध प मग रे
ध्या ऽ न धऽ	रूँ ऽ औ र	लाऽ ऽऽ ऽऽ गूं	पई ऽ याँऽ ऽ
0	3	×	2

अंतरा

ग म (नि)ध (सं)नि	सं – सं –	(सं)नि – सं रें	(नि)ध –प प म
तु म री ऽ	मा ऽ या ऽ	के ऽ ढं ग	न्या ऽऽ ऽ रे
0	3	×	2
ग म ध नि	सं नि ध प	ग रे (म)ग (प)म	गरे – स निध
दु खि य न	के ऽ इ क	तु म ही स	हाऽ ऽ रे ऽऽ
0	3	×	2
ग म ध नि	संनि रेंसं (नि)ध प	ग रे ग म	रेऽ –स धनि स
सु र रं ग	तुऽ मऽ प र	ब ल ब ल	जई ऽऽ ऽऽ याँ
0	3	×	2

राग वृन्दावनी सारंग (तिलवाड़ा ताल)

स्थाई : बौरे, जिन अल्लाह को क्यों न जानिए
करना था सो कर चुका और जो चाहे सो करे

अंतरा : अदारंग पिया सांची कहत है
ऐसो करीम रहीम
रीझ बूझ काहू की मन कामन
सो ही दे।

उपर्युक्त बंदिश अमीर ख़ाँ साहब भी राग वृन्दावनी सारंग में गाते थे। यह बंदिश क्रमिक पुस्तक मालिका में भी उपलब्ध है जिसे अन्य गायक भी गाते हैं।

अर्थ है—रे बावरे! उस अल्लाह को क्यों नहीं जानता? उसने जो भी करना था, वह कर चुका और जो भविष्य में करना चाहेगा सो करेगा। अदारंग कहते हैं कि यह सत्य है कि वह ऐसा करम करने वाला और रहम करने वाला है कि वह सबके मन की कामना जान लेता है और उसे वही देता है।

जप जी साहब की 25वीं पौड़ी में गुरु नानक देव जी ने कहा है—

'आपे जाणै आपे देइ, आखहि, सिभि केई केई'

अर्थात् वह मन की बात स्वयं जानता है और स्वयं ही मनुष्य को दे देता है। परमेश्वर स्वयं सब आवश्यकताओं को जानता भी है और स्वयं देता भी है।

राग मुल्तानी

राग मुल्तानी में विलम्बित ख़्याल की बंदिश है :-

स्थाई : जाको मन अल्लाह संग रहत
जैसे पाँसे पीछे रहत नरद

अंतरा : वो कौन है चलो देखो
हज़रत ख़्वाजा मीर दरद।

भावार्थ : जिसका मन अल्लाह के साथ रहता है अर्थात् रम गया है, जैसे कि पाँसे के पीछे नरद अर्थात् गोटी रहती है–ऐसा व्यक्ति कौन सा है? चलो! देखो! वे हैं हज़रत ख़्वाजा मीर दरद।

कहने का आशय यह है कि जिसका मन अल्लाह की रज़ा में राज़ी है, ऐसे विरले व्यक्ति हैं–ख़्वाजा मीर दरद। चौपड़ का खेल खेलते समय पाँसा फेंकने पर जितनी संख्या आती है उतने ही कदम वह गोटी चलती है। गोटी अपनी मर्ज़ी से कम या अधिक नहीं चलती। गोटी का भाग्य पाँसा निर्धारित करता है। इसी प्रकार जब कोई भक्त पूर्णतया अपना समर्पण ईश्वर के प्रति करता है तो वह ईश्वर की इच्छा के अनुसार उसी परिस्थिति में खुशी-खुशी जीवन व्यतीत करता है और ईश्वर का धन्यवाद करता है। स्वामी रामतीर्थ भी ऐसे ही भक्त थे और कहा करते थे :-

राज़ी हैं हम उसी में जिसमें तेरी रज़ा है
या यूँ भी वाह वाह है और वूँ भी वाह वाह है।

खाँ साहब यह बंदिश गाया करते थे। मैंने उनसे यह बंदिश सीखी और उन्होंने मुझे बताया कि जैसे इस अंतरे में ख़्वाजा मीर दरद का नाम है, इसी प्रकार के चार पीरों के नाम हैं और वे चार अंतरों की तरह गाए जाते हैं। मैंने उनसे कहा कि मुझे भी शेष नाम बताइए तो उन्होंने कहा कि तुम यही गाओ क्योंकि संगीत में तो एक ही अंतरा गाने के काम आएगा।

राग मुल्तानी (विलम्बित) झूमरा ताल

स्थायी : जाको मन अल्लाह संग रहत
जैसे पाँसे पीछे रहत नरद

अन्तरा : वो कौन है चलो देखो
हज़रत ख़्वाजा मीर दरद

स्थाई

नि़सा ग॒म॑	प	म॑ग॒	रे॒स, स	रे॒स	–	–	–	(स)	–	–	पप़नि़स	ग॒	–	सरे॒	नि़स
जाऽऽऽ	ऽ	कोऽ	मऽ, न	अल	ऽ	ऽ	ऽ	लाह	ऽ	ऽ	संऽऽऽ	ऽ	ऽ	गऽ	ऽऽ
				×											
नि़स	म॑	–	ग॒	प	–	–	–	ग॒	–	म॑	–	पनि	–	–	–
रऽ	ऽ	ऽ	ह	त	ऽ	ऽ	ऽ	जै	ऽ	से	ऽ	पाँऽ	ऽ	ऽ	ऽ
2															
सं	–	–	–	पसं	–नि	ध॒प	प	म॑	–	{म॑}प	–	प	–	–	–
से	ऽ	ऽ	ऽ	पीऽ	ऽऽ	छेऽ	ऽ	र	ऽ	ह	ऽ	त	ऽ	ऽ	ऽ
0												3			
स	{म॑}ग॒	{प}म॑	{ध}प	म॑ग॒	म॑ग॒	रे॒स,	नि़सग॒म॑	प	ग॒	म॑ग॒	रे॒स, स				
न	ऽ	ऽ	ऽ	रऽ	ऽऽ	दऽ,	जाऽऽऽ	ऽ	को	ऽऽ	मऽ, न				

अंतरा

प{म॑}ग॒	–	पनि	–नि	सं	–	–	–	नि	–	सं	–	{नि}सं	–	–	–
वोऽ	ऽ	कौऽ	ऽन	है	ऽ	ऽ	ऽ	च	ऽ	ऽ	ऽ	लो	ऽ	ऽ	ऽ
				×											
पनि	–	सं	गं॒	सरें॒	निसं	–	–	नि	–	सं	–	{नि}ध॒प	प	–	–
देऽ	ऽ	ऽ	ऽ	खोऽ	ऽऽ	ऽ	ऽ	ह	ऽ	ज	ऽ	रऽ	त	ऽ	ऽ
2															
म॑	–	प	–	{म॑}ग॒	{म॑}ग॒	म॑	प	प	–	–	–	स	{म॑}ग॒	{प}म॑	{ध}प
ख़्वा	ऽ	ऽ	ऽ	ऽ	ऽ	ऽ	ऽ	जा	ऽ	ऽ	ऽ	मी	ऽ	ऽ	ऽ
0												3			
ग॒	–	{म॑}ग॒	–	म॑ग॒	म॑ग॒	रे॒स	सा,	{सां}प	{म॑}ग॒	म॑ग॒	रे॒स, स				
र	ऽ	ऽ	ऽ	दऽ	ऽऽ	रऽ	द,	जा	ऽ	कोऽ	मऽ,न				

राग मुल्तानी तीनताल (मध्य लय)

स्थाई : बलमा मोरी तुम सों लाग ली पीत।
अंतरा : हूँ अनजानी जानत नाहीं
तुमरे गांव की रीत।।

स्थाई

सस	मग	पमं	धप	मग	ग	रेस	स	नि	सा	ग	मं	प	–मं	गग	रेसा
बल	मा	मो	री	तु	म	सोंऽ	ला	ऽ	ग	ली	ऽ	पी	ऽऽ	ऽऽ	तऽ
2				0				3				×			
सस	ग	मं	प	मग	ग	रेसा	स	नि	सा	ग	मं	प	–मं	गग	रेसा
बल	मा	मो	री	तु	म	सोंऽ	ला	ऽ	ग	ली	ऽ	पी	ऽऽ	ऽऽ	तऽ
2				0				3				×			

अंतरा

				प	–	ग	मं	पनि	–	सां	–	पनि	संगं	रेंसं	सां
				हूँ	ऽ	अ	न	जाऽ	ऽ	नी	ऽ	जाऽ	ऽऽ	नऽ	त
				0				3				×			
निसं	–नि	ध	प	मंगं	गं	रेंसं	सां	नि	संनि	ध	प	मंप	–मं	गग	रेसा
नाऽ	ऽऽ	हीं	ऽ	तु	म	रेऽ	गां	ऽ	वऽ	की	ऽ	रीऽ	ऽऽ	ऽऽ	तऽ
2				0				3				×			

खाँ साहब ने निम्नलिखित बंदिश रेडियो की उर्दू सर्विस में गाई।

राग मारवा

राग मारवा में अदारंग की पारम्परिक रचना उस्ताद अमीर खाँ साहब भी बहुत शौक़ से श्रद्धापूर्वक विलम्बित ख़्याल में गाते थे जिसके बोल इस प्रकार हैं–

स्थाई : रे जग बावरे करम करे तो पे अल्लाह
अंतरा : ईं कहत है अदारंग
(अथवा अदारंग तोहे यही कहत है)
ला तताहर्रकु ज़र्रातुन इल्लाह बीइज़निल्लाह

अर्थात् (मानव को सम्बोधित करते हुए कहा गया है कि) रे बावरे जगत! तुझ पर ईश्वर कृपा करें। अदारंग इस प्रकार कहते हैं (यह अरबी भाषा का एक शेर है) कि बग़ैर अल्लाह की मर्ज़ी के, एक ज़र्रा भी हरकत में नहीं आ सकता, एक पत्ता भी नहीं हिल सकता।

[ला = नहीं; बीइज़निल्लाह = अल्लाह की मर्ज़ी]

राग मारवा झूमरा ताल (विलम्बित)

स्थाई : रे जग बावरे करम करे तो पे अल्लाह
अन्तरा: ईं कहत है अदारंग
ला तताहर्रकु ज़र्रातुन
इल्लाह बी इज़्निल्लाह

स्थाई

सनि़धनि़	रे	–	नि़ध़	नि़ध़	–	–	–	ध़	–	नि़	–	रे	–	–	नि़ध़
रेऽऽऽ	ऽ	ऽ	जग	बाऽ	ऽ	ऽ	ऽ	व	ऽ	ऽ	ऽ	ऽ	ऽ	ऽ	ऽऽ
				×											
नि़	–	ध़	–	–	–	–	–	ध़	नि़	ग	रे	रे	–	स	–
रे	ऽ	ऽ	ऽ	ऽ	ऽ	ऽ	ऽ	क	ऽ	ऽ	ऽ	र	ऽ	म	ऽ
2															
नि़रे	गमं	ध	ऽ	ध	(मं)ग	रे	–	ग	–मं	ध	–	मं	ध	(मं)ध	–
कऽ	ऽऽ	ऽ	ऽ	रे	ऽ	ऽ	ऽ	तो	ऽऽ	ऽ	ऽ	पे	ऽ	ऽ	ऽ
0												3			
ध	मंग	रे	–	गमं(ध)मं(ध)मंग रे	–	(नि)ध़स	–	सनि़धनि़	रे	–	नि़ध़	नि़ध़	–	–	–
अ	ऽऽ	ऽ	ऽ	ल्लाहऽऽ	ऽ	ऽऽ	ऽ,	रेऽऽऽ	ऽ	ऽ	जग	बाऽ	ऽ	ऽ	ऽ
												×			

अंतरा

मं	–	ध	मंध	सां	–	सां	–	नि॒रें॒	–	सां	–	सांनि	धनि	रें॒	–
ई	ऽ	ऽ	ऽक	ह	ऽ	त	ऽ	है	ऽ	ऽ	ऽ	अऽ	ऽऽ	दा	ऽ
				×											
रें॒	–	नि	ध	मं	–	ध	–ध	मंध	मंग	रे॒	धनि॒	रे॒	–	सा	–
रं	ऽ	ग	ऽ	ला	ऽ	ऽ	ऽत	ताऽ	ऽऽ	ऽ	हर्र	कु	ऽ	ऽ	ऽ
2															
मं	ग	रे॒	–	रे॒	–	सा	–	ध़	नि़	रे॒	रे॒	रे॒रें॒	–	नि	ध
ज़	ऽ	र्रा	ऽ	तुन	ऽ	ऽ	ऽ	इ	ऽ	ल्ला	ह	बीऽ	ऽ	इ	ज़
0												3			
मंधमंग	रे॒	–	–	नि॒ध़	–	सा	–	सनि़धनि़	रे॒	–	नि़ध़	नि़ध़	–	–	–
निऽऽऽ	ऽ	ऽ	ऽ	ल्लाह	ऽ	ऽ	ऽ,	रेऽऽऽ	ऽ	ऽ	जग	बाऽ	ऽ	ऽ	ऽ
												×			

राग मारवा–तीनताल (मध्य लय)

स्थाई : गुरु बिन ज्ञान ना पावे
मन मूरख सोंच सोंच काहे पछतावे

अंतरा : सद्गुरु की संगत कर ले, रे ज्ञानी,
तव गुनियन में गुनी कहावे।

स्थाई

			स	स	नि़	रे	नि़ध़	नि़	–	ध़	–	ध़नि़	रेग	म॑ध	म॑ग
			गु	रु	बि	ऽ	नऽ	ज्ञा	ऽ	ऽ	ऽ	नऽ	ऽऽ	ऽऽ	नाऽ
0				3				×				2			
रे	–	स,	स	स	नि़	सरे	नि़ध़	नि़	ध़	–	–	ध	–	म॑	ग
पा	ऽ	वे,	गु	रु	बि	ऽऽ	नऽ	ज्ञा	ऽ	ऽ	ऽ	ऽ	ऽ	न	ना
0															
रे	–	स	ध़म़॑	ध़म़॑	ध़	–	नि़	ध़	–	ध़	म़॑	म़॑	ध़नि़	रे	रे
पा	ऽ	वे,	म	न	मू	ऽ	र	ख	ऽ	सों	ऽ	च	सोंऽ	ऽ	च
0				3				×				2			
नि़	ध़	–	रे	ग	म॑	म॑	ध	–	धम॑	गरे	गम॑	ध	–	म॑ग	रेनि़
का	ऽ	ऽ	हे	ऽ	प	छ	ऽ	ऽ	ताऽ	ऽऽ	ऽऽ	ऽ	ऽ	वेऽ	ऽऽ
0				3				×				2			
ध़नि़	रे	स,	गुरु बिन ज्ञान न पावे												
ऽऽ	ऽ	ऽ,													
0															

अंतरा

			ध	म॑	ध	सं	–	सं	–	सं	–	सं	सं	ध	नि
			स	द्	गु	रु	ऽ	की	ऽ	सं	ऽ	ग	त	क	र
0				3				×				2			
रें	–	सं,	ध	म॑	ध	सं	–	सं	–	सं	–	सं	सं	ध	नि
ऽ	ऽ	ले,	स	द	गु	रु	ऽ	की	ऽ	सं	ऽ	ग	त	क	र
0				3				×				2			
रें	–नि	–ध	ध	म॑	ध	–	–	म॑ध	म॑ग	रे	–	ध़नि़	–ध़	–	–
ऽ	ऽले	ऽऽ	रे	ज्ञा	ऽ	ऽ	ऽ	ऽऽ	ऽऽ	ऽ	ऽ	ऽऽ	ऽनी	ऽ	ऽ
0				3				×				2			
ध़	नि़	रे	ग	म॑	ध	नि	रें	–	निध	म॑ग	रे	–	ध	ध़	–नि़
त	व	गु	नि	य	न	में	ऽ	ऽ	गुऽ	ऽऽ	नी	ऽ	क	हा	ऽऽ
0				3				×				2			
रे	–	स,	गुरु बिन ज्ञान न पावे												
0	ऽ	वे,													

राग—यमन कल्याण (विलंबित ख़्याल—झूमरा ताल)

स्थाई : कजरा कैसे डारूँ
पिया न आये मोरे मंदरवा

अंतरा : बिन पिया कजरा नाहीं भावे
नाहीं भावे मोतियन गजरा

बंदिश की स्वरलिपि

स्थाई

13	14
ध़ नी़ रे –	ग रेसा नी़ध़ नी़स
क ज रा ऽ	ऽ ऽऽ कैऽ सेऽ

1	2	3	4	5	6	7	8
नी़–––	ध़प़प़नी़नी़	ध़–नि़रेध़	सा–––	ध़–नी़–	रे – ग –	ग – रे –	(सा)–––
डाऽऽऽ	ऽ ऽरूँ ऽ	ऽ ऽ ऽ ऽ	ऽ ऽ ऽ ऽ	पिऽयाऽ	ना ऽ ऽ ऽ	आ ऽ ऽ ऽ	ये ऽ ऽ ऽ
×			2				0

9	10	11	12
सासा रेग (प)–	प–मंग	मम गरे गम गरे	ग रे सा –
मोऽ ऽऽ ऽ ऽ	रेऽऽऽ	ऽऽ ऽऽ ऽऽ मंऽ	द र वा ऽ,
		3	

अंतरा

13	14
पध मंप – –	मंगमंध
बिऽ नऽ ऽ ऽ	ऽऽपिऽ

1	2	3	4	5	6	7	8
सां–––	––नीध	नी–रें–	गं–रें–	(सां)–नीध	नी–ध–	(प)–मंग	ध़–नी़–
याऽऽऽ	ऽऽकज	राऽऽऽ	नाऽऽऽ	हींऽऽऽ	भाऽऽऽ	वे ऽऽऽ	नाऽहींऽ
×			2				0

9	10	11	12
ग रे स–	सासा रेग (प)–	मंप मंग म गरे	ग रे सा –
भाऽ वे ऽ	मोऽ ऽऽ ऽ ऽ	तिऽ ऽऽ य नऽ	ग ज रा ऽ,
		3	

राग यमन कल्याण–तीनताल (मध्य लय)

स्थाई : ऐसो सुघर सुंदरवा बालमवा
मइँ का सुरंग चुनरिया देहो मंगाये।

अंतरा : मन चाहत मेरो लाड करन को
हार मंगा दे कंगना पहरा दे
मइँ का सुरंग लहरिया देहो रंगाये।

बंदिश की स्वरलिपि

स्थाई

														नि़	ध़
														ऐ	सो
0				3				×				2			
नि़	रे	ग	मंमं	गरे	गमं	प	–	^{ग}रे	–	ग	रे	सा	–	नि़	रे
सु	घ	र	सुंऽ	दऽ	रऽ	वा	ऽ	बा	ऽ	ल	म	वा	ऽ	म	इँ
0				3				×				2			
नि़	–	नि़सा	रेसा	नि़	–ध़	प़	–	नि़	रे	ग	रे	ग	मं	प	–
ऽ	ऽ	काऽ	ऽऽ	ऽ	ऽऽ	ऽ	ऽ	सु	रं	ग	चु	न	रि	या	ऽ
0				3				×				2			
पमं	गरे	गमं	धनि	सां	नि	–ध	प	पमं	गरे	गम	गरे	ग	रे	नि़	ध़
देऽ	ऽऽ	ऽऽ	ऽऽ	ऽ	हो	ऽऽ	ऽ	मंऽ	ऽऽ	ऽऽ	गाऽ	ऽ	ये,	ऐ	सो
0				3				×				2			

अंतरा

पध	(प)	मं	ग	मं	मं	नि	धनि	सां	–	सां	सां	सांनि	रें	सां	–
मऽ	न	चा	ऽ	ह	त	मे	रोऽ	ला	ऽ	ड	क	रऽ	न	को	ऽ
0				3				×				2			
–	नि	नि	$^{\text{नि}}$ध	नि	–ध	प	–	पमं	गरे	गमं	प	रेऽ	ग	रे	सा
ऽ	हा	र	मं	गा	ऽऽ	दे	ऽ	कंऽ	गऽ	नाऽ	ऽ	पह	रा	ऽ	दे
0				3				×				2			
–	नि़	रे	नि़	नि़	–ध़	प़	–	नि़	रे	ग	रे	ग	मं	प	–
ऽ	म	इँ	ऽ	का	ऽऽ	ऽ	ऽ	सु	रं	ग	ल	ह	रि	या	ऽ
0				3				×				2			
पमं	गरे	गमं	धनि	सां	नि	–ध	प	पमं	गरे	गम	गरे	ग	रे	नि़	ध़
देऽ	ऽऽ	ऽऽ	ऽऽ	ऽ	हो	ऽऽ	ऽ	रंऽ	ऽऽ	ऽऽ	गाऽ	ऽ	ये,	ऐ	सो
0				3				×				2			

राग यमन कल्याण—तीनताल (मध्य लय)

स्थाई : अवगुन ना कीजिये गुनि सन
का जाने गुन की सार, हो गुनि
गुनि ही जाने गुन की सार

अंतरा : बरी बेर समझाऊँ न समझत
बेर बेर अब कौन कहे
एक बार कह दीनो
कौन कहे अब बार बार।

स्थाई

														नि़	ध़
														अ	व
नि़	रे	ग	रे	नि़	रे	सा	–	ग	रे	ग	ग	–	–,	[स]नि़	ध़
गु	न	ना	की	ऽ	जि	ये	ऽ	गु	नि	स	न,	ऽ	ऽ,	अ	ब
0				3				×				2			
नि़	रे	गमं	प	रे	रे	सा	–	ग	रे	[मं]ग	ग	–	–,	गमं	प
गु	न	नाऽ	ऽ	की	जि	ये	ऽ	गु	नि	स	न	ऽ	ऽ,	काऽ	ऽ
0				3				×				2			
ग	म	गरे	रे	ग	रे	सा	–	सा	नि़ध़	नि़रे	सा	नि़	–ध़	प़	–
जा	ऽ	नेऽ	गु	न	की	सा	ऽ	र	होऽ	ऽऽ	ऽ	गु	ऽऽ	नि	ऽ
0				3				×				2			
ग	म	ग	रे	ग	मं	पमं	धप	–	[ग]रे	–	रे	स	स,	नि़	ध़
गु	नि	ही	जा	ऽ	ने	गुऽ	नऽ	ऽ	की	ऽ	सा	ऽ	र,	अ	व
0				3				×				2			

अंतरा

मं	ग	–	ग	मं	मं	ध	ध	मंध	[सं]निसं	सं	सं	[सं]नि	रें	सं	सं
ब	री	ऽ	बे	ऽ	र	स	म	झाऽ	ऽऽ	ऊं	न	स	म	झ	त
0				3				×				2			
[नि]ध	[नि]ध	ध	ध	सं	सं	सं	सं	नि	ध	सरें	सां	नि	–ध	प	–
बे	ऽ	र	बे	ऽ	र	अ	ब	कौ	ऽ	नऽ	क	हे	ऽऽ	ऽ	ऽ
0				3				×				2			
[मं]ग	–	ग	ग	प	प	प	प	गमं	धनि	सां	–	नि	–ध	प	–
ए	ऽ	क	बा	ऽ	र	क	ह	दीऽ	ऽऽ	ऽ	ऽ	नो	ऽऽ	ऽ	ऽ
0				3				×				2			
गं	–रें	सं	सं	नि	–ध	प	प	ग	–	गम	गरे	ग	रे,	नि़	ध़
कौ	ऽऽ	न	क	हे	ऽऽ	अ	ब	बा	ऽ	रऽ	बाऽ	ऽ	र,	अ	व
0				3				×				2			

राग शुद्ध कल्याण–झूमरा ताल (बिलम्बित)

करम करो कृपाल दयाल, तुम हो सब जग के दाता (रे)
करीम रहीम करता दुख भंजन, भव सागर सों तार विधाता।

स्थाई

गगरेस	रेगरे–	स	ध़प़	[स]ध़	[नि]ध़	सा	–	सा	–	–	–	ध़	–	[ध]ग	रे
कऽऽऽ	ऽऽर	म	ऽक	रो	ऽ	ऽ	ऽ	ऽ	ऽ	ऽ	ऽ	कृ	ऽ	पा	ऽ
				×											
–	–	ग	–	रे	ग	–	–	ग	–प	रे	–	सा	–	–	(स) स
ऽ	ऽ	ल	ऽ	ऽ	ऽ	ऽ	ऽ	द	ऽऽ	या	ऽ	ल	ऽ	ऽ	तुम
2															
[स]प	–	प	मंग	ध	प	मंग	–	रें	ग	–	ग	सेंनि	ध	–	–
हो	ऽ	ऽ	ऽऽ	स	ऽ	बऽ	ऽ	ज	ऽ	ऽ	ऽ	गऽ	ऽ	ऽ	ऽ
0												3			
पमं	ग	रेगग	रेग(प)	[ग]रे	–	सा	–	ससध़स	रेग,रे	(स)	ध़ प़	ध़			
केऽ	ऽ,	दाऽऽ	ऽऽऽ	ता	ऽ	ऽ	ऽ,	रेऽऽऽ	ऽऽक	र	म क	रो			
												×			

अंतरा

प	[ध]पमं	ग	धप	सां	–	–	–	सां	–	–	–	–	–	ध	ध
क	रीऽ	म	रऽ	ही	ऽ	ऽ	ऽ	म	ऽ	ऽ	ऽ	ऽ	ऽ	क	ऽ
				×											
गं	रें	रें	–	सां	–	(सां)	सां	सां	निध	–	–	प	–	ध	प
ऽ	र	ता	ऽ	ऽ	ऽ	दु	ख	भं	ऽऽ	ऽ	ऽ	ज	ऽ	न	ऽ
2															
रे	ग़	सरेगप	ध	सां	सां	सां	–	ग	–	प	–	प	–	रेगग	रेग(प)
भ	व	साऽऽऽ	ग	र	ऽ	सों	ऽ	ता	ऽ	ऽ	ऽ	र	ऽ	विऽऽ	ऽऽऽ
0												3			
रे	–	सा	–	सरेग	रे	(सा)	ध़ प़	ध़							
धा	ऽ	ता	ऽ,	कऽऽ	र	म	ऽ क	रो							
								×							

राग हंसध्वनि–एकताल

(उठी हुई लय में विलम्बित ख़्याल)

स्थाई : जै मात विलम्ब तज दे, मांगन गुन दे
अंतरा : विद्या गुन 'सरस' देवी
(अथवा) विद्या गुन 'अमर' देवी
जननी जग की

स्थाई

ग	–––प	रे	सा	सप़	पस	सा	–	रे	ग	सनि़	गरे
जै	ऽऽऽऽ	मा	त	वि	ल	म्ब	ऽ	त	ज	देऽ	ऽऽ
3		4		×		0		2		0	
ग	प	सं	सं	प	पपनिसं	गरें–सं	नि	प	ग––प	रे	सा
मां	ऽ	ग	न	ऽ	गुऽऽऽ	ऽऽऽऽ	न	ऽ	ऽऽऽऽ	दे	ऽ
3		4		×		0		2		0	

अंतरा

ग	प	सं––नि	सं	सं––नि	रें	सां	–	प	रेंगं–रेंगरें	सां	–
वि	द्या	गुऽऽऽ	न	सऽऽऽ	र	स	ऽ	दे	ऽऽऽऽ	वी	ऽ
3		4		×		0		2		0	
ग	प	सं––नि़	सं	सं––नि	रें	सां	–	प	रेंगं–रेंगरें	सां	–
वि	द्या	गुऽऽऽ	न	अऽऽऽ	म	र	ऽ	दे	ऽऽऽऽ	वी	ऽ
3		4		×		0		2		0	
पगं	गरें	संनि	प	प	संनि	रें	नि	प	ग––प	गरे	सा
जऽ	नऽ	नी	ऽ	ज	ग	ऽ	ऽ	की	ऽऽऽऽ	ऽ	ऽ
3		4		×		0		2		0	

राग हंसध्वनि एकताल

स्थाई : भज मन नित हरि को नाम
काहे मन सोच करे

अंतरा : सत गुन के सदा संग है
अमर का एह तन रे।

स्थाई

गं	रें	नि	प	ग	रेस	रे	रे	रेग	स	–	स
भ	ज	म	न	नि	तऽ	ह	रि	कोऽ	ना	ऽ	म
0		3		4		×		0		2	
निसंरेंगं	रें	नि	प	ग	रेस	रे	रे	रेग	रेस	–	स
भऽऽऽ	ज	म	न	नि	तऽ	ह	रि	कोऽ	ना	ऽ	म
0		3		4		×		0		2	
नि़	प़	नि़स	रेग	रे	स	सं	प	प	प	प	–
का	ऽ	हेऽ	ऽऽ	म	न	सो	ऽ	च	क	रे	ऽ
0		3		4		×		0		2	
नि़	प़	नि़स	रेग	रे	स	सं	प	प	प	संरेंगंरें	संरेंगं–
का	ऽ	हेऽ	ऽऽ	म	न	सो	ऽ	च	क	रेऽऽऽ	ऽऽऽऽ
0		3		4		×		0		2	

अंतरा (सम से चार मात्रा पहले शुरू होता है)

		ग	प	नि	नि	सं	–	प	नि	रें	गं
		स	त	गु	न	के	ऽ	स	दा	सं	ग
		3		4		×		0		2	
सं	–	नि	नि	प	प	ग	प	प	प	संरेंगंरें	संरेंगं–
है	ऽ.	अ	म	र	का	ए	ह	त	न	रेऽऽऽ	ऽऽऽऽ
0		3		4		×		0		2	

भज मन नित.............

राग आनंदी—झूमरा ताल (विलम्बित लय)

स्थाई : हां रे बारे सैंय्यां
तोहे सकल बन बन ढूँढूं।

अंतरा : विधना तिहारी कही न जाए
आन मिलो मोहे प्यारे।।

शब्दार्थ : बारे = बाली उम्र वाले; विधना = वेदना।

भावार्थ : ऐ बाली उम्र वाले सैंया! मैं तुम्हें समस्त वनों-वनों में ढूँढ़ रही हूँ। तुम्हारे वियोग की वेदना अब असहनीय हो गई है और कही भी नहीं जा सकती। अब तो आकर मिल ही जाओ—ऐ मेरे प्यारे!

स्थाई

			ग––म ध परे –स
			हांऽऽऽ ऽ रेबा ऽरे
	ग – म –	प – – –	म – ग –
	सैं ऽ ऽ ऽ	यां ऽ ऽ ऽ	तो ऽ ऽ ऽ
	×		
^{ग}प – – –	$^{नि}$ध – – –	नि – – ध	प – – –
हे ऽ ऽ ऽ	स ऽ ऽ ऽ	क ऽ ऽ ऽ	ल ऽ ऽ ऽ
2			
	प मं ध –	प – – –	मं – प –
	ब ऽ ऽ ऽ	न ऽ ऽ ऽ	ब ऽ ऽ ऽ
	0		
प – – –	ग म ध प	^{म}रे – स –	ससगम ध परे –स
न ऽ ऽ ऽ	ढूँ ऽ ऽ ऽ	ढूं ऽ ऽ ऽ,	हांऽऽऽ ऽ रेबा ऽरे
3			

अंतरा

			^{प}ध मं प –प
			वि ध ना ऽति
	सं – – –	सं – नि रें –	सं – – –
	हा ऽ ऽ ऽ	ऽ ऽऽ ऽ ऽ	री ऽ ऽ ऽ
	×		
प –ध नि –	ध – प –	प – – –	मं प प –
क ऽऽ ऽ ऽ	ही ऽ ऽ ऽ	ना ऽ ऽ ऽ	जा ऽ ये ऽ
2			
	सं – ग –	सरे – स –	^{म}ग – प –
	आ ऽ न ऽ	मिऽ ऽ लो ऽ	मो ऽ ऽ ऽ
	0		
प – – –	$^{रे}$ग म ध प	^{म}रे – स –	सग–म धप रे स सैंय्या
हे ऽ ऽ ऽ	प्या ऽ ऽ ऽ	ऽ ऽ रे ऽ,	हांऽऽऽ ऽरे बा रे
3			

राग नंद–एकताल (मध्य लय)

स्थाई : मन बेर बेर चाहत
मन बेर बेर चाहत है
तुमरे दरस देखन को, हो बलमा।

अंतरा : मन की बिथा कासे कहूँ,
कही न जाए,
डर लागत लोगन सों
सुररंग बलमा।।

स्थाई

				ग	म	म	ध	प	^{ग}रे	–	रे
				म	न	बे	ऽ	र	बे	ऽ	र
×		0		2		0		3		4	
स	–	म	ग	प	–	स	स	म	ग	प	प
चा	ऽ	ह	त,	है	ऽ	तु	म	रे	द	र	स
×		0		2		0		3		4	
प	–	$^{\text{नि}}$ध	नि	^{प}ध	प	ग	म	प	ध	$^{\text{सं}}$नि	रें
दे	ऽ	ख	न	को	ऽ	हो	ऽ	ब	ल	ऽ	ऽ
×		0		2		0		3		4	
निनि	धध	पप	–	ग	म	गम	ध	प	^{ग}रे	–	रे
माऽ	ऽऽ	ऽऽ	ऽ,	म	न	बेऽ	ऽ	र	बे	ऽ	र
×		0		2		0		3		4	

अंतरा

प	प	सं	सं	सं	–	सं	–	संनि	रें	सं	–
म	न	की	बि	था	ऽ	का	ऽ	सेऽ	क	हूँ	ऽ
×		0		2		0		3		4	
सं	गं	सरें	सं	–	सं	नि	नि	संनि	रेंसं	नि	निध
क	ही	नऽ	जा	ऽ	ये	ड	र	लाऽ	ऽऽ	ग	तऽ
×		0		2		0		3		4	
प	–	$^{\text{नि}}$ध	नि	^{प}ध	प	ग	म	प	ध	$^{\text{सं}}$नि	रें
लो	ऽ	ग	न	सों	ऽ	सु	र	रं	ग	ब	ल
×		0		2		0		3		4	
निनि	धध	पप	–								
माऽ	ऽऽ	ऽऽ	ऽ,	मन बेर बेर.........							
×		0									

राग कलावती—तीनताल (मध्य लय)

स्थाई : अनमानी पिया सों रहत है
काहे सलोनी नारी।
अंतरा : तोरी मनुहार करत नित मनरंग
अपनो रूप निहारी।।

स्थाई

धनि	धप	ध	स	ग	प	धनि	धप	ध	–	प	धप	ग	प	ग	स
अऽ	नऽ	मा	ऽ	नी	ऽ	पिऽ	याऽ	सों	ऽ	ऽ	रऽ	ह	त	है	ऽ
0				3				×				2			
नि	स	संनि	नि	निसं	–नि	ध	प	प	–	गप	धप	गग	सनि	स	स
का	ऽ	हे	स	लोऽ	ऽऽ	नी	ऽ	ना	ऽ	ऽऽ	ऽऽ	ऽऽ	ऽऽ	ऽ	री
0				3				×				2			

अंतरा

धध	पग	प	ध	नि	सं	सं	गंसं	संनि	संनि	सं	गं	संनि	संनि	ध	प
तोऽ	रीऽ	म	नु	हा	ऽ	र	क	र	त	नि	त	म	न	रं	ग
0				3				×				2			
ग	प	पसं	–	–	नि	सं	गं	सं	–	निनि	धप	गग	सनि	स	स
अ	प	नो	ऽ	ऽ	रू	प	नि	हा	ऽ	ऽऽ	ऽऽ	ऽऽ	ऽऽ	ऽ	री
0				3				×				2			

नोट : मनुहार का अर्थ है—रूठे हुए को मनाना।

राग जनसम्मोहिनी–तीनताल (मध्य लय)

स्थाई : कौन जतन सों पिया को मनाऊँ
मेरो पिया मोंसो रूस रह्यो रे

अंतरा : ना आवे ना पतियां पठावे
कब लग ये दुख पाऊँ।

स्थाई

गप	धनि	ध	प	^ग^रे	रे	नि	प	रे	रे	ग	गप	रे	–	नि	सा
कौऽ	ऽऽ	न	ज	त	न	सों	ऽ	पि	या	को	मऽ	ना	ऽ	ऊँ	ऽ
0				3				×				2			
प	परे	–	रे	ग	–	प	प	गप	धनि	सां,धप	गरे	ग	–	रे	निसा
मे	रोऽ	ऽ	पि	या	ऽ	मों	सों	रूऽ	ऽऽ	ऽ,सऽ	रऽ	ह्यो	ऽ	रे	ऽऽ
0				3				×				2			

अंतरा

सां	–	प	धप	सां	–	सां	–	नि	नि	सां	गं	सां	निसंनि	ध	प
ना	ऽ	आ	ऽऽ	वे	ऽ	ना	ऽ	प	ति	यां	प	ठा	ऽऽऽ	वे	ऽ
0				3				×				2			
सा	सा	ग	ग	प	–	ध	प	गप	धनि	सां,धप	गरे	ग	–	^प^रे	निसा
क	ब	ल	ग	ये	ऽ	दु	ख	पाऽ	ऽऽ	ऽ,ऽऽ	ऽऽ	ऽ	ऽ	ऊँ	ऽऽ
0				3				×				2			

राग मालकौंस

समय-समय पर नई रचनाएं बनती हैं परन्तु प्रत्येक नई रचना पारम्परिक नहीं हो जाती। रागानुकूल स्वर संगतियों युक्त भद्र एवं सरल काव्यात्मक बोलों वाली जब एक उच्च स्तर की रचना किसी प्रतिष्ठित कलाकार के द्वारा अपनाई जाती है और उसका बारम्बार प्रयोग किया जाता है, तब वह उस घराने के अनुगामी एवं अन्य संगीतज्ञों द्वारा भी अपना ली जाती है। इस प्रकार समय की कसौटी पर खरी उतरने वाली रचना पारम्परिक बन जाती है। राग मालकौंस के विलम्बित ख़्याल की रचना 'जिनके मन राम विराजे' उ. अमीर खां के द्वारा ही बनाई गई है जोकि अब इतनी प्रचलित हो चुकी है कि बहुत से अन्य घरानों के कलाकार भी इसे गा रहे हैं। एक उम्दा रचना होने के साथ-साथ इसमें खां साहब का उपनाम सुररंग का प्रयोग न होना भी इस बंदिश को सहजतापूर्वक अन्य लोगों द्वारा अपना लिए जाने का एक कारण हो सकता है। ध्यान देने योग्य बात यह है कि खां साहब ने इसमें भक्तिपरक बोलों का प्रयोग किया है।

राग मालकौंस की ही छोटे ख्याल की अदारंग की बंदिश 'आज मोरे घर आइल बलमा' पहले एकताल में गाई जाती थी जैसा कि क्रमिक पुस्तक मालिका में भी अंकित है परन्तु उ. अमीर खां ने इन शब्दों को तीनताल में ढाला। उ. अमीर खां ने काव्य तो अदारंग का ही रखा पर उसे अपने ढंग में रंग दिया और नया ही रूप दे दिया। यह नया ढंग कुछ रूढ़ीवादी शास्त्रकार-गवैयों को पसन्द नहीं आया पर यह बंदिश उसके बाद इतनी लोकप्रिय हो गई कि अब यह इसी रूप में हर जगह गाई जाती है। यह इस प्रकार बंधी कि आज सभी लोग इसे तीनताल में उ. अमीर खां के स्वर आधार से ही गाते हैं। यह है समय की कसौटी पर खरा उतरना। आइए, उपरोक्त दोनों बंदिशों के बोल एवं स्वरलिपि देखें—

राग मालकौंस–झूमरा ताल (विलम्बित)

स्थाई : जिनके मन राम बिराजे, वाके सफल हुए सब काजे
अंतरा : जो मांगूं सो देत पदारथ
सो ऐसो गरीब नवाजे।।

स्थाई

		ध़	नि़	सग	मग	सनि़	–,गम़	नि़	–	ध़	–	नि़	–	सा	–
		जि	न	केऽ	ऽम	नरा	ऽ,मबि	रा	ऽ	ऽ	ऽ	जे	ऽ	ऽ	ऽ
								×							
सा	–	–	–	नि़नि़स	गगस	ध़	–	म़	–	म़	ध़	नि़	–	सा	–
ऽ	ऽ	ऽ	ऽ	वाऽऽऽ	ऽऽऽ	के	ऽ	ऽ	ऽ	स	फ	ल	ऽ	ऽ	ऽ
				2											
स	–	–	–	स	ग	–	म	–	–	ग	(स)नि़	गस	स	स	ग
ऽ	ऽ	ऽ	ऽ	हु	ए	ऽ	ऽ	ऽ	ऽ	ऽ	ऽ	ऽऽ	ऽ	स	ब
				0											
मध	नि	–	–	ध	–	म	–	ग	स,	धनिसग गस	स	सग	मग	सनि़	–,गम़
काऽ	ऽ	ऽ	ऽ	ऽ	ऽ	जे	ऽ	ऽ	ऽ,	जिऽऽऽऽऽ	न	केऽ	ऽम	नरा	ऽ,मबि
3															
(र)नि़															
रा															
×															

अंतरा

ग	म	ध	निध	सं	–	–	–	सं	–	–	सं	धनि	संगं	सं	सं
जो	मां	गूं	सोऽ	दे	ऽ	ऽ	ऽ	त	ऽ	ऽ	प	दाऽ	ऽऽ	र	ऽ
				×											
सं	–	–	–	ध	–	ध	–	नि	–	ध	–	म	–	–	–
थ	ऽ	ऽ	ऽ	सो	ऽ	ऐ	ऽ	ऽ	ऽ	सो	ऽ	ऽ	ऽ	ऽ	ऽ
2															
(ग)सा	–	स	ग	म	–	–	ग	म	–	–	–	मध	नि	–	–
ग	ऽ	री	ऽ	ब	ऽ	ऽ	ऽ	न	ऽ	ऽ	ऽ	वाऽ	ऽ	ऽ	ऽ
0												3			
ध	–	म	–	ग	स,	गगसनि़	स								
ऽ	ऽ	जे	ऽ	ऽ	ऽ,	जिऽऽऽ	न								

राग मालकौंस (द्रुत ख़्याल—तीनताल)

'आज मोरे घर' बंदिश की तो शुरुआत ही ऐसी उड़ती हुई तान से है कि जैसे नायिका का मन बेकाबू हो नृत्य कर रहा हो और उसे वातावरण में सब ओर सृष्टि झूमती प्रतीत हो रही हो।

स्थाई : आज मोरे घर आईल बलमा
करूँगी अदारंग सों रंगरलियां।

अंतरा : अतर अरगजा सों
गूँथ बसन पहरूँ
फुलवन सेज बिछाऊँ
चुन-चुन कलियाँ।

स्थाई

								–	गम	धनि	सां	सांगं	सांनि	धम	गम
								–	आऽ	ऽऽ	ज	मोऽ	रेऽ	घऽ	रऽ
×				2				0				3			
ध	–	नि	ध	ग	म	ग	सा	सां	सां	सां	सांनि	सांगं	सांनि	धम	गम
आ	ऽ	ई	ल	ब	ल	मा	ऽ	ऽ	आ	ऽ	जऽ	मोऽ	रेऽ	घऽ	रऽ
×				2				0				3			
ध	–	नि	ध	ग	म	ग	सा	सग	सानि	सा	ग	म	निध	नि	सां
आ	ऽ	ईं	ल	ब	ल	मा	ऽ	कऽ	रूँऽ	गी	अ	दा	ऽ	रं	ग
×				2				0				3			
सांनि	धम	धनि	सांगं	सांनि	धनि	धम	गम	गसा	सां	–	सांनि	सांगं	सांनि	धम	गम
सोंऽ	ऽऽ	रंऽ	ऽऽ	गऽ	रऽ	लिऽ	यांऽ	ऽऽ,	आ	ऽ	जऽ	मोऽ	रेऽ	घऽ	रऽ
×				2				0				3			

अंतरा

								धध	मग	मध	धम	गस	स	ग	म
								अऽ	ऽऽ	ऽऽ	तऽ	रऽ	अ	र	ग
×				2				0				3			
ध	नि	सां	–	–	नि	नि	नि	सं	सं	निसं	गंसं	ध	–	म	–
जा	ऽ	सों	ऽ	ऽ	गूँ	थ	ब	स	न	पह	ऽऽ	रूँ	ऽ	ऽ	ऽ
×				2				0				3			
ग	ग	म	ग	स	स	ध	नि	स	ग	(ध)म	(नि)ध	नि	सं	संनि	धम
फु	ल	ऽ	व	ऽ	न	से	ऽ	ज	बि	छा	ऽ	ऊँ	ऽ	चुऽ	नऽ
×				2				0				3			
धनि	संगं	संनि	संगं	संनि	धम	गस	निस	स	(स)सं	–	नि	संगं	संनि	मग	म
चुऽ	ऽऽ	नऽ	कऽ	लिऽ	यांऽ	ऽऽ	ऽऽ	ऽ,	आ	ऽ	ज	मोऽ	रेऽ	घऽ	र
×				2				0				3			

[अतर = इत्र; अरगजा = एक सुगन्धित द्रव्य जो केसर, चन्दन, कपूर आदि के मेल से बनता है; बसन = वसन, वस्त्र]

राग कौंसी कान्हड़ा–तीनताल (मध्य लय)

स्थाई : अँखियां लाग रहीं तुम्हरी ओर
कब घर आवें मोरे प्यारे।

अंतरा : हमरी तो तुम स्यों लगन भयो है
तुम क्यों सदा रहत हो न्यारे।।

स्थाई

रेग॒	म	रे	स	नि॒स	–नि॒	स	रे	[स]रे	–	स	नि॒ध॒	ध॒	नि॒	स	–
अँऽ	ऽ	खि	यां	लाऽ	ऽऽ	ग	र	हीं	ऽ	ऽ	तुऽ	म	री	ओ	ऽ
0				3				×				2			
स	रेग॒म	रे	स	नि॒स	–नि॒	स	रे	[स]रे	–	स	नि॒ध॒	ध॒	नि॒	स	स
रे	अँऽऽ	खि	यां	लाऽ	ऽऽ	ग	र	हीं	ऽ	ऽ	तुऽ	म्ह	री	ओ	र
0				3				×				2			
ध॒	नि॒	स	म	म	–	म	–	[नि]ध॒	–नि॒	प	मग॒	रे	ग॒म	रे	स
क	ब	घ	र	आ	ऽ	वें	ऽ	मो	ऽऽ	रे	ऽऽ	ऽ	ऽऽ	प्या	रे
0				3				×				2			

अंतरा

ग॒	म	ध॒	नि॒	सं	सं	सं	–	ध॒नि॒संग॒ंमं	रेंसं	सं	सं	संनि॒	रेंसं	[नि]ध॒	प
ह	म	री	तो	तु	म	स्यों	ऽ	लऽऽऽऽ	गऽ	न	भ	योऽ	ऽऽ	है	ऽ
0				3				×				2			
ग॒	म	ध॒	नि॒	सं	सं	सं	-	रेंग॒ंमं	रेंसं	सं	सं	संनि॒	रेंसं	[नि]ध॒	प
ह	म	री	तो	तु	म	स्यों	ऽ	लऽऽ	गऽ	न	भ	योऽ	ऽऽ	है	ऽ
0				3				×				2			
ग॒	म	ध॒	नि॒	सं	[नि]ध॒	प	[म]ग॒	रे	रे	रे	ग॒म	ग॒म	–ग॒	रे	स
तु	म	क्यों	ऽ	स	दा	ऽ	र	ह	त	हो	ऽऽ	न्याऽ	ऽऽ	रे	ऽ
0				3				×				2			

राग आभोगी (झपताल)

स्थाई : चरन धर आए,
मोपे दया करे, आली धन धन
जागे मोरे भाग

अंतरा : धन आज की घरी,
धन पल महूरत, मोहे लीनो
अपनी शरण धन सुहाग।

स्थाई

ग	ग	गम	रे	सा	सा	–	ध	–	सरे
च	र	नऽ	ध	र	आ	ऽ	ए	ऽ	ऽऽ
×		2			0		3		
ग	ग	रेगम	रे	सा	सा	–	ध	–	सरे
च	र	नऽऽ	ध	र	आ	ऽ	ए	ऽ	रेऽ
×		2			0		3		
सा	–	सा म	–	म	म ध	–ग	ग	म	ग
मो	ऽ	पे	ऽ	द	या	ऽऽ	क	ऽ	रे
×		2			0		3		
ग	म	ध	–	मध	धसं	सं	सां	–	सां
आ	ऽ	ली	ऽ	ऽऽ	धऽ	न	ध	ऽ	न
×		2			0		3		
सं ध	सं ध	सं	–	ध,मध	रें सं	–	धमग	गम	रें सा रे
जा	गे	मो	ऽ	ऽ,रेऽ	ऽभा	ऽ	ऽऽऽ	गऽ	ऽऽ
×		2			0		3		

अंतरा

म	म	(म)ध	—	म	मध	सां	सां	—	सां
ध	न	आ	ऽ	ज	कीऽ	ऽ	घ	ऽ	री
×		2			0		3		
म	ग॒	म	ध	ध	ध	सां	सां	सां	—
ध	न	आ	ऽ	ज	की	ऽ	घ	री	ऽ
×		2			0		3		
ध	ध	ध	सां	—	(म)ग॒	रें	—सां	धम	ग॒रे
ध	न	प	ल	ऽ	म	हू	ऽऽ	रऽ	तऽ
×		2			0		3		
रे	ग॒म	रे	—	सा	सा	सा	मध	सां	सां
मो	हेऽ	ली	ऽ	नो	अ	प	नीऽ	ऽ	श
×		2			0		3		
सां	ध	ध	सां	धधसरें	सां	ध	मग॒	—रे	ध़—सरे
र	न	ध	न	ऽसुऽऽ	हा	ऽ	गऽ	ऽऽ	ऽऽऽऽ
×		2			0		3		

राग आभोगी–एकताल (मध्य लय)

स्थाई : लाज रख लीजो मोरी
तू साहेब सत्तार निराकार, जग के दातार

अंतरा : तू रहीम राम तू ही
तेरी माया अपरम्पार, मोहे तेहारे करम को आधार
जग के दातार।

स्थाई

ध़	ग	[म]ग	ग	ग	म	रे	–	सा	रे	[सा]ध़	सारे
ला	ऽ	ऽ	ज	र	ख	ली	ऽ	जो	मो	ऽ	रीऽ
×		0		2		0		3		4	
ध़	ग	रे	ग	रे	सा	सा	–	[सा]रे	ध़	–	सारे
ला	ऽ	ऽ	ज	र	ख	ली	ऽ	जो	मो	ऽ	रीऽ
×		0		2		0		3		4	
ध़	ग	रे	ग	रे	सा	सा	–	रे	ध़	सा	रे,स
ला	ऽ	ऽ	ज	र	ख	ली	ऽ	जो	मो	री	ऽ,तू
×		0		2		0		3		4	
सा	म	म	म	ध	–	ध	ध	मध	सां	सां	–
सा	हे	ब	स	त्ता	ऽ	र	नि	राऽ	ऽ	का	ऽ
×		0		2		0		3		4	
सां	धसं	रें	रें	सां	–	[म]ग	–	म	रे	सा	रे
र	जऽ	ऽ	ग	के	ऽ	दा	ऽ	ऽ	ता	ऽ	र
×		0		2		0		3		4	

अंतरा

म	–	म	सां ध	–	ध	सां	सां	सां	सां	सां	सां
तू	ऽ	र	ही	ऽ	म	रा	ऽ	म	तू	ऽ	ही
×		0		2		0		3		4	
म	–	म	ध	–	ध	म	धसां	सां	सां	–	सां
तू	ऽ	र	ही	ऽ	म	रा	ऽऽ	म	तू	ऽ	ही
×		0		2		0		3		4	
ध	गं	मं गंमं	रें	–	सां	सारें	सां	सां	ध	–	ध
ते	री	ऽऽ	मा	ऽ	या	अप	र	म्	पा	ऽ	र
सा	सा	सा	म	म	म	ध	ध	मध	सां	सां	सां
मो	हे	ते	हा	रे	क	र	म	को	ऽ	आ	धा
×		0		2		0		3		4	
–	सां	धसां	रें	रें	सां	–	सं ग	गम	रे	सा	रे
ऽ	र	जऽ	ऽ	ग	के	ऽ	दा	ऽऽ	ता	ऽ	र
×		0		2		0		3		4	

राग सूहा

एक दफ़ा खां साहब ने मुझे सूहा राग में बंदिश सिखाई–'पियरवा मोरे आए'। सिखाते-सिखाते वे बोले कि "यह बंदिश मैंने बनाई है परन्तु 'सदारंग' जी को अर्पित की है।"

मैं सोचता रहा कि यह बंदिश उन्होंने 'सुररंग' के उपनाम से अपनी कहकर क्यों नहीं प्रचलित की?

राग सूहा–एकताल (मध्य लय)

स्थाई : पियरवा मोरे आये
सब मिल गावो बजावो रिझावो।

अंतरा : ममद शाह पिया मोरे घर आई ला
सदारंग के मन भाये।।

स्थाई

					निप	ग॒	मम	रे	स	नि॒	स
					पिऽ	य	ऽर	वा	मो	ऽ	रे
×		0		2		0		3		4	
ग॒	म	ग॒	म	[नि]प,	निप	ग॒	[म]ग॒ग॒	म	रे	नि॒	स
आ	ऽ	ऽ	ये	ऽ,	पिऽ	य	ऽर	वा	मो	ऽ	रे
×		0		2		0		3		4	
ग॒	ग॒म	रे	स	–	प़	नि॒	नि॒	रे	–	स	–
स	बऽ	मि	ल	ऽ	गा	वो	ब	जा	ऽ	वो	ऽ
×		0		2		0		3		4	
ग॒	ग॒	म	रे	स,							
रि	झा	ऽ	वो	ऽ,	पियरवा						
×		0		2							

अंतरा

						म	प	–	नि	म	प
						म	ऽ	ऽ	म	ऽ	द
						0		3		4	
संऽ	–	–नि	सं	–	सं	पनि	पनिप	म	प	संनि	संनि
शाह	ऽ	ऽऽ	पि	ऽ	या,	म	ऽऽ	ऽ	म	ऽ	द
×		0		2		0		3		4	
संऽ	–	–नि	सं	–	सं	निसं	रें	रें	रें	सं	सं
शाह	ऽ	ऽऽ	पि	ऽ	या,	मोऽ	ऽ	रे	घ	ऽ	र
×		0		2		0		3		4	
नि	सं	–	नि	प	–	म	प	नि	सं	मंगं	मंगं
आ	ई	ऽ	ला	ऽ	ऽ	स	दा	रं	ग	के	ऽ
×		0		2		0		3		4	
मं	रें	सं	सं	निनि	पम	पनि	संसं	पनि	पम	रेस,	
ऽ	म	ऽ	न	भाऽ	ऽऽ	ऽऽ	ऽऽ	येऽ	ऽऽ	ऽऽ,	पियरवा
×		0		2		0		3		4	

राग शाहाना–तीनताल (मध्य लय)

स्थाई : सुंदर अंगना बैठी निकस के
छीन लियो मन मेरो हँस के।

अंतरा : एक नज़र में मन बस कीनो
तैं बांध्यो अलकन में कस के।।

स्थाई

,	नि	ध	प	निप	मप	मप	सं	ध	नि	प	म	मप	निप	मग	ग
—	सुं	द	र	अं	गऽ	ऽना	ऽ	बै	ऽ	ठी	नि	कऽ	सऽ	के	ऽ
0				3				×				2			
म	निध	नि	प	पनि	मप	मप	सं	ध	नि	प	म	मपनि	निप	मग	—
ऽ,	सुंऽ	द	र	अंऽ	गऽ	ऽना	ऽ	बै	ऽ	ठी	नि	कऽऽ	सऽ	के	ऽ
0				3				×				2			
म,	रे	स	रेरे	नि	सनि	स	म	म	—	म	प	निनि	पम	पध	निसां
ऽ,	छी	न	लिऽ	यो	ऽऽ	म	न	मे	ऽ	रो	हँ	सऽ	ऽऽ	ऽऽ	ऽऽ
0				3				×				2			
गम,															
केऽ,															
0															

अंतरा

म	प	निप	संनि	सं	सं	सं	—	सं	निसं,रें	रें	सं	सं	ध	नि	प
ए	ऽ	कऽ	न	ज	र	में	ऽ	म	नऽ,ऽ	ब	स	की	ऽ	ऽ	नो
0				3				×				2			
म	प	निप	नि	सं	सं	सं	—	सं	निसं,रें	रें	सं	सं	ध–निसं	धनि–प	प
ए	ऽ	कऽ	न	ज़	र	में	ऽ	म	नऽ,ऽ	ब	स	की	ऽऽऽऽ	ऽऽऽऽ	नो
0				3				×				2			
म	प	नि	सं	गं	गंमं	रें	सं	निनि	पम	प	—	मप	मपनि	निप	ग
तैं	ऽ	बां	ऽ	ध्यो	ऽऽ	अ	ल	कऽ	नऽ	में	ऽ	कऽ	ऽऽऽ	सऽ	के
0				3				×				2			
म, सुंदर अंगना															
ऽ,															
0															

[तैं = तूने, अलकन = माथे पर लटकने वाले घुंघराले बाल]

जिस प्रकार अमीर खाँ साहब ने अपनी बंदिश सदारंग को समर्पित की, उसी प्रकार मैंने भी एक बंदिश बनाई 'मानो मोरी बात' जोकि राग शाहाना में एकताल में निबद्ध है और वह पूज्य अमीर खाँ साहब को समर्पित की है। 'सिंह बंधुओं' ने कई स्थानों पर और रेडियो संगीत सम्मेलन में भी यह बंदिश गाई। मैं उसके बोल एवं स्वरलिपि देने का साहस जुटा रहा हूँ।

राग शाहाना—एकताल (मध्य लय)

स्थाई : मानो मोरी बात
सुघर चतुर बलमा

अंतरा : युग बीते दरस बिना
आज पिया आए
न जावो छांड मोहे
परदेस सुररंग बलमा।

स्थाई

प	म	निप	(म)ग	(म)ग	म	ध	—	धनि	सं	धनि	प
मा	ऽ	नोऽ	मो	ऽ	री	बा	ऽ	ऽऽ	ऽ	ऽऽ	त
0		3		4		×		0		2	
प	म	निप	(म)ग	(म)ग	म	ग	—	मप	(ग)म	रे	स
मा	ऽ	नोऽ	मो	ऽ	री	बा	ऽ	ऽऽ	ऽ	ऽ	त
0		3		4		×		0		2	
रेरे	सनि	स	निनि	पम	प	ग	म	ध	नि	सरें	(नि)सं
सुऽ	घऽ	र	चऽ	तुऽ	र	ब	ल	मा	ऽ	ऽऽ	ऽ
0		3		4		×		0		2	

मानो मोरी—......

अंतरा (सम से)

म	प	–	नि॒	प	नि॒	सं	सं	सं	संनि॒	सं	–
यु	ग	ऽ	बी	ऽ	ते	द	र	स	बिऽ	ना	ऽ
×		0		2		0		3		4	
नि॒सं	रें	रें	रें	सं	सं	नि॒	सं	ध	नि॒सं	धनि॒	प
आऽ	ऽ	ज	पि	ऽ	या	आ	ऽ	ऽ	ऽऽ	ऽऽ	ये
×		0		2		0		3		4	
मप	नि॒सं	गं॒	मंगं॒	मं	रें	–	सं	ध	नि॒	प	–
नाऽ	ऽऽ	जा	ऽ	वो	छाँ	ऽ	ड	मो	ऽ	हे	ऽ
×		0		2		0		3		4	
मप	नि॒प	ग॒	म	रे	स	रेंरें	सनि॒	स	नि॒नि॒	पम	प
पऽ	रऽ	दे	ऽ	स	ऽ	सुऽ	रऽ	ऽ	रंऽ	गऽ	ऽ
×		0		2		0		3		4	
ग॒	म	ध	नि॒	सरें	नि॒सं	ध	नि॒	प	मग॒	मग॒	म
ब	ल	मा	ऽ	ऽऽ	ऽ,	मा	ऽ	नो	मो	ऽ	री
×		0		2		0		3		4	

बात

राग मियां मल्हार–तीनताल (मध्य लय)

स्थाई : बरसन लागी री बदरिया
सावन की अत कारी अत भारी
जिया डरपावन लागी

अंतरा : चमक चमक बिजुरिया चमके
सियरी पवन बहे
अब तो प्यारी चौंक परी
गरजन लागी।

स्थाई

				(म)रे	(म)रे	नि़	स	म	रे	प	–	–	निप	ग	म
				ब	र	स	न	ला	ऽ	ऽ	ऽ	ऽ	ऽऽ	ऽ	ऽ
0				3				×				2			
रे	–	स	–	(म)रे	रे	स	स	(म)रे	–	प	–	म	प	नि	ध
गी	ऽ	ऽ	ऽ	ब	र	स	न	ला	ऽ	ऽ	ऽ	ऽ	ऽ	ऽ	ऽ
0				3				×				2			
निं	–	सं	–	–	निप	मप	निप	(म)ग	–	–	(ग)म	रे	रे	स	–
ऽ	ऽ	ऽ	ऽ	ऽ	गीऽ	ऽऽ	ऽऽ	री	ऽ	ऽ	ब	द	रि	या	ऽ
0				3				×				2			
निस	रेम	रे	स	नि़	–प़	म़	प़	नि़	–	ध़	नि़	नि़	स	–	स
साऽ	ऽऽ	व	न	की	ऽऽ	अ	ति	का	ऽ	री	अ	ति	भा	ऽ	री
0				3				×				2			
–	सनि	रे	–	–	(म)रे	रे	रेप	(म)ग	–	–	(म)ग	गम	प	गम	रे
ऽ	जिऽ	या	ऽ	ऽ	ड	ऽ	रऽ	पा	ऽ	ऽ	ऽ	ऽऽ	ऽ	ऽऽ	व
0				3				×				2			
स	रे	–	स												
न	ला	ऽ	गी,	बरसन.......											
0															

अंतरा

म	रे	प	प	नि॒	ध	नि	–	सं	सं	सं	–	सं	सं	^नि^सं	–
च	म	क	च	म	क	बि	ऽ	जु	रि	या	ऽ	च	म	के	ऽ
0				3				×				2			
नि॒	ध	नि॒	ध	नि	नि	सांनि	रें	सं	–	–	–	नि॒ध	नि॒	–	प
सि	य	री	ऽ	प	व	नऽ	ब	हे	ऽ	ऽ	ऽ	ऽऽ	ऽ	ऽ	ऽ
0				3				×				2			
म	रे	प	नि॒ध	नि	सं	^मं^गं॒	मं	रें	रें	सं	–	म	म	प	प
अ	ब	तो	प्याऽ	ऽ	री	चौं	ऽ	क	प	री	ऽ	ग	र	ज	न
0				3				×				2			

नि॒नि॒ पम ग॒म रेस

लाऽ ऽऽ गीऽ ऽऽ

अथवा

नि॒नि॒ पम रेस नि॒स

लाऽ ऽऽ गीऽ ऽऽ, बरसन लागी...........

0

राग रामदासी मल्हार—तीनताल (मध्य लय)

स्थाई : (रे) छाये बदरा कारे कारे
उमड घुमड घन गरजत बरसत
तैसो ही जियरा उमगो ही आये।

अंतरा : निश अंधियारी कारी बिजुरी चमके
पवन चलत स न न न न न स न न न
पिया बिन जियरा निकसो ही जाये।।

स्थाई

रेग	मप	गम	रे	(स)	निस	धनि	प	प	–	नि	ध	नि	स	स	–
रेऽ	ऽऽ	छाऽ	ये	ब	दऽ	राऽ	ऽ	का	ऽ	रे	ऽ	का	ऽ	रे	ऽ
0				3				×				2			
निस–रे	ग–मप	गम	रे	(स)	स	धनि	प	प	–	नि	ध	नि	स	स	–
रेऽऽऽ	ऽऽऽऽ	छाऽ	ये	ब	द	राऽ	ऽ	का	ऽ	ऽ	रे	का	ऽ	रे	ऽ
0				3				×				2			
निनि	पम	प	निध	नि	स	स	स	मरे	मरे	ग	ग	पनि	मप	गम	–रे
उऽ	मऽ	ड	घुऽ	म	ड	घ	न	ग	र	ज	त	बऽ	रऽ	सऽ	ऽत
0				3				×				2			
मरे	मरे	प	प	नि	ध	नि	सं	नि	प	ग	–,गम	निप	ग–	मरे	–
तै	ऽ	सो	ही	जि	य	रा	ऽ	उ	म	गो	ऽ,ऽऽ	ऽऽ	हीऽ	ऽआ	ऽ
0				3				×				2			
स	रेगमप,	गम	रे	(स)	स	धनि	प	प	–	नि	ध	नि	स	स	–
ये	ऽऽऽऽ,	छाऽ	ये	ब	द	राऽ	ऽ	का	ऽ	रे	ऽ	का	ऽ	रे	ऽ
0				3				×				2			

अंतरा

म	रे	प	प	प	निध	नि	नि	सं	सं	सं	निध	नि	सं	सं	सं
नि	श	अं	धि	या	रीऽ	का	री	बि	जु	री	ऽऽ	च	म	के	ऽ
0				3				×				2			
निध	निध	निध	नि	सं	सं	सं	संनि	सं	रें	(सं)	(सं)	ध(नि)	नि	प	प
पऽ	वऽ	न	च	ल	त	स	नऽ	न	न	न	न	स	न	न	न
0				3				×				2			
मरे	मरे	प	प	प	प	पध	निसं	निप	प	ग	–,गम	निप	गम	रे	स
पि	या	बि	न	जि	य	राऽ	ऽऽ	निऽ	क	सो	ऽ,ऽऽ	ऽऽ	हीऽ	जा	ये
0				3				×				2			
निसरेग	मप	गम	रे	(स)	निस	धनि	प	प	–	नि	ध	नि	स	स	–
रेऽऽऽ	ऽऽ	छाऽ	ये	ब	दऽ	राऽ	ऽ	का	ऽ	रे	ऽ	का	ऽ	रे	ऽ
0				3				×				2			

राग दरबारी

राग दरबारी के विलम्बित ख़्याल की बंदिश 'ए री बीर री' बहुत सुन्दर बंदिश है। इसके बोल इस प्रकार हैं :–

स्थाई : ए री बीर री
जाको मन चाहे, वो न चाहे आपको
तो कैसे के रैन दिना भरिए।

अंतरा : बाट परो सोनो ऐसो
तासे कान जो टूटें
पीत करी कछु बैर बिसायो
अदारंग ऐसे मानस सों जियरा डरिए।

स्थाई का अर्थ है–ए सखी! जिसे मन चाहे, यदि वह आपको नहीं चाहे तो दिन रात किस प्रकार कटें अर्थात् तो जीवन कैसे व्यतीत हो? अंतरे के विषय में बात करते हुए खाँ साहब ने मुझे समझाया कि बाट का अर्थ राह है या फिर कुछ लोग बट्ट शब्द का प्रयोग भी करते हैं जिसका अर्थ है भट्टी। ऐसे सोने (गहने) को रास्ते में फेंक दो या भट्टी में डाल दो जिससे कान टूटते हैं। मुझसे प्रीत लगाई है या फिर कुछ वैर का बदला लिया है? अदारंग कहते हैं कि ऐसे मनुष्य से जिया डरता है।

उपर्युक्त बंदिश के अलावा करोल बाग में खां साहब ने एक बार मुझे 'गुमानी जग तज गयो' बंदिश भी सिखाई। उसके बोल उन्होंने इस प्रकार बताए :–

स्थाई : गुमानी जग तज गयो
रे जग तज गयो।

अंतरा : सदारंग की बतियाँ इक हू न मानी
पल छिन में ये क्या ठानी

वे बोले कि यह अंतरा दो प्रकार से गाया जाता है। दूसरे प्रकार में बोल हैं–

सदारंग की बतियाँ इक हू न मानी
पल छिन में ये दुख दे गयो रे।

अमीर खाँ साहब ने समझाते हुए कहा कि 'ये' शब्द में मध्य रे से तार रे की मींड आती है। याद रखना।

गुमानी अर्थात् जिसे अभी तक अपने पर गुमान/गुरुर था, स्वयं पर अहंकार करने वाला अब इस जगत को त्याग कर चला गया। सदारंग कहते हैं कि इक पल में ही यह उसने क्या ठान लिया कि सब कुछ छोड़कर अचानक चला गया, किसी की बात तक नहीं सुनी और यह दुःख देकर चलता बना। इस बंदिश का अर्थ भी दो प्रकार का है। एक तो सांसारिकता से विरक्त होकर सन्यस्त हो जाने को दर्शाता है (जो कि मैं समझता हूँ) तथा दूसरा इस दुनियां को ही छोड़कर चले जाने से है (जैसा कि अमीर खाँ साहब ने मुझसे कहा कि मृत्यु से सम्बन्धित केवल एक बंदिश है और वह यही है)।

कुछ गुणीजन इसे 'अदारंग' के द्वारा रची गई बन्दिश मानते हैं तथा अंतरे में 'सदारंग' के स्थान पर 'अदारंग' उच्चारण करते हैं।

राग दरबारी–झूमरा ताल (विलम्बित)

स्थाई

			सरे		मग	मगग	मरे	–स		निस	–	–	–		निस	–	–	–		रेस	ध़	–	ध़
			गुऽ		मा	ऽनी	ऽज	ऽग		त	ऽ	ऽ	ऽ		ज	ऽ	ऽ	ऽ		गऽ	यो	ऽ	ऽ
										×													
नि़	–	प़	–		–	म़	प़	–		निध़	–	–	ध़		ध	निध	निध	–		नि	–	प	–
ऽ	ऽ	ऽ	ऽ		ऽ	रे	ऽ	ऽ		ज	ऽ	ऽ	ऽ		ग	ऽ	ऽ	ऽ		त	ऽ	ऽ	ऽ
2																				0			
प	–	–	–		निनिपम	प	–	–		निप	मग	मग	ग		ग	–	म	रेस		रे	–	स,	सरे
ज	ऽ	ऽ	ऽ		गऽऽऽ	ऽ	ऽ	ऽ		ऽऽ	यो	ऽ	ऽ		ऽ	ऽ	ऽ	ऽऽ		ऽ	ऽ	ऽ,	गुऽ
										3													
ग	गम	मरे	रेसा																				
मा	ऽनी	ऽज	ऽग																				

अंतरा

मप	ध	–	निप		सं	–	–	–		नि	सं	सं	–		नि	नि	सं	रें
सदा	रं	ऽ	ऽग		की	ऽ	ऽ	ऽ		ब	ति	यां	ऽ		इ	क	हूँ	न
					×													
निध	–	निध	ध		नि	–	प	–		म	–	प	–		निप	मग	मग	गम
मा	ऽ	ऽ	ऽ		ऽ	ऽ	नी	ऽ		प	ऽ	ल	ऽ		ऽऽ	छि	ऽ	नऽ
2																		
रे	–	सा	–		रें	रें	–	–		सां	–	–	–		रेंरेंसंनि	सं	–	ध
में	ऽ	ऽ	ऽ		ये	ऽ	ऽ	ऽ		क्या	ऽ	ऽ	ऽ		ठाऽऽऽ	ऽ	ऽ	ऽ
0															3			
नि	–	प	–		निप	गम	रेस	सरे		ग	म	रे़	सा		स			
ऽ	ऽ	नी	ऽ		ऽऽ	ऽऽ	ऽऽ,	गुऽ		मा	नी	ज	ग		त			
															×			

एक और बंदिश है–राग दरबारी में–जोकि खाँ साहब गाते थे। बोल हैं :–

स्थाई : और नहीं कछु काम के,
मैं भरोसे अपने राम के।

अंतरा : जो मांगू सो देत पदारथ,
और देत सुख धाम के।

खाँ साहब ने इसी बंदिश को एक और ढंग से दरबारी राग में ही गाया है।

खाँ साहब एक दिन ऐसे समर्पण के भाव में निमग्न होकर इस बंदिश को गाए कि उन्होंने बरबस यह उच्चारण किया कि 'हम नहीं कछु काम के' और अंतरे में बलिहार जाते हुए कहा 'बलिहारी इस नाम के।'

यह आशु, रचना पूरी बंदिश के रूप में इस प्रकार बन कर आई :

स्थाई : हम नहीं कुछ काम के
मैं भरोसे अपने राम के।

अंतरा : जो मांगू सो देत पदारथ,
बलिहारी इस नाम के

राग दरबारी–तीनताल (मध्य लय)

स्थाई : झनक झनकवा बाजे बिछुआ
कैसे कर आऊँ हूँ मोरे मितवा

अंतरा : झन झननन बिछुआ बाजे
जाग परे सब घर के लोगवा।

स्थाई

,	रेरे	रे	रे	स	सा	स	रे	ग	ग	ग	म	रे	सा	ध़	–
,	झन	क	झ	न	क	वा	ऽ	बा	ऽ	जे	ऽ	बि	छु	आ	ऽ
0				3				×				2			
नि़,	रेरे	रे	रे	स	स	रेस	रे	ग	–	गमप	गम	रे	स	ध़	ध़
ऽ,	झन	क	झ	न	क	वाऽ	ऽ	बा	ऽ	जेऽऽ	ऽऽ	बि	छु	आ	ऽ
0				3				×				2			
नि़,	म	म	प	प	प	–	प	–म	पनि	ग	गम	रे	सा	(नि)ध़	–
ऽ,	कै	से	क	र	आ	ऽ	ऊँ	–हूँ	ऽऽ	मो	रेऽ	मि	त	वा	ऽ
0				3				×				2			

नि़,
ऽ झनक
0

अंतरा

नि़,	मम	प	प	(नि)ध	(नि)ध	नि	प	सं	सं	सं	–	सां	–	सां	–
ऽ,	झऽ	न	झ	न	न	न	न	बि	छु	आ	ऽ	बा	ऽ	जे	ऽ
0				3				×				2			
–	निसं	रेंरें	रें	रें	सं	निसं	रेंसं	ग	ग	गमप	गम	रे	सा	ध़	–
ऽ	जाऽ	ऽग	प	रे	ऽ	सऽ	बऽ	घ	र	केऽऽ	ऽऽ	लो	ग	वा	ऽ
0				3				×				2			

नि़,
ऽ झनक
0

इसे कई गायक इस प्रकार भी गाते हैं :–

स्थाई : झनक झनकवा बाजे बिछुवा
कैसे कर आऊँ पिया तोरे मंदरवा

अंतरा : छूम छननन छूम बिछुआ बाजे
जाग रहे सब घर के लोगवा।

एक बार शंकर लाल म्यूज़िक फ़ैस्टीवल का आयोजन पुराने Constitution Club के Lawns में किया गया जो कि कस्तूरबा गाँधी मार्ग (कर्ज़न रोड) पर स्थित था। अमीर खाँ साहब के गायन से पहले अचानक वर्षा होने लगी। हमने कुर्सियाँ उठा कर अन्दर के हॉल में रखनी प्रारम्भ कर दीं। अन्य श्रोताओं ने भी उत्साहपूर्वक हाथ बँटाया। खाँ साहब ने राग दरबारी की स्वरचित बंदिश गाई जिसे सुनकर पूरे हॉल में वाह-वाह गूँजने लगी। दिल्ली के श्रोताओं को यह बन्दिश सुनने का प्रथम अवसर प्राप्त हुआ था। इस बन्दिश में शिकायत के साथ-साथ पूर्ण समर्पण के भाव हैं।

स्थाई : किन बैरन कान भरे
मोरा पिया मोंसों बोलत नांहि

अंतरा : हूँ तो वाकी चरनन दासी
चरनन सीस धरे

दूसरा अंतरा : सुन री सखी मैं का कहूँ तोसे
मोरे पिया मोंसों रूठे-रूठे
हमरी ओर अब चितवत नांहि।

राग दरबारी–तीनताल (मध्य लय)

स्थाई

														स	रे
														कि	न
(म)ग	म	रे	सा	नि़स	–नि़	स	रे	ध़	–	नि़	–	स	–	रेस	रे
बै	ऽ	र	न	काऽ	ऽऽ	न	भ	रे	ऽ	ऽ	ऽ	ऽ	ऽ,	किऽ	न
0				3				×				2			
ग	–	म	रे	सा	नि़स	नि़स	रे	ध़	–	नि़	–	रे	सा,	रेस	रे
बै	ऽ	ऽ	र	न	काऽ	ऽन	भ	रे	ऽ	ऽ	ऽ	ऽ	ऽ,	किऽ	ऽ
0				3				×				2			
ग	मप	गम	रे	सा	नि़स	नि़स	रे	ध़	–	नि़	–	सा	–	–	–
बै	ऽऽ	ऽऽ	र	न	काऽ	ऽन	भ	रे	ऽ	ऽ	ऽ	ऽ	ऽ	ऽ	ऽ
0				3				×				2			
ध़	नि़	प़म़	प़	सा	–	रेस	रे	(म)ग	(म)ग	ग	म	(सा)रे	–	सा	–
मो	ऽ	राऽ	पि	या	ऽ	मोंऽ	सों	बो	ऽ	ल	त	ना	ऽ	हीं	ऽ
0				3				×				2			
ध़	नि़	प़म़	प़	सा	–	रेस	रे	ग	–	गमम	गम	रे	–	सा	–
मो	ऽ	राऽ	पि	या	ऽ	मोंऽ	सों	बो	ऽ	लऽऽ	तऽ	ना	ऽ	हीं	ऽ
0				3				×				2			
रेस	रे	गम	रे	सा	नि़स	नि़स	रे	ध़	–	नि़	–	सा	–	–	–
किऽ	न	बैऽ	र	न	काऽ	ऽन	भ	रे	ऽ	ऽ	ऽ	ऽ	ऽ	ऽ	ऽ
0				3				×				2			

अन्तरा I

म	–	प	–	ध	नि	प	–	सां	सां	सां	सां	–	सां	–	सां
हूँ	ऽ	तो	ऽ	वा	ऽ	की	ऽ	च	र	न	न	ऽ	दा	ऽ	सी
0				3				×				2			
म	–	प	–	ध	नि	प	–	सां	सां	सां	सां	(सां)रें	नि	सां	–
हूँ	ऽ	तो	ऽ	वा	ऽ	की	ऽ	च	र	न	न	दा	ऽ	सी	ऽ
0				3				×				2			
नि	सां	रें	सां	ध	नि	प	मप	नि	निप	ग	(म)ग	म	रे	–	सा
च	र	न	न	सी	ऽ	ऽ	सऽ	ऽ	धऽ	रे	ऽ	ऽ	ऽ	ऽ	ऽ
0				3				×				2			

अन्तरा II

म	प	धनि	प	सां	–	सां	–	निसं	रें	रें	सां	(नि)सां	ध	नि	प
सु	न	रीऽ	स	खी	ऽ	मैं	ऽ	काऽ	ऽ	क	हूँ	तो	ऽ	से	ऽ
0				3				×				2			
–	म	म	म	प	–	नि	प	ग	–	ग	म	रे	–	सा	–
ऽ	मो	रे	पि	या	ऽ	मो	सों	रू	ऽ	ठे	ऽ	रू	ऽ	ठे	ऽ
0				3				×				2			
–	म	म	म	प	–	मपनि	निप	ग	–	ग	म	रे	–	सा	–
ऽ	मो	रे	पि	या	ऽ	मोऽऽ	सोंऽ	रू	ऽ	ठे	ऽ	रू	ऽ	ठे	ऽ
0				3				×				2			
ध़	नि़	प़	सा	–	सा	रेस	रे	ग	ग	गमप	गम	रे	–	स,	रेस
ह	म	री	ओ	ऽ	र	अऽ	ब	चि	त्त	वऽऽ	तऽ	ना	ऽ	हीं,	किऽ
0				3				×				2			
रे	गम	रे	सा	नि़स	नि़	नि़सरे	रेस	ध़	–	नि़	–	सा	–,		
न	बैऽ	र	न	काऽ	ऽ	नऽऽ	भऽ	रे	ऽ	ऽ	ऽ	ऽ	ऽ,		
0				3				×				2			

अध्याय-13

तराना

उस्ताद अमीर खाँ ने अनेक वर्षों तक तराना गायन शैली पर शोध किया। बिहार अकादमी के द्वारा इस विषय पर अनुसंधान करने हेतु उन्हें 'फैलोशिप' भी दी जा रही थी।

खाँ साहब के द्वारा प्रतिपादित तराना गायन का नया अंदाज़ और नवीन अर्थ, उसके मूलभूत एवं रहस्यमय भावों को पुनः स्थापित करने का प्रयास था। यह एक बिल्कुल भिन्न राह थी। खाँ साहब ने तराने में 'नफ़ासत' का वो आयाम पाया जो कि अभी तक इस शैली में अनुभूत नहीं किया गया था। जिस प्रकार ख़्याल के प्रति उनकी सोच अलग थी उसी प्रकार तराने को भी उन्होंने नए परिप्रेक्ष्य से देखा। उन्होंने पूर्णतया नवीन सिद्धांतों का प्रतिपादन न करते हुए तराने के उद्‌भव एवं प्रचलन की पृष्ठभूमि में कौन से कारण रहे होंगे, यह समझाया और साथ ही तर्क भी प्रस्तुत किए।

उस्ताद अमीर खाँ का दृढ़तापूर्वक यह मानना था कि तराना–13वीं सदी के असाधारण प्रतिभा सम्पन्न हज़रत अमीर ख़ुसरो, जोकि एक उच्चकोटि के कवि, संगीतज्ञ, प्रशासक एवं रहस्यवादी व्यक्ति थे–की ही देन है। उनके पीर हज़रत निज़ामुद्दीन औलिया थे। हज़रत निज़ामुद्दीन औलिया के संसार से जाने के बाद हज़रत अमीर ख़ुसरो ने अपने जीवन का अधिकांश समय उनकी मज़ार पर ही बिताया और वहीं अपने प्राण भी त्याग दिए। ख़ुसरो के रहस्यवादी जीवन की अभिव्यक्ति तराना में हुई। आरम्भ में तो तराना में केवल रहस्यवाद से संबंधित शब्दावली का प्रयोग होता रहा। शब्दों की पुनरावृत्ति आध्यात्मिक पीड़ा व उल्लसित आनन्दातिरेक की अवस्था दर्शाती है। स्वयं अमीर खाँ साहब के शब्दों में :–**''तराना उन्होंने (अमीर ख़ुसरो) अपने धर्म गुरु (हज़रत निज़ामुद्दीन औलिया) के लिए बनाया। उसमें कुछ ख़ास शब्द रखे जिनका repetition होता है।** धर्म चाहे कोई हो, भक्ति में repetition होने से भक्त मग्न होकर अपनी मंजिल पर पहुँच जाता है। फ़कीरी में एक दर्जा ऐसा है कि भक्त संगीत के बगैर नहीं पहुँच सकता। तो उसके लिए यह तराने का repetition बनाया जिसके अल्फ़ाज़ फ़ारसी और अरबी के हैं। वे अल्फ़ाज़ हैं–

'दरा दरा दरतन, दरात दरतन दरतन'।

भगवान से वह कह रहा है कि ''अंदर आओ, तन के अंदर आओ, तन के अंदर आओ। तराने का मक़सद ये है लेकिन अब लोगों ने उस मक़सद को बिल्कुल बेकार कर दिया।'' खाँ साहब के

कहने का तात्पर्य था कि तराना गायन शैली का ध्येय केवल निरर्थक शब्दों का तीव्र गति से उच्चारण कर जिह्वा–कौशल प्रदर्शित करना कदापि नहीं। उनके विचार में यह सार्थक शब्दों के द्वारा अपने गुरु, पीर या भगवान को स्मरण करने और जपने का तरीक़ा था, अत: मूलत: इसका उद्देश्य अध्यात्मपरक था। **सूफ़ी लोग 'हाल' अर्थात् मस्ती की अवस्था में 'ज़िक्र' करते हैं।** हाल शब्द हल, हलावट, हिल से उद्भूत हुआ। **तराना शैली की पुनरावृत्ति भी आराधना, प्रार्थना व इबादत के पावन शब्दों को दर्शाती है।**

खाँ साहब कहते थे कि कालान्तर में लोगों को हज़रत अमीर ख़ुसरो द्वारा प्रयुक्त शब्दों का अर्थ मालूम न होने के कारण, और कुछ संगीतज्ञों की अनपढ़ता के कारण भी इनका उच्चारण बदलता गया। अरबी-फ़ारसी के शब्दों का ज्ञान न होने पर कुछ लोगों ने अंतरे में वाद्याक्षरों का (धा किड़ तक धुम किड़ तक आदि) प्रयोग कर तराने का रूप बिगाड़ दिया।

खाँ साहब ने अपने कई साक्षात्कारों में तराने के बोलों के अर्थ समझाए हैं–"ये यली यले यला यलल्ले। ये अरबी के बोल हैं। इनको भी छोटे कर दिये। या अली का यली कर दिया। य ल ल ल कहा तो या अल्ला अल्ला कहा। यल्लले बहुत ख़ुश होने के माने (अर्थ) में लेते हैं, जैसे वाह-वाह हम कहते हैं।

उसमें तू दानी है जिसे हम तदानी कह रहे हैं।

ओ दानी - वो जानता है

तो दानी - (ख़ुदा से कह रहा है कि) तू जानता है

ये अल्फ़ाज़ रखे हैं लेकिन लय कि शक्ल में आकर ये ज़रा अपभ्रंश हो जाते हैं और वैसे ही मैंने कई तराने ख़ुद भी कहे जैसे कि 'यारे मन बिया बिया' अर्थात् ऐ दोस्त जल्दी आओ, जल्दी आओ।

'दरतन तदीम' अर्थात् तन के अंदर आ जाओ।

तोम = मैं तुम हूँ

दर = भीतर

तनन्दरा = तन के अंदर आ

दरा = अंदर आ

तनदरदानी = तन के अंदर का जानने वाला

नादिर दानी = तू सबसे अधिक जानता है।"

अमीर खाँ साहब द्वारा गाए गए अमीर ख़ुसरो के हर तराने के अंतरे में फ़ारसी के शेर भी सुनने को मिलते हैं जिनका कोई न कोई गूढ़ अर्थ होता है।

य ल ल ल लोम में या अल्ला अल्ला अल्ला में जाप का भाव आता है जैसे कि अल्ला के नाम की गूँज-अनुगूँज सुनाई पड़ती हो।

न केवल लयात्मक आकृति और पुनरोच्चार बल्कि तराने के उपर्युक्त बोलों का प्रयोग भी उसी आध्यात्मिक एकत्व स्थापित करने का ही माध्यम थे। खाँ साहब के तरानों में लय की इतनी सूक्ष्म एवं लालित्यपूर्ण अनुक्रियाएँ होती हैं कि श्रोता को यह आभास तक भी नहीं हो पाता कि उस्ताद

इतनी जटिल तकनीक का प्रयोग कर रहे हैं और वह निस्तब्ध हो खाँ साहब का तराना गायन श्रवण करता रह जाता है। यह सब खाँ साहब की कारीगरी एवं बौद्धिक क्षमता है कि उन्होंने तराना विषयक ऐसा अनुसंधान किया और उसे क्रियात्मक रूप से गाया व समझाया। यह शोध उन जैसा विद्वान एवं एकनिष्ठ चिन्तक ही कर सकता था। इस प्रकार वे अपनी अद्‌भुत ख़्याल गायकी के साथ ही तराने के सही रूप की साधना करते रहे।

उनके तरानों में अन्य गायकों के द्वारा गाए जाने वाले तरानों की भाँति उत्तेजना नहीं थी अपितु उनमें भी एक सोच और विचार का होना स्पष्ट नज़र आता है।

खाँ साहब के तराना विषयक अनुसंधान को जारी रखने का नम्रतापूर्वक उत्तरदायित्व निभाते हुए हम दिल्ली विश्वविद्यालय में फ़ारसी भाषा विभाग के अध्यक्ष प्रो. (डॉ.) शरीफ़ हुसैन क़ासमी साहब से मिले, जिन्होंने अपना अमूल्य समय देकर हमें खाँ साहब द्वारा गाए गए तरानों के शेरों के साहित्यिक दृष्टि से सही उच्चारण एवं शब्दश: अर्थों के विषय में समझाया, जोकि इस प्रकार हैं–

राग हंसध्वनि का तराना अमीर खाँ साहब बड़े चाव से अक्सर गाया करते थे। तराने में गाया हुआ फ़ारसी शेर है–

इत्तिहादीस्त मियांने मनो तो
मनो तो नीस्त मियां ने मनो तो।

इत्तिहादीस्त = मिलना/जोड़ना/ताल्लुक, मियांने = दरमियान में, मनो तो = मेरे-तेरे, नीस्त = नहीं है।

तेरे और मेरे दरमियान में एक ऐसा ताल्लुक है कि तेरे मेरे बीच मैं और तू का फ़र्क नहीं रह गया। (मैंने तेरा इतना नाम लिया, इतनी पूजा की कि मैं और तू एक हो गए)।

यह रहस्यवाद है जोकि सूफ़ी लोगों का ईश्वर से ऐक्य स्थापित करने का तरीक़ा रहा। इसे 'तसव्वुफ़' कहा जाता है जिसमें जीव और परमात्मा के मिलन का भाव है। खाँ साहब की सोच सही मायनों में एक सूफ़ी की सोच थी।

दूसरा अर्थ यह भी कहा कि यह राग दक्षिणी संगीत पद्धति से लिया गया है पर उत्तरी भारतीय संगीत में यह इतना रच बस गया है कि दोनों में अन्तर ही प्रतीत नहीं होता। वास्तव में, देखा जाए तो इस राग की मशहूर बंदिश में तानों का प्रकार भी अधिकांशत: दक्षिण पद्धति जैसा ही तो है।

राग जोग के तराने में गाया जाने वाला शेर इस प्रकार है–

बसस्त इन क़ीमते ख़ुसरो के गूई
ग़ुलामे राएगानी रा इन चिनीन अस्त

बसस्त = काफ़ी है, इन = ये, क़ीमते = दाम, ख़ुसरो = ख़ुसरो, के गूई = जो तू कह रहा है, ग़ुलामे = ग़ुलाम, राएगानी = मुफ़्त, रा = को, इन = ऐसा, चिनीन अस्त = ही (होता) है।

ख़ुसरो कहते हैं कि जो दाम तू कह रहा है वह काफ़ी है। मुफ़्त के ग़ुलाम के साथ तो ऐसा ही (होता) है।

राग चंद्रकौंस में प्रयुक्त फ़ारसी शेर इस प्रकार है–

सूये मन आ के तुरा यार ए वफ़ादार मनम,
हर चे दारी बे नमा के ख़रीदार मनम।

सूये = तरफ़, मन = मेरे, आ = आओ, के = कि, तुरा = तेरे लिए, यार-ए-वफ़ादार = एक वफ़ादार दोस्त, मनम = मैं हूँ; हर चे = जो कुछ, दारी = तेरे पास है/रखता है, बे नमा = दिखा, ख़रीदार = ख़रीदने वाला।

मेरे पास आ कि तेरे लिए एक वफ़ादार दोस्त सिर्फ़ मैं हूँ। तू जो कुछ रखता है (तेरे पास जो कुछ है) (वो मुझे) दिखा कि मैं ही उसका ख़रीदार हूँ।

वे **राग सूहा** के तराने में फ़ारसी भाषा में 14वीं सदी के हाफ़िज़ नामक मशहूर शायर का शेर गाया करते थे–

साक़िया बरख़ेज़ दर देह जामरा
ख़ाक बर सर कुन ग़मे अय्याम रा।

साक़िया = ओ साक़ी!, बरख़ेज़ = उठ, दर देह = दो मुझे, जामरा = जाम को, ख़ाक = मिट्टी, बर = पर, सर = सिर, कुन = करो/डालो, ग़मे = ग़म/परेशानियाँ/तकलीफ़, अय्याम = दुनियाँ/रोज़ाना जो चीज़ होती है, रा = को।

ए साक़ी! तू उठ जा, मुझे जाम दे और दुनियाँ की तकलीफ़ों के सर पर ख़ाक डाल।

राग आभोगी के तराने में उस्ताद अमीर खाँ फ़ारसी भाषा का ही एक शेर गाते थे जो इस प्रकार है–

बर ज़मीने के निशाने कफ़े पाए तो बोवद,
साल हा सज द गहे साहेब नज़रान ख़ाहद बूद।

बर = वह, ज़मीने = ज़मीन, के = कि/जिस पर, निशाने = चिन्ह, कफ़े = तलवा, पाए = पैर, तो = तेरा, बोवद = होगा, साल हा = अर्से तक, सज द गहे = सजदा करने की जगह, साहेब नज़रान = जिनके पास नज़र है (समझदार लोग), ख़ाहदबूद = होगी।

वह ज़मीन जहाँ तेरे पाँव के निशान पड़ जाते हैं, सालों तक समझदार लोगों के लिए सजदा करने की जगह होगी।

उस्ताद अमीर खाँ **राग दरबारी** के तराने में हज़रत अमीर ख़ुसरो का निम्नलिखित फ़ारसी शेर गाते थे।

बे लबम रसीद जानम तो बिया के ज़िंदा मानम
पस अज़ आँ के मन न मानम, बे चे कार ख़ाही आमद

बे = को, लबम = होठों, रसीद = पहुँचना, जानम = मेरी ज़िंदगी, तो = तू, बिया = आ जा, के = कि, ज़िंदा = ज़िंदा, मानम = रह जाऊँ, पस = बाद, अज़ आँ = उस के, मन = मैं, न = न, बे = किस, चे = लिए, कार = काम, ख़ाही = गा, आमद = आए।

मेरी ज़िंदगी (सांस) होठों पर पहुँच गई है। (ए मेरे महबूब) तू आ जा कि मैं ज़िंदा रह जाऊँ। उसके बाद कि जब मैं न रहूँ, तू किस काम के लिए आएगा (अर्थात् तब तू

आएगा भी तो क्या फ़ायदा)।

राग मेघ में उस्ताद अमीर खाँ फ़ारसी भाषा की यह रुबाई गाते थे जिसे शायर हाफ़िज़ ने लिखा।

अब्रे तर सैहने चमन
बुलबुल ओ गुले फ़सले बहार
साक़ी ओ मुतरिब ओ मय
यार बेसैहने गुलज़ार

अब्रे = बादल, तर = बरसता हुआ, सैहने = आंगन, चमन = चमन, बुलबुल ओ = बुलबुलें, गुले = फूल, फ़सले बहार = मौसम बहार, साक़ी ओ = साक़ी है, मुतरिब ओ = गायन करने वाली, मय = शराब, यार = यार/महबूब, बेसैहने = आंगन में, गुलज़ार = चमन।

बादल भीगे हैं (फुहार बरस रही है), आंगन में चमन है, वहाँ बुलबुल (भी) है, बहार का मौसम है, साक़ी है, गायिका है, शराब है और चमन के आंगन में मेरा महबूब मौजूद है।

इसका सूफ़ी मत के अनुसार आशय यह है कि 'ऐसा लग रहा है कि प्रकृति शराब पिला रही है, ख़ुशी के साज़ बज रहे हैं और सारे उपवन में यार (ईश्वर) ही बसा हुआ है अर्थात् इस जगत में सब ओर प्रकृति की छटा के रूप में मेरा प्रियतम ईश्वर ही मौजूद है।'

राग गुर्जरी तोड़ी में खाँ साहब के तराने में फ़ारसी भाषा का यह शेर गाया गया है–

हुस्ने यूसुफ़ दमे ईसा यदे बहज़ा दारी
आँ चे ख़ूबाँ हंमे दारंद तो तनहा दारी

हुस्ने = हुस्न, यूसुफ़ = पैगम्बर, दमे = गुफ़्तगू/फूँक मारना/दम करना, यदे = हाथ, बहज़ा = सफ़ेद, दारी = रखता है, आँ चे = जो कुछ, ख़ूबाँ = अच्छे लोगों के पास है, हंमे = सब, दारंद = रखते हैं, तो = तेरे पास, तनहा दारी = अकेले वह है।

(मिस्त्र में अवतरित पैग़म्बर) यूसुफ़ के जैसा हुस्न, ईसा जैसी गुफ़्तगू (फूँक मार कर ज़िंदा कर देना), (हज़रत मूसा के जैसे) सफ़ेद (चमकदार) हाथ, जो कुछ ख़ूबियाँ इन सब अच्छे लोगों के पास हैं, तेरे अकेले के पास यह सब है।

राग मारवा के तराने में निम्नलिखित शेर है–

हरम ओ दैर कुजा ओ दिले दीवाने कुजा
जुज़ परस्तारिए तो हीच न दानम ऐ दोस्त

हरम = मस्जिद, ओ = और, दैर = मंदिर, कुजा = कहाँ, दिले दीवाने = दिल ए दीवाना, जुज़ = सिवाय, परस्तारिए = पूजा करना, तो = तेरा, हीच = कुछ नहीं, न = नहीं, दानम = जानता, ऐ दोस्त = महबूब।

मंदिर और मस्जिद कहाँ और (फिर) यह दिले दीवाना कहाँ? (इस दिले दीवाना को मस्जिद और मंदिर से कोई वास्ता नहीं) (दिल दीवाना तो) सिवाय तेरी पूजा (देखभाल) के कुछ नहीं जानता, ए दोस्त (मेरे महबूब)।

فارسی اشعار

راگ هنس دهونی

اتحادی است میان من و تو　　من تو نیست میان من و تو

راگ جوگ

بس است این قیمت خسرو که گویی　　غلام رائیگانی را این چنین است

راگ چندرکونس

سوی من آ که ترا یار وفادار منم　　هرچه داری به نما که خریدار منم

راگ سوها

ساقیا بر خیز در ده جام را　　خاك بر سر کن غم ایّام را

راگ آبهوگی

بر زمینی که نشان کف پای تو بود　　سالها سجده گه صاحب نظران خواهد بود

راگ درباری

به لبم رسید جانم ، تو بیا که زنده مانم　　پس از آن که من نمانم به چه کار خواهی آمد

راگ میگه

ابر تر صحن چمن بلبل و گل و فصل بهار　　ساقی و مطرب و می، یار به صحن گلزار

راگ گجری توری

حسن یوسف دم عیسی ید بیضا داری　　آنچه خوبان همه دارند تو تنها داری

راگ ماروا

حرم و دیر کجا و دل دیوانه کجا　　جزپرستاری تو هیچ ندانم ای دوست

عربی مصرعه

راگ ماروا

لَا تتحرّكُ ذرّةٌ الاّ بإذناللہ

वे तराने के अंतरे इतने खुले गाते थे कि उनकी उड़ानों को लिपिबद्ध करना और उनकी गरारीदार व पेंचदार तान (उदाहरण के लिए सूहा और चंद्रकौंस के तराने के अंतरों में) को स्वरों व ताल में बांध पाना सम्भव ही नहीं क्योंकि स्वरलिपि तो केवल ख़ाका ही देती है। फिर भी तराने की स्वरलिपियों का ख़ाका देने का प्रयास किया गया है।

राग हंसध्वनि–तराना (तीन ताल)

स्थाई : ता नोम तनन तदीम तदेरे दानी, ता नोम तनन तदीम तदेरे दानी।
तद्रे दानी तननन यली यल ललल

अंतरा : इत्तिहादेस्त मियां ने मनो तो
मनो तो नेस्तमियां ने मनो तो

स्थाई

ग	–	(ग)प	रे	–रे	रे	स	सा	प़	रे	–रे	रे	ग	ग	स	रे
ता	ऽ	ऽ	नो	ऽम	त	न	न	त	दी	ऽम	त	दे	रे	दा	नी
0				3				×				2			
गप	गप	निसं	गरें	संनि	पप	गरे	सस	प़	रे	–रे	रे	ग	ग	स	रे
ताऽ	ऽऽ	ऽऽ	नोऽ	ऽम	तऽ	नऽ	नऽ	त	दी	ऽम	त	दे	रे	दा	नी
0				3				×				2			
ग	ग	गं	गरें	संनि	पप	गरे	सस	प़	रे	–रे	रे	ग	ग	रे	सा
ता	–	ऽ	नोऽ	ऽम	तऽ	नऽ	नऽ	त	दी	ऽम	त	दे	रे	दा	नी
0				3				×				2			
ग	–	गं	गंगं	गंगं	रेंसं	निप	गरे	प़	रे	–रे	रे	ग	ग	स	रे
ता	ऽ	ऽ	नोऽ	ऽम	तऽ	नऽ	नऽ	त	दी	ऽम	त	दे	रे	दा	नी
0				3				×				2			
ग	गप	गरे	सस	सरें	संसं	पप	गप	पप	पप	गं–	–रें	––	निप	गरे	सरे
त	द्रेऽ	दाऽ	नीऽ	तऽ	नऽ	नऽ	नऽ	यऽ	लीऽ	यऽ	ऽल	ऽऽ	लऽ	लऽ	लऽ

अंतरा

			ग	–	प	सां	–	सां	–	–	संसं	–	सां	सां	पं
			इ	ऽ	त्ति	हा	ऽ	दे	ऽ	ऽ	स्त	ऽ	मि	यां	ऽ
0				3				×				2			
–	पनि	रेंगं	रें	सांरें	संसं	पनि	पप	गप	गरे	स	रे	स	स	ग	–
ऽ	नेऽ	ऽऽ	म	नोऽ	ऽऽ	तोऽ	ऽऽ	ऽऽ	ऽऽ	ऽ	ऽ	म	नो	तो	ऽ
0				3				×				2			
प	–प	नि	नि	रें	–	गरें	संनि	प गं	गरें	पनि	निप	गप	गरे	सरे	–
ने	ऽरु	त	मि	यां	ऽ	नेऽ	ऽऽ	मऽ	नोऽ	तोऽ	ऽऽ	ऽऽ	ऽऽ	ऽऽ	ऽ
0				3				×				2			

राग जोग–तराना तीनताल (मध्य लय)

स्थाई : न दिर दिर दीम तोम त दे रे न त दा नी
न दिर दिर दीम तोम त दे रे न त न देरे न
त न देरे न तदीम तदीम ओ दानी ता नों त ता नों त न न न न
ना दिर दिर

अंतरा : बसस्त ईंन क़ीमते ख़ुसरो के गूई
गुलामे राएगानी रा इन चिनीन अस्त।।

स्थाई

,	गस	प़	नि़	ग	नि़	–स	ग	–ग	ग	(म)	प	म	–	गस	स
–	नऽ	दिर	दिर	दी	ऽ	ऽम	तो	ऽम	त	दे	रे	न	ऽ	तऽ	दा
3				×				2				0			
स	गस	प़	नि़	ग	नि़	–स	ग	–ग	ग	मग	प	म	–	ग	म
नी,	नऽ	दिर	दिर	दी	ऽ	ऽम	तो	ऽम	त	देऽ	रे	न	ऽ	त	न
3				×				2				0			
पनि	प	नि	सं	–	(सं)	(सं)	ग	प	म	स	ग	स	गं	नि	संसं
देऽ	रे	न	ऽ	ऽ	त	न	दे	रे	न	त	दी	म	त	दी	ऽम
3				×				2				0			
स	ग	स	संसं	निप	मग	गस	निस	संसं	निप	मग	सस	निनि	पम	पप	मग
ओ	दा	नी	ताऽ	नोंऽ	तऽ	ऽऽ	ऽऽ	ताऽ	नोंऽ	ऽऽ	ऽऽ	तऽ	नऽ	नऽ	नऽ
3				×				2				0			
मम	गस	प़	नि़												
नऽ	नऽ	दिर	दिर	दीम	तोम	त		दे	रे़	न					
3															

अंतरा खुला गाया है, तबला चलता रहता है। बीच बीच में अंतर्निहित लय बांधे रखती है और अन्त में एक अद्भुत तान जोड़कर वैचित्र्य पैदा हो जाता है।

अंतरा

ग म प	प नि सं सं–	सं सं–गं नि सं	नि ग प म ग स
बस इस् तईं	क़ी ऽ म ते	खु सु ऽ रो	के गू ऽ ई ऽ ऽ
	×		0
गस प़ नि़स	ग–म प नि सं	नि सं सं	सं ग म
गुऽ ला मे	रा ए गा ऽ नी	रा ऽ इ	न चि ऽ
3	×	2	0

			गम नीऽ
संसं निप गम निनि	पम निनि पम गम	संसं निप गम निनि	पम निनि पम पप
ऽऽ ऽऽ नींऽ ऽऽ	ऽऽ ऽऽ ऽऽ अऽ	ऽऽ ऽऽ ऽऽ ऽऽ	ऽऽ ऽऽ ऽऽ स्त
3	×	2	0
मग, गस प़ नि़	तों		
ऽऽ, नऽ दिर दिर	×		
3			

तराना राग चंद्रकौंस—एकताल

स्थाई : दीम तनन देरेना दीमत
दीम तनन देरे ना
ओ दानी ओ दानी, तदरे तदानी
ओदे तननन तोम, तन तोम, तननन देरे न दीमत।

अंतरा : सूये मना के तोरा यारे वफ़ादार मनम
हर चेदारी बमनावर के ख़रीदार मनम

स्थाई

स	ग	मम	ग	स	स	स	सनि़	गस	ध़	–ध़	नि़
दी	ऽ	ऽम	त	न	न	दे	रेऽ	नऽ	दी	ऽम	त
×		0		2		0		3		4	
स	^{म}ग	^{ध}म	ग	स	स	स	सनि़	नि़स	गस	ध़	म़
दी	ऽ	म	त	न	न	त	नऽ	देऽ	रेऽ	ना	ऽ
×		0		2		0		3		4	
म़	म़	म़	म़	ध़	ध़	नि़	नि़	स	नि़	स	स
ओ	दा	नी	ओ	दा	नी	त	दा	नी	त	दा	नी
×		0		2		0		3		4	
ध़	नि़	स	ग	म	ध	नि	सं	सं	ध	म	ध
ओ	दे	त	न	न	न	तो	ऽ	म	त	न	तो
×		0		2		0		3		4	
नि	नि	$^{नि}$ध	म	^{म}ग	स	स	सनि़	गस	ध़	–ध़	नि़
ऽ	म	त	न	न	न	दे	रेऽ	नऽ	दी	ऽम	त
×		0		2		0		3		4	

अंतरे का बोल खुला है

ग म ध निसं नि सं –सं नि सं नि नि नि सं – सं– सं नि
सू ऽ ये ऽऽ म ना के तो रा या रे व फ़ा ऽ दा ऽर ऽ

गंसं $^{नि}$ध – ध ध नि सं नि सं सं सं ध नि सं गं मं
मऽ न ऽ म हर चे दा ऽ री ब म ना ऽ ऽ ऽ ऽ

गं सं सं सं ध – म म ग म ध म म ध नि ध नि सं गं सं
व ऽ र के ख ऽ ऽ री दा ऽ ऽ ऽ ऽ ऽ ऽ ऽ ऽ ऽ ऽ ऽ

सं गं मं गं मं गं सं नि ध म ग स स
र ऽ ऽ ऽ म ऽ ऽ ऽ न ऽ ऽ ऽ म

नोट : अंत में खाँ साहब ने पेचदार तान कही है, जिसे सुनने से ही अंदाज़ और स्वर–लगाव समझ में आ सकते हैं।

राग सूहा–तराना (तीनताल)

स्थाई : दे रे न दीमता नोमत दि या न रे ते दा नी
त दि या न रे ते दा नी ता नोम त द्रे दानी।।

अंतरा : साक़िया बरख़ेज़ दर देह जामरा
ख़ाक बर सर कुन ग़मे अय्यामरा

स्थाई

रे	सनि़	स	ग	मगग	म	प	–प	गम	मनि	प	ग	म	रे	नि़	स
दे	रे	न	दी	ऽम	त	नो	ऽम	तऽ	दि	या	न	रे	ते	दा	नी
0				3				×				2			
रेरे	सनि़	स	ग	गग	म	प	–प	गम	नि	प	ग	म	रे	नि़	स
देऽ	रेऽ	न	दी	ऽम	त	नो	ऽम	तऽ	दि	या	न	रे	ते	दा	नी
0				3				×				2			
नि़	स	रे	स	नि़	स	पनि़	प़	प़प़	ग	गग	म	रे	रे	नि़	स
त	दि	या	न	रे	ते	दा	नी	ताऽ	नो	–म	त	ऽ	द्रे	दा	नी
0				3				×				2			

अंतरे के बोल खुले हैं, अंत में एक पेचदार तान से खाँ साहब समाप्त करते और बस श्रोताओं के मुख से बरबस वाह! वाह!! उठ जाती थी। ख़ाका इस प्रकार है :

अंतरा म प पनि सं सं सं सं सं – सं सं सं निसंरें रें – स
सा क़ि याऽ ऽ ब र ख़े ऽ ज़ द र देह जा ऽ म
×

प नि प मपनिसं गं – मं रें रें सं सं निसंरें रें रें प
रा ऽ ऽ ख़ाऽऽऽ ऽ ऽ क ब र स रे कुऽन ग़ मे ऽ

प मपनिप पनिसंनि निसंरेंसं निसंसंरें
अ य्याऽऽऽ ऽऽऽऽ ऽऽऽऽ

रें रें सं नि प म रे स नि स
म ऽ ऽ ऽ रा ऽ ऽ ऽ ऽ ऽ दे रे न

राग आभोगी–तराना (तीनताल)

स्थाई : ओ दे त न दे रे न त दीं त न न न न
दीम त न न दीम त न न ता दीम त न न
यलि यला यलि यला त द रे दा नी

अंतरा : बर ज़मीने के निशाने कफ़े पाए तो बोवद
सालहा सजद गहे साहेब नज़रान ख़ाहद बूद।।

स्थाई

ग॒	ग॒म॒	रे	रे	(स)ध़	ध़	स	रे	ग॒	–	(म)ग॒	ग॒म॒	रे	रे	स	स
ओ	देऽ	त	न	दे	रे	न	त	दी	–	म	तऽ	न	न	न	न
0				3				×				2			
रे	रे	स	स	(स)ध़	ध़	स	रे	ग॒	–	(म)ग॒	ग॒म॒	रे	रे	स	स
ओ	दे	त	न	दे	रे	न	त	दी	ऽ	म	तऽ	न	न	न	न
0				3				×				2			
ध़	म़म़	म़	म़	म़	स	ध़ध़	ध़	ध़	ध़	ध़	रे	–रे	स	स	स
दी	ऽम	त	न	न	दी	ऽम	त	न	न	ता	दी	–म	त	न	न
0				3				×				2			
स	स	स	ध	–	ध	ध	धसं	म	–	(म)ग॒	ग॒	म	रे	(स)ध़	स
य	लि	य	ला	ऽ	य	लि	यऽ	ला	ऽ	त	दा	रे	दा	ऽ	न
0				3				×				2			

अंतरा : खुले बोल हैं

म म म संध – सं सं सं सं गं मं रें – सं (सं) सं

ब र ज़ मी ऽ ने ऽ के नि शा ऽ ने ऽ ऽ क फ़े

ध मग रे – गम रे स स | स – रे ध़ स म म म ध सं

पा ए तो ऽ ऽऽ बो व द | सा ऽ ल हा ऽ स ज द ग हे

सं – रें सं ध म मग – मम रेस धध मग संसं धम धसं रेंगं मंमं रेंसं धम

सा ऽ ह ब न ज़ रां ऽ ख़ाऽ ऽऽ ऽऽ ऽऽ ऽऽ ऽऽ हऽ दऽ बूऽ ऽऽ ऽऽ

गरे स–

दऽ ऽऽ, ग गम रे स | ध़ ध़ स रे | ग–

ओ देऽ त न | दे रे न त | दी.........

0 | 3 | ×

राग दरबारी कान्हड़ा–तराना (एकताल)

स्थाई : यारे मन बीआ बीआ
द र त न त दीम त न न त न दीम
तोम त न न न

अंतरा : बे लबम रसीदा जानम
तो बीआ के ज़िंदा मानम
पस अज़ां के मन न मानम
बे चे कार ख़ाही आमद

स्थाई

रे	–	रे	स	सनि़	नि़	स	–	रेस	ध़	–	नि़
या	ऽ	रे	म	नऽ	बी	आ	ऽ	बीऽ	आ	ऽ	ऽ
×		0		2		0		3		4	
रे	स	रे	स	रे	(म)ग	–	ग	(म)ग	ग	म	पनि
द	र	त	न	त	दी	ऽ	म	त	न	न	तऽ
×		0		2		0		3		4	
प	ग	(म)ग	ग	ग	–	–	म	रे	स	ध़	नि़
न	दी	ऽ	म	तो	ऽ	ऽ	म	त	न	न	न
×		0		2		0		3		4	

अंतरा

										म	प
										बे	ल
प	प	प	ध	नि	प	सं	–	सं	सं	सं	संनि
बम	ऽ	र	सी	ऽ	द	जा	ऽ	न	म	तो	बीऽ
×		0		2		0		3		4	
निसं	रें	रें	रें	सं	सं	सं	ध	नि	प	प	प
आऽ	ऽ	के	ज़िं	ऽ	दा	मा	ऽ	न	म	पस	अ
×		0		2		0		3		4	
गं	(मं)गं	मं	रें	सं	सं	सं	(नि)ध	नि	प	पम	प
ज़ां	ऽ	के	म	न	ना	मा	ऽ	न	म	बेऽ	चे
प	सं	सं	निप	म	(नि)प	ग	–	म	रे	नि़	स
का	ऽ	र	ख़ाऽ	ऽ	ही	आ	ऽ	ऽ	म	ऽ	द
×		0		2		0		3		4	

यहां त न न न न में पुनरुक्ति है, जाप की भावना है। जब इंसान वजद में आ जाता है, सूफ़ी को हाल पड़ता है, जब किसी वैष्णव की लिव लगती है तो वह जाप करने लगता है, नृत्य करने लगता है।

राग मेघ–तराना (एकताल)

स्थाई : त दीम त दीम ता दे ना
त न न न दे रे न त दे रे ना
य ल अ ल यल ल य लल लल

अंतरा : अब्रे तर सैहने चमन
बुलबुलो गुल फ़सले बहार
साक़ियो मुतरिबो मय
यार बसैहने गुलज़ार

स्थाई

										रेस	नि़̲स
										तऽ	ऽऽ
रे	–	रे	(म)रे	–रे	स	(म)रे	प	रे	–	(म)नि़̲	स
दी	ऽ	म्ता	दी	ऽम	त	दे	ऽ	न	ऽ	ऽ	त
×		0		2		0		3			
रे	–	रे	रे	–रे	स	(म)मरे	(नि̲)प	रे	(म)रे	नि़̲	स
दी	ऽ	म्ता	दी	ऽम	त	देऽ	ऽ	न	ऽ	ऽ	ऽ
नि़̲	स	रे	स	नि़̲	प़	प़	प़नि̲	नि̲	नि̲प	म	प
त	न	न	न	दे	रे	न	तऽ	दे	रेऽ	न	ऽ
×		0		2		0		3		4	
म	प	नि̲	सं	रें	संनि̲	नि̲प	नि̲	पनि̲	पम	रेस	नि़̲स
य	ल	अ	ल	य	लऽ	लऽ	य	लऽ	लऽ	लऽ	लऽ
×		0		2		0		3		4	

अंतरा

		म	प	नि	प	नि	नि	सं	सं	सं	सं
		अ	ब्रे	त	र	सै	ह	ने	च	म	न
		0		2		0		3		4	
म	म	प	प	सं	सं	नि	सं	नि	रें	सं	–नि
बु	ल	बु	लो	गु	ल	फ़	स	ले	ब	हा	ऽऽ
×		0		2		0		3		4	
प	–म	रे	–स	नि़	स	नि़	स	रे	म	प	नि
ऽ	ऽऽ	ऽ	ऽऽ	ऽ	र	सा	कि़	यो	मु	त	रि
×		0		2		0		3		4	
सं	नि	प	प	–	प	रें	रें	सं	सं	सं	सं
बो	मय	ऽ	या	ऽ	र	ब	सैह	ऽ	ने	गु	ल
×		0		2		0		3		4	
निनि	पम	पनि	संसं	मंमं	रेंसं	रेंरें	संनि	पनि	पम	रेस	नि़स
ज़ाऽ	ऽऽ	ऽऽ	ऽऽ	ऽऽ	ऽऽ	ऽऽ	ऽऽ	ऽऽ	ऽऽ	रऽ	ऽऽ
×		0		2		0		3		4	

अध्याय-14

विधि का विधान

उस्ताद अमीर खाँ की उम्र का अधिकांश भाग इंदौर, बम्बई, दिल्ली और कलकत्ता में व्यतीत हुआ। जीवन के आकस्मिक अंत के दिन वे कलकत्ता में थे। 13 फरवरी 1974 बुधवार रात ग्यारह बजे वे कलकत्ता के न्यू अलीपुर में किसी के यहाँ से रात का भोजन कर कार से लौट रहे थे। कार में खाँ साहब के साथ शम्स-उ-ज़माँ एवं खाँ साहब की शिष्या पूरबी मुखर्जी थे। लेखक शम्स-उ-ज़माँ, उर्दू के एक अख़बार के पत्रकार भी थे। वे उर्दू भाषा बहुत 'नफ़ीस' बोलते थे। खाँ साहब इनके साथ संगीत की ही चर्चा कर रहे थे। जैसे ही उनकी कार 'सदर्न एवेन्यू' में 'लैंसडाउन रोड' के चौराहे पर पहुँची तो सामने से अचानक एक मोटर कार आई और ज़ोर से टक्कर हो गई। टक्कर इतनी बलपूर्वक हुई थी कि दोबारा वे कारें घूमती हुई एक बार फिर आमने सामने से टकराईं जिससे कि खाँ साहब वाली कार का पीछे वाला दरवाज़ा ख़ुद-ब-ख़ुद खुल गया और खाँ साहब दरवाज़े के पास बैठे होने के कारण उछल कर बाहर गिरे। वहाँ बिजली का एक जन्क्शन डब्बा था। यह धक्का इतना ज़्यादा दमदार था कि खाँ साहब का सिर दो बार उस डब्बे से टकराया और खाँ साहब उससे चार फुट दूर जाकर गिरे। खाँ साहब के बाद पूरबी मुखर्जी बाहर गिरीं पर उस डब्बे के साथ टकराने से बच गईं। आगे के दरवाज़े से शम्स-उ-ज़मा अपनी बाईं बाज़ू की टूटी हुई कोहनी के साथ चिल्लाते हुए निकले और बोले 'खाँ साहब! ...खाँ साहब को देखिए।' अमीर खाँ साहब के मुँह से केवल एक शब्द निकला–'अल्लाह'। झटपट खाँ साहब को रामकृष्ण सेवा प्रतिष्ठान ले जाया गया परन्तु एक ही घंटे के बाद खाँ साहब चल बसे।

अगले दिन 14 फरवरी को प्रसिद्ध सितार वादक श्री इमरत हुसैन खाँ साहब के घर से जनाज़ा उठा (यह तो सर्वविदित है कि उस्ताद इमरत हुसैन तथा उस्ताद विलायत खाँ, अमीर खाँ साहब की पहली पत्नी ज़ीनत के भाई हैं) और गोबरा कब्रिस्तान में खाँ साहब के पार्थिव शरीर को दफ़नाया गया। उन्हें वहाँ प्रवेश द्वार के पास ऐसा स्थान दिया गया जिसके आसपास बहुत उच्चकोटि के नामी व्यक्तियों की क़ब्रें हैं। उस दिन बंगाल मंत्रीमंडल की ओर से पुष्पाञ्जलि दी गई। खाँ साहब की क़ब्र के पत्थर पर लिखा है–USTAD AMIR KHAN BORN – 1912, DIED – 1974. खाँ साहब के पुत्र इकराम ने अमरीका से आकर शागिर्दों को उसी परिवार का हिस्सा मानकर उनके द्वारा भी

श्रद्धांजलि स्वरूप कुछ भेंट स्वीकार कर मिलजुल कर खाँ साहब की क़ब्र को सफ़ेद संगेमरमर से पक्का करवाया।

अचानक ऐसा होने पर किसी को विश्वास भी नहीं हो रहा था कि खाँ साहब यूँ देखते ही देखते हमसे इतनी दूर चले गए। पूरबी आज भी रो-रोकर कहती हैं कि ''विधाता ने मुझे ही टकरा दिया होता, खाँ साहब के स्थान पर मुझे ही मौत आ जाती।'' शम्स-उ-ज़मा ने नम आँखों से इस दुर्घटना का वृत्तांत सुनाया। किसी ने कहा–''खाँ साहब इससे दो-तीन दिन पहले कलामंदिर में बैठे अपने आगामी दिनों की योजना बताते हुए कह रहे थे कि वे निखिल बैनर्जी और गोविंद बसु के साथ मार्च के अंतिम सप्ताह में फिर से अमरीका जाएंगे। सैन फ़्रैनसिस्को में उन्हें संगीत के 'विज़िटिंग प्रोफ़ेसर' के रूप में आमंत्रित किया गया था जहाँ वे हिन्दुस्तानी शास्त्रीय संगीत से वहाँ के विद्यार्थियों को अवगत कराते परन्तु विधाता को यह मंजूर नहीं था।''

खाँ साहब की आकस्मिक मृत्यु के कारण भारतीय संगीत जगत नि:स्तब्ध हो गया। अगले दिन भारत के सभी अंग्रेज़ी, हिन्दी एवं प्रादेशिक भाषाओं के प्रमुख समाचार पत्रों के मुख्य पृष्ठ पर यह दु:खद समाचार छपा। दूरदर्शन, रेडियो तथा अन्य पत्र-पत्रिकाओं ने श्रद्धाञ्जलि अर्पित की। इंदौर रेडियो ने उनके विषय में एक रूपक प्रसारित किया जिसमें कहा गया : 'तीसरे सप्तक पर ठहरी अमर तान अपनी जगह पर थम गई।'

खाँ साहब के दिवंगत होने का समाचार सुनते ही मैं तो बिल्कुल स्तब्ध हो गया और सारा दिन शिलावत ही रहा लेकिन सुरिन्दर के तो आंसू झर-झर करने लगे। उस समय हम सुरिन्दर के घर ही थे। हमें इस दु:खद घटना के घटित होने का विश्वास ही नहीं हो रहा था अत: सुरिन्दर बारम्बार रेडियो स्टेशन में इसकी सच्चाई जानने के लिए फ़ोन करने में लगा रहा। तत्पश्चात् सुरिन्दर ने पैडर रोड बम्बई में अपने घर की खुली छत पर शोक सभा की, जहाँ बहुत से बड़े-बड़े कलाकार इकट्ठे हुए। उस सभा में खाँ साहब के भाई बशीर खाँ भी सम्मिलित हुए और अरविन्द पारिख ने शोक संदेश दिया। सारी छत (Terrace) भरी हुई थी।

सम्पूर्ण संगीत जगत शोक सागर में डूब गया। ग़म की हालत में उस्ताद विलायत खाँ ने तो यह कह डाला कि **''अमीर खाँ के निधन से इस देश में कंठ संगीत खत्म हो गया। अमीर खाँ के उठ जाने से इस देश में ख़्याल सुनने का आनंद समाप्त हो गया।''**

पं. रविशंकर 'राग-अनुराग' पुस्तक में लिखते हैं :–''कलाकार के रूप में वे (अमीर खाँ) मेरे आदर्श थे। ऐसी दुर्घटना में वे अकाल ही क्यों चले गए? नियति का ऐसा अभिशाप क्यों रहा? एक व्यक्ति के रूप में वे अन्य कलाकारों से श्रेष्ठ थे। वे अधिक सम्माननीय थे और उनका स्वभाव भी बहुत अच्छा था। ... उनका चला जाना संगीत जगत के लिए ही क्षति नहीं, बल्कि मेरे हृदय के लिए भी बड़ा आघात है। भाई अमीर, आपकी अनुपस्थिति मुझे बहुत खलती है, आप जहाँ भी हों, इसे सत्य जानो।''

विख्यात शास्त्रकार एवं ध्रुपद गायिका डॉ. (श्रीमती) सुमति मुटाटकर ने फरवरी 1974 की 'Link' मासिक पत्रिका में उस्ताद अमीर खाँ पर एक लेख लिखा : "With the tragic passing away of Ustad Amir Khan, one of the foremost exponents of the Khayal, Hindustani Music

डॉ. ज़ाकिर हुसैन खाँ साहब से संगीत नाटक अकादमी का अवार्ड प्राप्त करते हुए।
(सौजन्य - सुनीति दत्ता)

अब्दुल ग़फ्फ़ार खाँ (फ्रंटियर गाँधी) के साथ - (बाएँ से दाएँ) इस्माइल दद्दू खाँ (तबला वादक) उ.अमीर ख़ाँ, श्री अब्दुल ग़फ्फ़ार खाँ, उ.बशीर खाँ (उ.अमीर ख़ाँ के छोटे भाई), रमज़ान खाँ (तबला वादक)। (सौजन्य - विश्व रमन निर्मल)

सुर सिंगार संसद, बम्बई के द्वारा 'स्वर-विलास' की उपाधि दिए जाने के पश्चात् - (बाएँ से दाएँ) उ.अमीर ख़ाँ, निदेशक श्री बृज नारायण, उ.बिस्मिल्लाह खाँ, उ.अमीर ख़ाँ की पत्नी श्रीमती रईसा बेग़म और शिष्य तेजपाल सिंह।

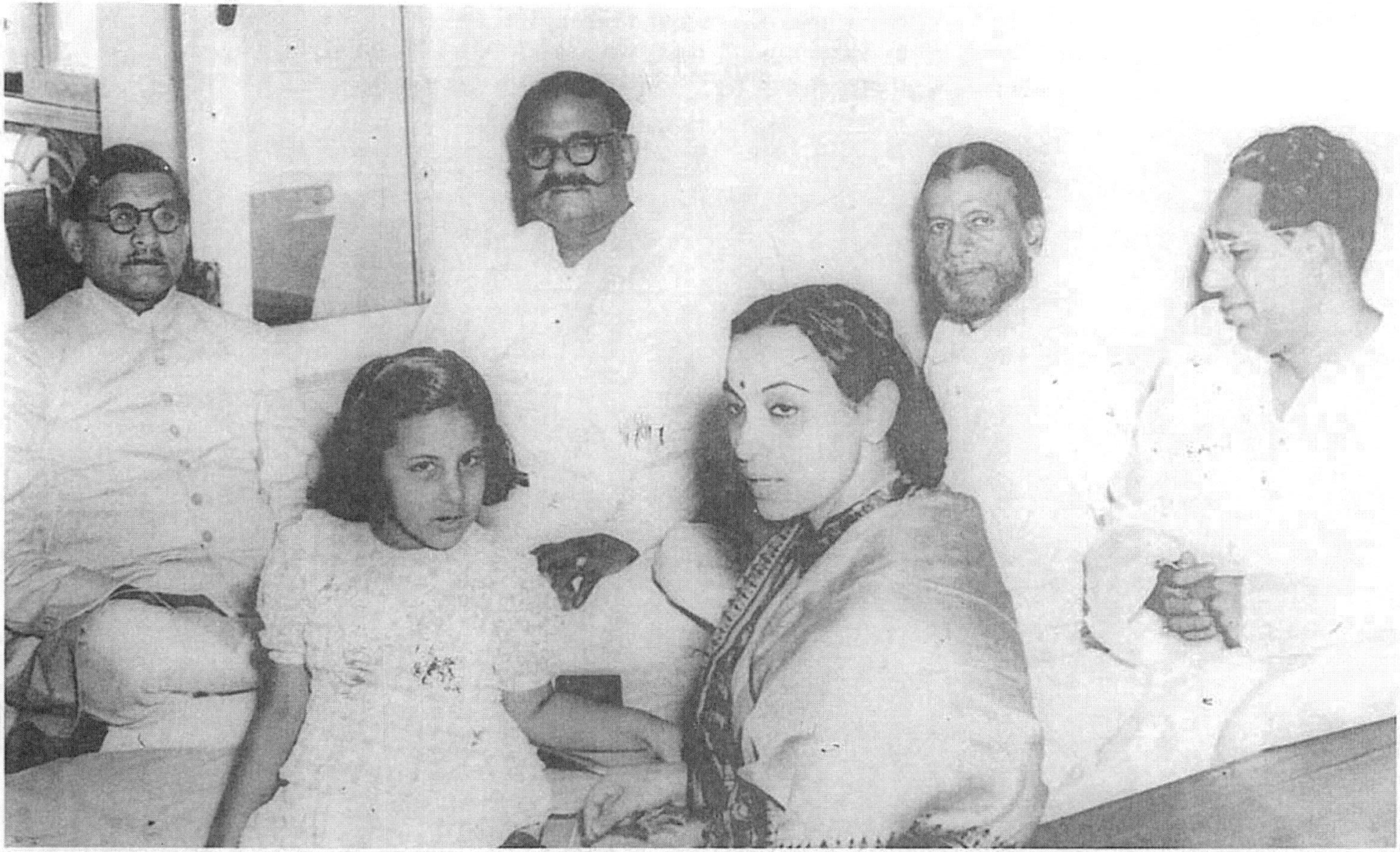

चार दिग्गज उस्ताद - (बाएँ से दाएँ) उ.विलायत हुसैन खाँ, उ.बड़े गुलाम अली खाँ, उ.मुश्ताक हुसैन खाँ एवं उ.अमीर खाँ। आगे आगरा घराने की गायिका श्रीमती अपर्णा चक्रवर्ती बैठी हैं।

[सौजन्य - अमित मुखर्जी (निदेशक-संगीत रिसर्च अकादमी, कोलकाता) के द्वारा उ.मश्कूर अली खाँ के संग्रह से]

संगीतपीठ द्वारा सम्मानित कलाकार – (बाएँ से दाएँ) वीणा विद्वान एस.बालाचंद्र, उ.बिस्मिल्लाह खाँ, पं कृष्णराव शंकर पंडित, नृत्यांगना श्रीमती सितारा देवी, उ.अमीर खाँ, उ.अहमद जान थिरकवा। (सौजन्य - पं. मदन लाल व्यास, बम्बई)

कलकत्ता में गोबरा कब्रिस्तान में उ.अमीर खाँ साहब की क़ब्र सफ़ेद पत्थर से बनी है।

क़ब्र के ऊपर लगे दो पत्थर - एक अंग्रेजी तथा दूसरा बांगला लिपि में
(कलकत्ता की अरुन्धती एवं अंग्सू मुखोपाध्याय के सौजन्य से)

दिल्ली में उस्ताद अमीर खाँ साहब की स्मृति में आयोजित कार्यक्रम में श्रद्धाञ्जलि अर्पित करते हुए उनके शिष्य पं. अमरनाथ (माइक्रोफ़ोन पर) । अन्य दिग्गज संगीतकार जिन्होंने भावभीनी श्रद्धाञ्जलि दी-(बाएँ से दाएँ) आचार्य बृहस्पति, श्री विनय भरतराम, पं. विनय चन्द्र मौदगल्य, पं. दिलीप चन्द्र वेदी।

श्रद्धा सुमन अर्पित करते हुए प्रसिद्ध संगीतज्ञ एवं गांधर्व महाविद्यालय, दिल्ली के प्रधानाचार्य -पं. विनय चन्द्र मौदगल्य।

माल्यार्पण करते हुए प्रसिद्ध संगीत शास्त्रकार एवं तत्कालीन 'चीफ़ प्रोड्यूसर', आकाशवाणी - आचार्य बृहस्पति।

खाँ साहब की स्मृति में श्रद्धाञ्जलि के रूप में 'पोलीडोर ग्रामोफ़ोन कम्पनी' द्वारा बनाया गया L.P. Record जिसमें सिंह बंधुओं ने श्रद्धासुमन के रूप में उन्हीं की रचनाएँ भेंट कीं।

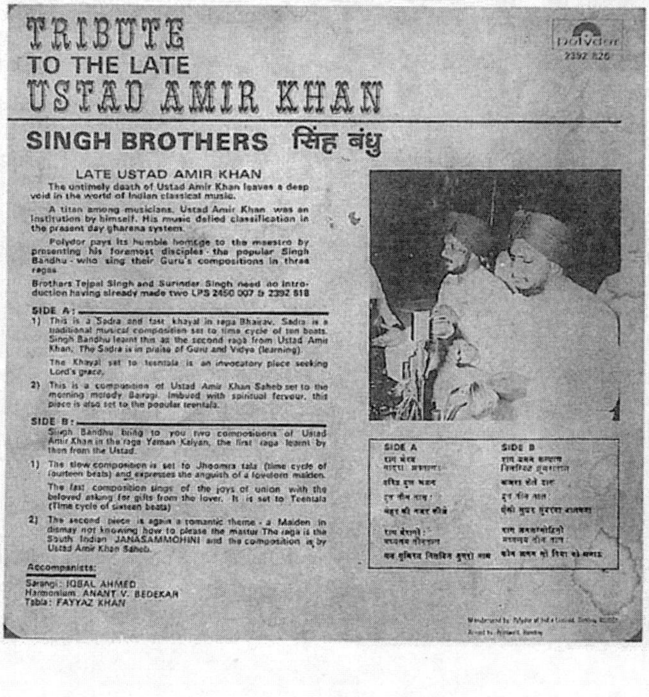

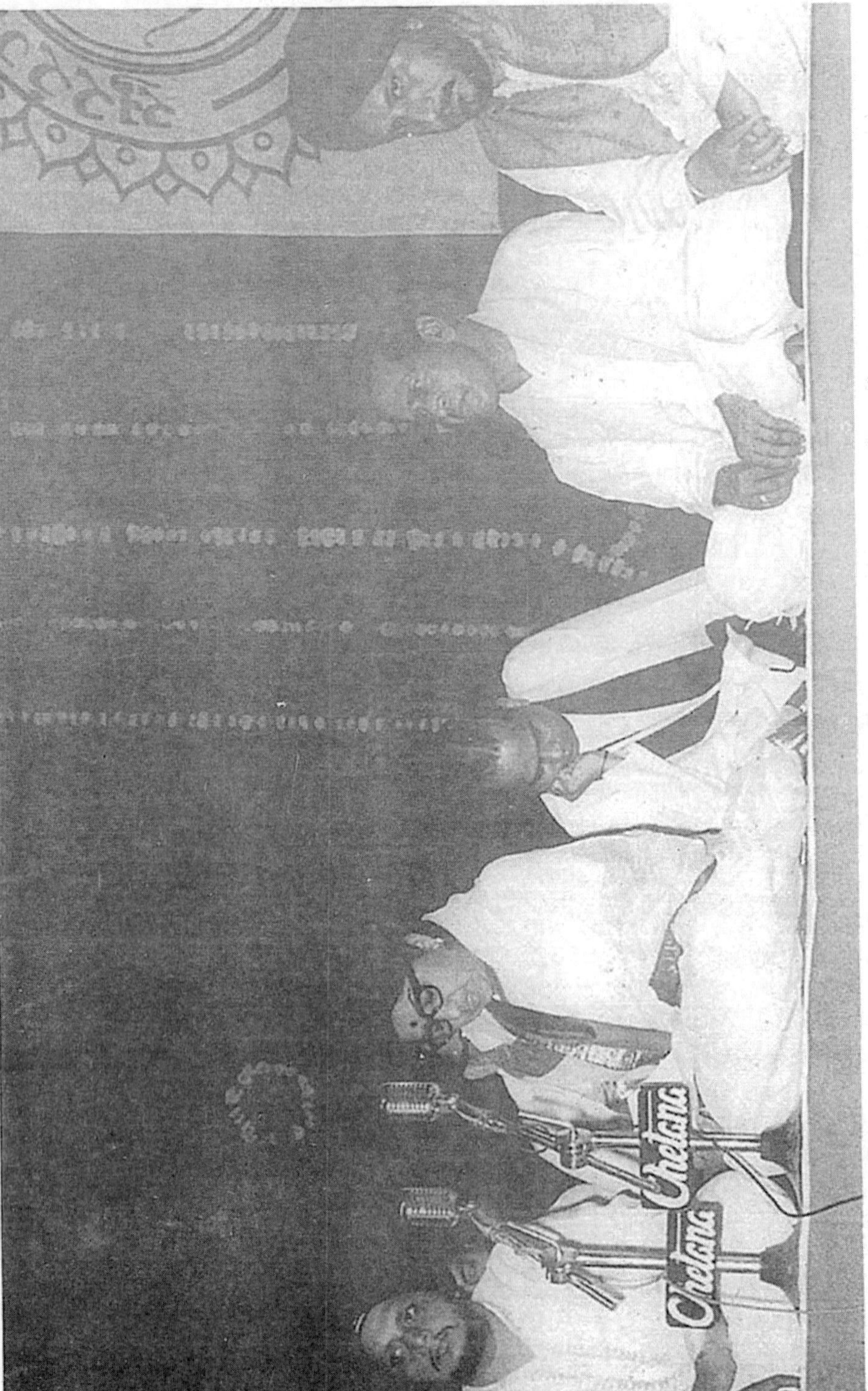

उ.अमीर खाँ साहब की पुण्यतिथि पर बम्बई के रंगभवन में सुररंग संगीत सम्मेलन
का उद्घाटन करते हुए पार्श्व गायिका लता मंगेशकर। (बाएँ से दाएँ)
सुरिन्दर सिंह, लता मंगेशकर, पं. कुमार गंधर्व,
पं. भीमसेन जोशी एवं तेजपाल सिंह।

has suffered an irreparable loss. ....Ustad Amir Khan was at the height of his musical career. ....**Amir Khan could have easily gone on dominating the music world for another decade or more. ....Amir Khan is a living force."**

वास्तव में तो–

मौत उसकी है जिसका ज़माना अफ़सोस करे
वरना आता है दुनियां में हर कोई मरने के लिए।

समय के क्रूर हाथों ने इस महान संगीतकार को पार्थिव रूप से हमसे छीन लिया। खाँ साहब की स्थूल देह भले ही न रही हो लेकिन वे अपने संगीत के माध्यम से सूक्ष्म रूप में हम सबके हृदयों में इस प्रकार विराजित हो चुके हैं कि वे अमर हो गए।

उनका व्यक्तित्व ही ऐसा था कि लगता है जैसे वे अभी-अभी यहाँ से उठकर कहीं गए हों। मैं अब भी उनको अपने क़रीब पाता हूँ। मेरा और उनका सम्बन्ध जन्म जन्मान्तर का है।

उनके जाने से हिन्दुस्तानी शास्त्रीय संगीत में ऐसा शून्य आ गया है जिसकी भरपाई होना असम्भव प्रतीत होता है। इस धरती पर ऐसे गायक यदा कदा ही पैदा होते हैं। उनकी स्मृति में दिल्ली, कलकत्ता, बम्बई तथा इंदौर में कार्यक्रम आयोजित करवाए गए। दिल्ली में आचार्य बृहस्पति, पं. विनय चन्द्र मौद्गल्य, पं. दिलीप चंद्र बेदी, श्री विनय भरतराम एवं अमरनाथ जी ने हृदय को छूने वाले वचनों से श्रद्धा सुमन अर्पित किए। खाँ साहब के शिष्यों में पं. अमरनाथ का गायन, उस्ताद मुनीर खाँ का सारंगीवादन तथा सिंह बंधुओं का युगलगायन प्रस्तुत कर उन्हें याद किया गया। इनके अतिरिक्त उस्ताद मुहम्मद हुसैन सराहंग (काबुल से) का गायन एवं पं. निखिल बैनर्जी तथा पं. उमा शंकर मिश्र का सितार वादन भी भावपूर्ण था। कलकत्ता में भी हम सिंह बंधुओं ने गायन के द्वारा श्रद्धांजलि दी।

बम्बई में तो अनेक वर्षों तक सुरिन्दर सिंह ने रंगभवन में 'सुररंग संगीत सम्मेलन' प्रतिवर्ष आयोजित किये। उन दिनों रंगभवन वहाँ का सबसे बड़ा 'ओपन-थिएटर' हुआ करता था। उनकी स्मृति में आयोजित कार्यक्रमों में पं. रविशंकर, पं. कुमार गंधर्व, उस्ताद विलायत खाँ, श्रीमती किशोरी अमोनकर तथा पं. भीमसेन जोशी जैसे दिग्गज कलाकारों ने भाग लिया। उस्ताद अमीर खाँ के शिष्यों में श्री मुकुंद गोस्वामी, श्री अजीत सिंह पेंटल, श्री गजेन्द्र बक्शी इत्यादि ने अपनी कला के द्वारा श्रद्धांजलि अर्पित की। सिंह बंधुओं ने तो प्रत्येक वर्ष पूजा के रूप में गाया। एक सम्मेलन का तो उद्घाटन विश्वविख्यात पार्श्व गायिका लता मंगेशकर ने किया। लता जी के हृदय में उस्ताद अमीर खाँ का स्थान सदैव अत्युच्च रहा है।

Polydor Recording Company ने श्रद्धांजलि के रूप में एक L.P. Record निकाला–'Homage to Amir Khan' जिसमें उस्ताद अमीर खाँ की तस्वीर पर फूलमाला है। उनकी रचनाएँ एवं गायन, संगीत जगत को अर्पित करने के लिए उस कम्पनी ने सिंह बंधुओं (तेजपाल सिंह–सुरिन्दर सिंह) का चयन कर उनकी विनम्र सेवाएँ लेने का निश्चय किया। उसमें राग यमन कल्याण में खाँ साहब के द्वारा अधिकतर गाया जाने वाला विलम्बित ख़्याल 'कजरा कैसे डारूँ', द्रुत ख़्याल 'ऐसो सुघर सुंदरवा' तथा उसी साइड पर ही दूसरा राग जनसम्मोहिनी में मध्य लय बंदिश 'कौन जतन सों पिया

को मनाऊँ' रिकॉर्ड की गईं। दूसरी साइड पर राग भैरव में झपताल में 'दारिद्र दुख भंजन' तथा राग बैरागी में मध्य लय तीन ताल की बंदिश 'मन सुमिरत निसदिन तुमरो नाम' स्वरांकित कीं।

यद्यपि मृत्यु के क्रूर हाथों ने खाँ साहब का संगीत वर्षों पहले मौन कर दिया लेकिन समय उनकी कला को न मिटा पाया, वह आज भी ऑडियो कैसेट्स, सी.डीज़, रेडियो रिकॉर्डिंग, उनकी शिष्य परम्परा एवं संगीत रसिकों के हृदय स्थल में ज़िन्दा है। आज भी रेडियो से उनके कैसेट व लौंगप्लेइंग रिकॉर्ड का प्रसारण वही अनुभूति जगाता है जो उस समय जगाता था।

जो व्यक्तित्व अपने गायन में धरती की सहनशीलता, पहाड़ की दृढ़ता, तरंगों का बहाव, सुवासित हवा की सुगन्ध, फूलों की मुस्कान तथा सूर्य सा देदीप्यमान स्वर लेकर जीया, वह आज भी अपने स्वरों के द्वारा संगीत सुधा की वृष्टि कर रहा है।